AS VANTAGENS
DA ADVERSIDADE

AS VANTAGENS DA ADVERSIDADE

Como transformar as batalhas do dia a dia em crescimento pessoal

Paul G. Stoltz & Erik Weihenmayer

TRADUÇÃO
William Lagos
REVISÃO DA TRADUÇÃO
Silvana Vieira
REVISÃO TÉCNICA
Marília Fockink

Esta obra foi publicada originalmente em inglês com o título
THE ADVERSITY ADVANTAGE
por Fireside, Nova York.
Copyright © 2006 by Paul Stoltz and Erik Weihenmayer.
Copyright © 2008, Livraria Martins Fontes Editora Ltda.,
São Paulo, para a presente edição.

1ª edição 2008
3ª tiragem 2022

Tradução
WILLIAM LAGOS

Revisão da tradução
Silvana Vieira
Revisão técnica
Marília Fockink
Acompanhamento editorial
Luzia Aparecida dos Santos
Revisões
Marisa Rosa Teixeira
Helena Guimarães Bittencourt
Produção gráfica
Geraldo Alves
Paginação
Moacir Katsumi Matsusaki
Capa
Rodrigo Rodrigues
Foto de capa
Brad Mering

Dados Internacionais de Catalogação na Publicação (CIP)
(Câmara Brasileira do Livro, SP, Brasil)

Stoltz, Paul Gordon
   As vantagens da adversidade : como transformar as batalhas do dia a dia em crescimento pessoal / Paul G. Stoltz & Erik Weihenmayer ; tradução William Lagos ; revisão da tradução Silvana Vieira ; revisão técnica Marília Fockink. – São Paulo : WMF Martins Fontes, 2008.

Título original: The adversity advantage
ISBN 978-85-7827-018-6

1. Autoadministração (Psicologia) 2. Autoajuda 3. Sucesso – Aspectos psicológicos I. Weihenmayer, Erik. II. Fockink, Marília. III. Título.

08-00961   CDD-158.1

Índices para catálogo sistemático:
1. Autoadministração : Psicologia aplicada   158.1
2. Autoajuda : Psicologia aplicada   158.1

Todos os direitos desta edição reservados à
Editora WMF Martins Fontes Ltda.
Rua Prof. Laerte Ramos de Carvalho, 133 01325.030 São Paulo SP Brasil
Tel. (11) 3293.8150 e-mail: info@wmfmartinsfontes.com.br
http://www.wmfmartinsfontes.com.br

Dedicamos este livro a Mark Weihenmayer (1959-2006)
e aos que enfrentam a adversidade todos os dias,
ansiando por emergir mais fortes e melhores.
Que as adversidades se tornem o balizamento
do caminho do seu próprio desenvolvimento.

ÍNDICE

IX *Prefácio, por Stephen R. Covey*

1 *Introdução*

11 Primeiro Pico. Enfrente!

53 Segundo Pico. Convoque suas forças

91 Terceiro Pico. Acione o CRAD

123 Quarto Pico. Possibilidades pioneiras

153 Quinto Pico. Carga certa, carga leve

199 Sexto Pico. Sabendo sofrer

239 Sétimo Pico. Produza grandeza todos os dias

265 *Agradecimentos*

267 *Índice remissivo*

PREFÁCIO
Stephen R. Covey

Muitos anos atrás, durante uma licença sabática da universidade, estava caminhando entre as estantes de uma biblioteca no Havaí, quando puxei da prateleira um livro que me chamou a atenção. O que li foi tão inspirador, tão estimulante e profundo, que mudou minha vida daquele momento em diante. Foram estas as três frases que decorei:

>Entre o estímulo e a resposta, há um espaço.
>Nesse espaço se localizam a liberdade e o poder de mudar nossa resposta.
>Nessas escolhas se encontram nosso crescimento e nossa felicidade.

Pense nisto – entre qualquer coisa que tenha acontecido a você, ou que esteja acontecendo agora, e sua resposta a elas, há um espaço em que você tem o poder e a liberdade de escolher sua resposta. As respostas que você escolher vão governar seu crescimento e sua felicidade. De fato, vão governar suas realizações e contribuições.

Em outras palavras, não somos animais. Os animais não têm autoconsciência, não dispõem de um espaço entre o estímulo e a resposta. Todavia, como seres humanos, não somos meros produtos de nossa genética, de nosso condicionamento ou de nossas circunstâncias presentes. *As vantagens da adversidade* é um exemplo magnífico e perspicaz dessas três frases que tiveram sobre mim um impacto tão profundo. Repito-as de novo: "Entre o estímulo e a resposta, há um espaço. Nesse espaço se localizam a liberdade e o poder de mudar nossa resposta. Nessas escolhas se encontram nosso crescimento e nossa felicidade."

Este não é um livro teórico, ainda que no texto se encontrem extensas teorizações. Não é um livro cheio de idealismo abstrato, ainda que demonstre como o ideal pode tornar-se real. Este livro é o produto sinérgico de dois indivíduos maravilhosos, que formaram uma parceria com o objetivo de compartilhar o que aprenderam com suas respectivas experiências: Erik escalando os sete picos mais altos dos sete continentes, e Paul se dedicando ao trabalho de decifrar e fortalecer a capacidade humana de lidar com a adversidade. Seu trabalho conjunto neste livro foi como uma escalada, uma árdua subida através de inúmeros obstáculos, culminando em uma poderosa mensagem lançada do topo do mundo. Pense nisto apenas por um momento. Erik trouxe suas percepções das montanhas; Paul acrescentou suas pesquisas mais recentes e ajudou Erik a moldar essas percepções em um plano de lições para leitores de todo o mundo que esperam alcançar grandeza na vida diária. Entre a adversidade e a resposta, existe um espaço. Nesse espaço se encontram o poder e a liberdade de escolher entre desmoronar-se ou elevar a si mesmo e aos outros – como esses dois autores fazem ao dividir seu trabalho conosco.

A grandeza *primária* se encontra no caráter e na contribuição. A grandeza *secundária* está no prestígio, na riqueza, na posição e nas realizações que não representam nenhuma contribuição sólida e permanente para os outros. Todos queremos que nossos filhos e netos desenvolvam a grandeza primária, e pode ser que também atinjam a grandeza secundária. Mas são poucos os que conquistam ambas. Algumas celebridades sim, mas a maior parte delas atinge somente a grandeza secundária. Ao mesmo tempo, muitas pessoas comuns alcançam a grandeza primária, particularmente os pais que criam filhos de caráter e capazes de contribuir para a sociedade.

Existe um elemento comum em toda grandeza: o bom uso do espaço entre o estímulo e a resposta. Em outras palavras, como as pessoas lidam com a adversidade, os reveses, o sofrimento, a mágoa, o desapontamento e a injustiça? Elas se transformam em vítimas, consumidas pelo câncer letal do cinismo, da crítica, da queixa, da comparação, da competição e da disputa; ou aprendem a "domar" o poder, a energia e a sabedoria presentes no momento difícil, no difícil espaço entre o estímulo e a resposta?

É irônico que justamente aquilo que nos permite crescer e experimentar a verdadeira alegria seja a própria coisa que a maioria das pessoas passa a vida tentando evitar... Buscar uma vida de conveniências e de conforto é o curso de menor resistência e não contribui em nada. Uma vida inativa não contribui com nada. Considero que o mantra da vida é: "cresça ou morra". Continue aprendendo e contribuindo... ou morra. Acredito que isso seja verdade, não só no sentido simbólico, mas também literal. Quando paramos de crescer e aprender, morremos mentalmente, morremos emocionalmente e sofremos uma morte física prematura. Hans Selye, provavelmente o especialista mais citado quando o assunto é estresse, ensina que o que mantém o sistema imunológico sadio e as forças regenerativas do organismo em pleno funcionamento são o trabalho e a contribuição ativos – cuja essência é como lidamos com a adversidade. Vivamos a vida *crescendo*!...

Você quer aprender uma outra língua?... Pague o preço – pratique, sofra e sacrifique-se. Quer fortalecer um músculo? Exercite-o até que as fibras se partam e, dentro de vinte e quatro horas, você ficará mais forte. (Nunca esquecerei a maneira como um instrutor de musculação me ensinou este princípio muitos anos atrás. "Stephen", ele disse, "continue levantando esse peso até sentir que não consegue mais. Então, levante mais uma vez. Sem dor, não há ganho." Perguntei por quê, e ele respondeu: "Quando você vai um pouco mais além, a fibra muscular fissura; mas a natureza faz o reparo em quarenta e oito horas e o músculo fica mais forte.") O Dr. Viktor Frankl escreveu o prefácio para um dos livros de Hans Selye. Frankl foi o psiquiatra austríaco que escreveu o maravilhoso *best-seller* internacional *Man's Search for Meaning* [A busca do sentido pelo ser humano], em que ele descreve suas experiências com a adversidade durante o período em que esteve aprisionado nos campos de extermínio da Alemanha nazista. Ele conta que, quando seus captores o colocaram sob refletores, tiraram sua roupa e começaram a realizar em seu corpo ignóbeis experiências de esterilização, ele realmente se tornou consciente do espaço que existe entre o estímulo e a resposta e o utilizou para encontrar um sentido para o seu sofrimento. Passou então a trabalhar com outros prisioneiros, a fim de ajudá-los a também encontrar um significado para o seu próprio sofrimento. Certa vez, um dos guardas queimou seu manuscrito, e ele percebeu que o significado desse revés era que ele deveria escrevê-lo de novo e melhor. De outra feita, um prisioneiro lhe declarou que tinha vontade de cometer suicídio. Quando o Dr. Frankl indagou-lhe por que ainda não o fizera, ele respondeu: "Porque isso faria minha esposa sofrer ainda mais." O Dr. Frankl ajudou-o a entender como essa compreensão dava significado à sua vida. Alguém que tenha um "porquê" pode conviver com qualquer "o quê" e qualquer "como". O Dr. Frankl acabou se tornando o pai da logoterapia, um dos métodos psicoterapêuticos mais eficazes que já foram desenvolvidos, particularmente influente na Europa.

Ao escrever o prefácio para o livro de Hans Selye, Frankl chamou a atenção para a importância de domar a energia, o poder e a sabedoria contidos na adversidade – embora ele não tenha empregado a palavra *domar*, como faz este livro. O Dr. Selye acredita que as mulheres vivem mais que os homens (de seis a oito anos mais, em média) porque "trabalho de mulher não acaba nunca". As mulheres realizam múltiplas tarefas e enfrentam muitas adversidades diferentes oriundas de direções diversas. Geralmente têm metas ou causas significativas com as quais se sentem comprometidas e para as quais contribuem. Muitos homens morrem logo após se aposentar – particularmente os que se focalizam excessivamente na carreira durante a vida profissional e então decidem mudar para um estilo de vida mais agradável e livre de tensões. Eles perdem o senso de propósito.

O Dr. Selye fala da importância do *eustress*, o tipo benéfico de estresse, que deriva de trabalho, metas e projetos significativos que contribuam para a sociedade. *Distress* [angústia], para ele, é o tipo negativo de estresse, que resulta das tentativas de evitar as tensões e adversidades da vida. Uma lição importante é a seguinte: sem desafios e adversidade, não se desenvolve um senso mais profundo de significado e de propósito.

O aspecto realmente notável em *As vantagens da adversidade* é que se pode aplicá-lo a cada faceta da vida – física, mental, social, emocional, econômica, espiritual. Você quer fazer uma nova contribuição? Prepare uma coisa nova. Pague o preço. Nade rio acima contra a corrente cultural. Desligue a televisão ou deixe o som bem baixo. Quer viver uma vida longa e saudável? Submeta seu corpo à tensão, porém não tensão em demasia. Pratique aeróbica, faça exercícios de musculação e flexibilidade. Realize esforços físicos controlados. Alimente-se bem. Vincule seu paladar ao valor nutritivo, até conseguir reeducar suas papilas gustativas. Deseja melhorar seus relacionamentos? Perceba que amar é um verbo e não um sentimento.

Certa vez, um homem veio me procurar para pedir conselhos sobre as dificuldades que estava enfrentando no casamento. O amor acabara, explicou-me, mas ele estava preocupado com o efeito que uma separação poderia causar sobre seus filhos. Eu disse: "Então, ame sua esposa." "Como amar quando não se ama?", ele quis saber. Continuei: "Amar é um verbo, não um sentimento. O sentimento do amor é fruto do verbo amar. Por que você pensa que as mães são tão ligadas aos filhos? Por causa do sofrimento por que passaram para trazê-los ao mundo e do sacrifício que fizeram para criá-los. O sentimento do amor é produto do verbo amar. Amar é o serviço que você presta aos outros – importar-se com alguém mais do que se importa consigo mesmo. Escute sua esposa; você tem dois ouvidos e uma única boca – é uma questão de matemática." "Não sei se sou capaz de fazer tudo isso", ele respondeu. "Experimente durante trinta dias. Você já está com ela há trinta anos, que diferença farão mais trinta dias? Entregue-se com amor. Pare de criticá-la, de apontar-lhe defeitos, de culpá-la. Sirva-a. Escute-a. Antecipe as necessidades dela. Pratique esses hábitos por trinta dias. Você vai descobrir que amar *é um verbo* e que o *sentimento* do amor retornará." E deu certo. Ame aqueles que são difíceis de amar – a vantagem da adversidade.

Empresário, você quer ter mais clientes? Forneça mais serviços do que o esperado. Faça mais do que os outros fazem. Encare as dificuldades e problemas com os clientes como uma vantagem da adversidade – uma situação em que você pode incrementar os cuidados e fornecer serviços criativos, dar ao cliente muito mais do que ele espera receber. Faça isso e os clientes vão permanecer com você a vida inteira.

Quer construir uma cultura forte, produtiva e de alto nível de confiança na sua empresa, de tal modo que todos dêem o máximo de si? Utilize a vantagem da adversidade. Pague o preço a seus funcionários. Aprenda a conhecê-los, escutá-los e entendê-los – suas dores, suas esperanças, seus desejos, seus problemas e suas dúvidas com relação a si mesmos. Seja leal a eles quando estiverem ausentes, mesmo que o caminho mais fácil seja juntar-se aos outros para criticá-los. Se você é crítico por natureza, então critique-os frente a frente. Isso requer coragem, particularmente para agir com humildade, sem arrogância.

Deseja crescer espiritualmente? Adote o serviço aos outros como o mantra de sua vida. Nunca se afaste de um trabalho ou projeto significativo. Daquele a quem muito se deu, muito se pedirá. Já existe dor em demasia no mundo para que você se retire de um trabalho significativo, mesmo que se aposente de sua ocupação principal. Servir dessa maneira é buscar a adversidade em doses diárias, mas você aprenderá a enfrentar os desafios, reunir suas forças, convocar seu centro vital e explorar alternativas. Você vai aprender a abrir novas possibilidades, a transportar uma carga leve e adequada, a sofrer da maneira certa e, depois disso tudo, a oferecer esse tipo de grande serviço de forma consistente e regular.

Os magníficos princípios expostos neste livro representam as sete montanhas mais altas dos sete continentes do mundo. São apresentados de maneira indutiva para que você possa *incorporar* cada discernimento e não simplesmente *conhecê-los*. Pensar indutivamente significa partir do específico para o geral, enquanto pensar dedutivamente significa começar com a teoria (o geral) e então aplicá-la a situações específicas. Em *As vantagens da adversidade*, você começa com elementos específicos, isto é, as experiências de Erik com o alpinismo, sendo depois conduzido para as questões de caráter geral por um autor muito sábio. O Dr. Paul Stoltz é conhecido pelo seu *quociente de adversidade*, que se tornou o método mais utilizado no mundo para avaliar e fortalecer nossa habilidade de lidar com a adversidade. Mais de meio milhão de pessoas já mediu seu quociente de adversidade e começou a jornada para o fortalecimento de sua maneira de enfrentar a adversidade. Ele já escreveu dois livros internacionalmente aclamados, trabalha com importantes líderes mundiais e realizou pesquisas pioneiras em, pelo menos, vinte e um países, a fim de compreender essas raras pessoas que não somente sabem lidar bem com a adversidade, como transformá-la em combustível para alcançar a grandeza.

Este livro está cheio de ferramentas, princípios, conteúdos e desafios práticos e incitantes. Percebi que o próprio processo de estudar este livro para escrever o prefácio me conduziu a olhar cuidadosamente para mim mesmo e tomar consciência de como os desafios da minha vida podem tornar-se o combustível que me permitirá nadar contra a correnteza, contra as correntes culturais e contra todas as formas de adversidade inerentes aos meus objetivos mais importantes.

Reveses são inevitáveis, mas o desespero é uma escolha.

Com a ajuda deste livro, podemos nos equipar para conseguir domar os momentos mais duros da vida e utilizá-los para atingir as grandes alturas do crescimento e da contribuição. É aí que se encontra a verdadeira felicidade – a verdadeira alegria. Este livro me inspirou a desenvolver um maior apreço pela adversidade e perceber onde se encontra o grande filão da sabedoria e das possibilidades oferecidas pela adversidade. Inspirou-me a me tornar um alquimista, a transformar o chumbo em ouro.

Também eu tive de pagar o preço com este livro. Não é algo que você possa passar os olhos rapidamente a fim de captar os pontos principais. Você tem de conquistar esses pontos trabalhando com o material e tentando internalizá-lo. Uma das melhores maneiras de apreender seu conteúdo é ensinar a essência dos sete passos às pessoas que você ama e a outras que possam vir a se interessar.

Mal consigo acreditar no que estes dois autores fizeram – formaram uma parceria e se amarraram um ao outro como dois alpinistas, com o propósito de abençoar e elevar outras pessoas. É possível sentir a integridade e a sinceridade de suas almas transpirando destas páginas.

Ao dar palestras, costumo perguntar às pessoas da platéia: "Quantos aqui atingiram o sucesso que têm hoje graças, em parte, a alguém que acreditou em vocês, quando nem mesmo vocês acreditavam em si próprios?" Em geral, cerca de dois terços dos membros da platéia erguem as mãos, e alguns, ao dar seu depoimento, chegam a se emocionar e fazer brotar lágrimas também nos olhos dos ouvintes. Quando Erik começou a perder a visão, durante o verão entre a oitava e a nona séries, sentiu que sua vida tinha acabado. Ele não tinha um relacionamento pessoal com um homem chamado Terry Fox, que perdera uma perna devido a um câncer e, mesmo assim, decidira atravessar o Canadá correndo, da costa leste até a oeste. Erik descreve o dia em que, com a pouca visão que lhe restava, o nariz colado à tela da televisão, lágrimas correndo por suas faces, assistiu à proeza de Terry Fox. Ele conta: "Cada quilômetro causava um tremendo impacto sobre sua perna amputada e sua prótese rudimentar. Ele seguia em frente cambaleando, quilômetro após quilômetro, lutando contra a dor das bolhas e feridas que se abriam na sua pele, algumas vezes recorrendo a um par de muletas para empurrar o corpo para a frente." Em seguida, Erik acrescenta algo muito significativo: "O que me marcou mais profundamente foi a expressão de seu rosto. Era uma expressão de extrema contradição – tomada pela exaustão e, todavia, radiante de exultação. Jamais esquecerei aquela expressão. Vejo-a todos os dias com os olhos da mente. Em seu rosto magro dançava o brilho de uma intensa luz interior que, ao queimar, infundia energia a todos os esforços do seu corpo. Aquela imagem encheu meu espírito desalentado e me transmitiu um sentimento de extrema coragem."

Mais adiante, ele explica: "Acredito que, no interior de cada um de nós, existe algo que só posso descrever como uma luz, capaz de se alimentar da adversidade como se fosse um combustível. Quando nos conectamos a essa luz, cada frustração, cada revés, cada obstáculo se torna uma fonte de energia que impulsiona nossa vida para a frente. Quanto maior o desafio, mais intenso é o brilho dessa luz. Graças a ela, podemos nos tornar mais centrados, mais criativos e mais motivados, aprendendo a transcender nossas limitações e assim reconhecer um significado maior na vida."

Caros leitores, paguem o preço que este livro requer. Os dividendos serão abundantes e haverão de durar para sempre.

INTRODUÇÃO

*

E se, depois de completar a leitura deste livro, você conseguisse usar qualquer – *qualquer* – adversidade em seu próprio proveito? E se você conseguisse converter suas lutas diárias, grandes e pequenas, num combustível que lhe desse energia para ultrapassar a normalidade cotidiana e alcançar a grandeza?

Não é fascinante a luta do ser humano contra a adversidade? Não só a encontramos em todas as eras e culturas, como o fio condutor da nossa história, como também lemos a seu respeito em todos os grandes livros, somos atraídos por ela nos filmes e temos de enfrentá-la todos os dias da nossa vida. Mas por que a adversidade?

Talvez porque se encontre nessa luta a sabedoria essencial de que todos necessitamos para nos tornar o tipo de pessoa que esperamos ser ou nutrir o tipo de equipe ou organização com que sonhamos. De fato, depois de passar os últimos anos trabalhando neste livro, estou convencido de que a adversidade contém a chave para alcançar a grandeza diária, tanto na vida, como nos negócios e na sociedade.

Não precisamos sair em busca da adversidade. Ela sabe onde nos encontrar. Durante o verão entre os períodos em que freqüentei a oitava e a nona séries, comecei a perder o que restava da minha visão. Já não conseguia ver o suficiente para caminhar sozinho, por isso meus irmãos ou meus pais tinham de me guiar.

---

* Este sinal indica uma manifestação de Erik. (N. da R. T.)

Agarrava-me às suas roupas com o terror de uma criança pequena que se perdeu em uma loja de departamentos. Odiava o que estava acontecendo, porque representava para mim uma total incapacidade. Tudo o que eu conhecia estava acabando. A perda era como uma tempestade caindo sobre mim com tal força, com tal ferocidade, que pensei que seria esmagado por ela.

No final do outono desse ano, estava assistindo a um programa de televisão chamado *Isto é incrível*. Ainda enxergava um pouco com um dos olhos, embora tivesse de me inclinar para a frente até ficar a poucos centímetros de distância do televisor. A atração do programa naquela noite era um atleta chamado Terry Fox. Terry tinha perdido uma perna devido a um câncer e, mesmo antes de receber alta do hospital, tomou a decisão de atravessar o Canadá correndo, da costa leste até a oeste. Com o nariz colado à tela da televisão e lágrimas correndo pelas minhas faces, assisti enquanto Terry corria. Cada quilômetro causava um tremendo impacto sobre sua perna amputada e sua prótese rudimentar. Ele seguia em frente cambaleando, quilômetro após quilômetro, lutando contra a dor das bolhas e feridas que se abriam na sua pele, algumas vezes recorrendo a um par de muletas para empurrar o corpo para a frente.

O que me marcou mais profundamente foi a expressão de seu rosto. Era uma expressão de extrema contradição: tomada pela exaustão e, todavia, radiante de exultação. Em seu rosto magro dançava o brilho de uma intensa luz interior que, ao queimar, infundia energia a todos os esforços do seu corpo. Aquela imagem encheu meu espírito desalentado e me transmitiu um sentimento de extrema coragem. Muitos teriam desistido em face de tantas dificuldades, porém – surpreendentemente – Terry as encarava de frente e literalmente corria no meio delas. Foi nesse momento, com o olhar fixo na face de Terry, que pela primeira vez me perguntei como seria possível domar a grande tempestade de adversidade que gira em torno de nós e utilizar o seu poder para nos tornar melhores e mais fortes.

Embora inspirado por Terry, aprendi logo a seguir que a inspiração não é suficiente. Se uma pessoa iniciar uma expedição para galgar uma montanha sem estar devidamente preparada e equipada, os ventos ferozes, o frio gélido e o terreno íngreme, cuja escalada exige técnica, a derrotarão em todas as tentativas. De maneira semelhante, para converter as adversidades cotidianas, grandes e pequenas, em vantagens genuínas, na vida e nos negócios, precisamos de ferramentas poderosas e de eficácia comprovada. E ninguém se encontra mais bem qualificado para nos ensinar o emprego dessas ferramentas do que a pessoa com quem fiz parceria para escrever este livro, o Dr. Paul Stoltz.

Paul talvez seja mais conhecido por sua teoria do *Quociente* (ou *Coeficiente*) *de Adversidade*, ou QA, que se tornou o método mais utilizado no mundo para medir e fortalecer nossa capacidade de lidar com a adversidade. Decifrar a maneira como o ser humano lida com a adversidade é o trabalho ao qual Paul tem dedicado sua vida.

Foi através das suas pesquisas inéditas que nos conhecemos. Focar em pessoas que conseguem dominar as asperezas da vida o levou a lançar seu *Global Resilience Project* [Projeto Global de Resiliência], uma iniciativa que engloba estudos em vinte e um países. Seu objetivo era obter uma compreensão melhor de pessoas raras como Terry, que não apenas conseguem enfrentar a adversidade com sucesso, como aprendem a transformá-la em combustível para alcançar grandeza na vida cotidiana.

Você já deve ter lido nos livros de história sobre os alquimistas medievais que labutavam secretamente para transmutar o chumbo em ouro. Pessoas como Terry, essa gente que Paul destacou em suas pesquisas, são para mim os alquimistas modernos. Acredito que, dentro de cada um de nós, existe algo que só posso descrever como uma luz, capaz de se alimentar da adversidade e consumi-la como se fosse um combustível. Quando nos conectamos a essa luz, cada frustração, cada revés, cada obstáculo se torna uma fonte de energia que impulsiona nossa vida para a frente. Quanto maior o desafio, mais intenso é o brilho dessa luz. Graças a ela, podemos nos tornar mais centrados, mais criativos e mais motivados, aprendendo a transcender nossas limitações e assim alcançar um significado maior na vida.

Todos podemos ser alquimistas e transformar em ouro o chumbo que a vida deposita sobre nós. Todos os dias me esforço para ser um alquimista. Galguei os Sete Picos – os cumes mais elevados de cada um dos sete continentes –, não somente por amor ao alpinismo, mas também para estilhaçar a percepção do que as pessoas têm acerca do que é possível ou não. E, em algum ponto ao longo do caminho, aprendi mais a respeito das vantagens da adversidade do que um dia imaginei que seria possível.

Há algo inerente que compele a uma escalada. Acredito que todos nós, bem lá no fundo, ansiamos por avançar, subir, escalar novas alturas. Assim, Paul e eu organizamos este livro em Sete Picos, baseados em sete princípios norteadores que o ajudarão a usar a adversidade em seu próprio benefício, para infundir de forma prática grandeza de caráter ao seu cotidiano. Começo cada Pico – cada capítulo – com uma história referente a cada um dos sete picos reais que escalei. Nos intervalos, Paul apresenta elementos retirados das minhas lições e de suas pesquisas para mostrar como você pode gerar poder a partir de suas batalhas diárias, elevando a si mesmo e a todos ao seu redor.

Com "todos ao seu redor", Erik e eu nos referimos às pessoas com quem você interage no trabalho, na comunidade, na família etc. Isso porque a maneira como você se relaciona com a adversidade se espalha como ondas – tanto positivas como negativas – a todos os que você influencia, incluindo muita gente que não tem a menor consciência do seu impacto sobre elas. Esse é o poder potencial de *As vantagens da adversidade*, e é por isso que Erik e eu amamos a palavra *elevar*. Elevar significa "erguer a um nível ou posição superior" ou "erguer a própria mente ou espírito a um nível mais iluminado ou sublime". E, se você pensar bem, não é exatamente isso que você quer na sua vida, que todo pai ou mãe quer para os seus filhos, que todo líder, em última análise, quer para sua organização?

Você deve estar pensando que qualquer pessoa sensata procura menos adversidade, não mais. Correto? Aí está o problema. Embora possa ter uma vida agradável, você não pode se projetar além do prazer de alcançar mesmo o nível mais básico de grandeza sem uma dose saudável daquilo que as pessoas tentam minimizar. Por quê? Porque somente a adversidade tem o poder de inspirar clareza excepcional, banir quaisquer vestígios de letargia, colocar de novo em foco suas prioridades, aprimorar seu caráter e liberar suas maiores forças. Mesmo os pequenos percalços constituem um solo fértil para elevar o comportamento. Se eliminar a adversidade, você perderá as riquezas mais profundas, as dádivas mais altas e as lições mais potentes que a vida tem a oferecer. Quanto mais você evita a adversidade, menos se transforma.

Você não pode elevar nada nem ninguém a seu potencial mais alto sem enfrentar adversidades.

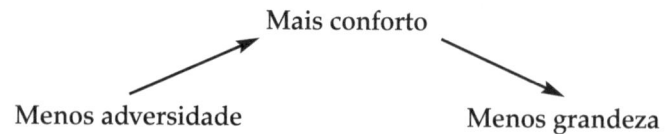

Em meus primeiros livros, ao introduzir o Quociente de Adversidade (QA), discorro detalhadamente sobre os *Desistentes*, os *Campistas* e os *Alpinistas* – as três categorias de respostas ao desafio atemorizante de viver uma vida em constante crescimento. Os Desistentes simplesmente abandonam a escalada – a busca de uma vida mais enriquecedora – e, conseqüentemente, se tornam pessoas amarguradas. Os Campistas geralmente trabalham muito, se esforçam, cumprem suas obrigações e fazem tudo o que for necessário para atingir determinado nível. Então cravam as estacas de suas barracas e se acomodam. Os Alpinistas constituem aquela estirpe rara que continua a aprender, a crescer, a lutar e a se aprimorar até o último suspiro, que pode contemplar sua vida pregressa e dizer estas preciosas palavras: "Dei o melhor de mim." Não é por acaso que os Alpinistas são as pessoas que mais admiramos, que mais nos atraem, que tomamos como modelo. Uma das principais descobertas da minha pesquisa é a de que, no âmago das diferenças entre Alpinistas, Campistas e Desistentes, está a maneira como cada um enfrenta a adversidade.

Perseguir incansavelmente objetivos de vida ou construir uma organização cheia de propósitos pode ser difícil. O clima das montanhas é árduo – e fica cada vez mais intenso. É por isso que os Desistentes abandonam a subida e os Campistas se satisfazem com o ponto a que chegaram. Somente os Alpinistas aceitam o desafio imensamente gratificante de aprender, se esforçar, melhorar e contribuir até seu último suspiro.

De acordo com nossas pesquisas, realizadas com mais de 150.000 líderes empresariais ao redor do mundo, muitas pessoas desistem (de cinco a vinte por cento), a maioria acampa (de sessenta e cinco a noventa por cento), enquanto apenas uns poucos e raros continuam ascendendo. De fato, quando se pergunta a esses líderes quantos por cento de seus funcionários montaram acampamento, a resposta mais comum é "oitenta por cento".

Essa é uma perda de potencial *trágica*, numa época em que acampar se torna cada vez mais dispendioso considerando os benefícios da subida, que são particularmente valiosos. Meus livros anteriores terminam sem explicar uma característica marcante dos Alpinistas. Descobri que as pessoas que apresentam os Quocientes de Adversidade mais elevados não se contentam em responder à adversidade com maior eficácia. Quer estejam à frente de um novo modelo de negócios, forjando uma equipe excepcional ou simplesmente descobrindo maneiras de acelerar seu próprio desenvolvimento pessoal, elas *utilizam* a adversidade. E, nesse processo, liberam tremenda energia e inovações, e ganham impulso. Este livro o ensinará a empregar a adversidade para liberar o que há de melhor dentro de você.

Nós aprendemos com aqueles que desafiam nossas noções acerca daquilo que é possível. Um exemplo extremo são os programas espaciais, que criaram produtos práticos incontáveis para nosso uso diário na Terra; do mesmo modo, é através de exemplos extremos do que se pode fazer diante da adversidade que aprendemos maneiras práticas de melhorar dramaticamente o que fazemos com as nossas.

Minhas pesquisas me levaram a Erik Weihenmayer porque ele é um Alpinista no sentido mais verdadeiro da palavra. Ele desafia a vida do mesmo modo que ataca a face de um rochedo – com uma determinação incansável de elevar a si próprio e a todos os que se encontram a seu redor, quer através de suas narrativas inspiradoras, como palestrante famoso, quer por meio de suas aventuras inéditas e absolutamente notáveis, ou ainda através de seu apoio a excluídos em todas as partes do mundo. Os Alpinistas lutam para melhorar a si mesmos e seu mundo. Expressões como *quase, pelo menos tentamos* ou *não tem jeito* estão fora do vocabulário de Erik quando ele está diante de algo importante. As expressões que correspondem a seu caráter são *mais, melhor, mais preparado, mais rápido, mais rico* e *mais alto*. São esses os termos que o definem e se exalam dele como o vapor da respiração em uma manhã gelada.

Em resumo, Erik é a expressão viva de cada lição oferecida por este livro. E, embora apresentemos aqui muitos outros exemplos, Erik é o verdadeiro exemplo de *As vantagens da adversidade*. Neste livro, procurarei decodificar o DNA emocional de Erik para que sua tenacidade e sua grandeza possam inspirá-lo. Erik lhe transmitirá o melhor de sua sabedoria e discernimento prático, por meio de histórias fascinantes que o ajudarão a repensar e remodelar profundamente sua relação com a adversidade.

A boa notícia é que, depois de ter ensinado o poder da adversidade nos negócios e na vida durante vinte e dois anos, sei que todos podem aprender a utilizar ferramentas práticas para dominar a adversidade e convertê-la numa força vital. Os novos princípios e práticas apresentados neste livro não foram desenvolvidos para super-heróis ou para o enfrentamento de extremos impossíveis. Foram projetados para nós, você e eu, pessoas comuns, para que possamos começar a alcançar a grandeza todos os dias da nossa vida.

No Primeiro Pico – Enfrente! – definiremos de forma simples e prática as adversidades que você enfrenta. Aprenderá de que maneira você mesmo, aqueles que o rodeiam e até sua organização podem *enfrentar* – ultrapassar a frustração, a incapacidade, a raiva e inclusive a aceitação da adversidade para atingir o ponto em que poderá incorporá-la e beneficiar-se de sua força. Saberá por que está mais bem equipado para as grandes adversidades do que para os aborrecimentos, atritos, dificuldades e desafios cotidianos que tanto drenam sua energia. Começará a adquirir um senso de como a adversidade pode ser tanto a arma competitiva final para uma empresa como o melhor combustível para sua própria vida. Verificará o ponto em que você se localiza atualmente no Ciclo da Adversidade – a medida real de seu relacionamento com os aspectos mais ásperos da vida –, de modo que possa iniciar sua jornada para níveis mais altos e ainda mais nobres. Preencherá seu próprio Inventário de Adversidades para emergir daí com seu Desafio Máximo claramente definido.

O Segundo Pico – Convoque suas forças – desafia a sabedoria convencional de que as forças naturais são a energia propulsora do sucesso. Este capítulo irá ajudá-lo a decidir o que você quer fazer, por que quer fazer isso e quais as forças que precisa acionar, desenvolver e obter dos outros a fim de aceitar o seu Desafio Máximo. Você desenvolverá sua Capacidade de Superar Adversidade através de uma combinação poderosa de coragem, disciplina, tenacidade e vontade. Ultrapassará suas noções sobre aquilo que você e os demais podem ou devem tentar fazer. E vai repensar sua forma de estabelecer parcerias nos negócios e na vida.

No Terceiro Pico – Acione o CRAD* – você aprenderá a lidar melhor e mais rápido com cada adversidade. Desenvolverá percepções vitais para a lente com que observa a vida, assim como aprenderá os fundamentos do Quociente de Adversidade e as quatro dimensões do CRAD que determinam como as pessoas respondem perante a adversidade. Descobrirá de que modo as maiores organizações e os principais líderes mundiais acionam seu CRAD. Criará sua própria Estratégia de CRAD para continuar avançando pelo Ciclo da Adversidade, a fim de começar a transformar adversidades específicas em vantagens reais.

No Quarto Pico – Possibilidades pioneiras – você aprenderá a projetar sistemas personalizados para transformar o impossível no possível. Criará estratégias que os outros nem sequer conseguem ver. Aprenderá como você mesmo e sua empresa podem ganhar um tremendo empuxo e impulso com a força da adversidade. Repensará sua maneira de lidar com as limitações e expandirá suas percepções daquilo que é possível. Aprenderá a aplicar as ferramentas que abrem possibilidades inéditas para passar do "e agora?" para o "e se?".

---

* No inglês, CORE (Control [Controle], Ownership [Responsabilização], Reach [Alcance], Endurance [Duração]). (N. da R. T.)

Quando ascender ao Quinto Pico – Carga certa, carga leve –, você aprenderá, através das experiências vividamente descritas por Erik no mundo do alpinismo, que colocar as coisas erradas em sua mochila pode aleijá-lo e que, ao contrário, escolher as coisas, pessoas, obrigações e objetivos certos o deixará mais forte. Quanto mais peso você ou sua empresa carregar, menos ágil e eficiente será para enfrentar a adversidade. Se matar a agilidade, sufocará a alquimia. Neste capítulo, ficará claro para você como fazer uma faxina na sua vida e assim poder andar ereto em vez de rastejar sob o peso de cada nova adversidade.

Por mais felizardo que você seja, poderá ocorrer a situação de sofrer. A questão é como sofrer bem ou mal. Este é o tema de Sexto Pico – Sabendo sofrer. Os alquimistas da adversidade possuem a capacidade espantosa de sofrer bem – de elevar os que os rodeiam por meio de suas próprias perdas e dificuldades. Eles transformam a dor em beleza. O sofrimento pode ser trágico, debilitante e embrutecedor; mas também pode ser combustível de alta octanagem para uma alquimia acelerada. As reações mais potentes em geral envolvem liberação de calor. É por isso que o caráter é forjado nas chamas da adversidade. Se você souber sofrer, seu sofrimento será o combustível da grandeza.

Sétimo Pico – Produza grandeza todos os dias – é onde culmina o processo dos seis picos precedentes. Reúne as idéias mais importantes do livro inteiro, fornece um pacote de práticas coerentes e personalizáveis, que você pode carregar consigo e aplicar em qualquer lugar, a qualquer tempo, para conseguir chegar ao topo do Ciclo da Adversidade. Você partirá com sua própria Rota de Escalada para galgar as Vantagens da Adversidade e será capaz de realizar sua própria alquimia. O chumbo da vida se converte em ouro, a escuridão se faz luz e a normalidade se transforma em grandeza. E você emergirá preparado, até mesmo ansioso, para aproveitar as vantagens que obterá de cada nova adversidade.

A METÁFORA DA MONTANHA

Erik e eu escolhemos a montanha como metáfora não por representar o feito atlético, movido a testosterona, de conquistar o pico, mas por ser um símbolo universal de inspiração e aspiração. Todas as pessoas têm a pulsão de ascender – de avançar e subir na vida, de elevar-se e não cair. Não se preocupe. Você certamente não precisa ser um alpinista nem um atleta para entender. Ainda que as histórias de Erik sobre os cumes mais elevados do mundo possam parecer incrivelmente assustadoras, as lições contidas nelas têm uma relação prática com os desafios e provações mais comuns, e freqüentemente involuntários, que todos enfrentamos no decurso de nossas várias atividades.

Falando de maneira franca e direta, a adversidade não tem nenhuma misericórdia. A ela não importa nem um pouco se vamos ter sucesso ou fracassar. Ela não dá a menor importância às definições humanas de eqüidade e justiça e pode tanto nos esmagar quanto impulsionar com seus desafios. Como um furacão, pode causar sérios danos. Ou, se conseguirmos capturar sua energia, leva-nos bem mais longe do que sem ela chegaríamos. Por mais banais ou exasperantes que sejam nossas dificuldades, todas podem ser usadas para a obtenção de ganhos significativos. E tudo começa com o Primeiro Pico, quando você encara a tempestade e a enfrenta!

PRIMEIRO PICO

ENFRENTE!

Monte McKinley (Denali)
Acampamento-base: 2.160 metros de altura
Cume: 6.194 metros – o pico mais elevado da América do Norte

As pipas sobem mais alto quando
voam contra o vento, não a favor dele.
Sir Winston Churchill

Provavelmente você não acorda esperando ter um dia cheio de adversidades. Ninguém faz isso, eu tampouco. De fato, só fui refletir sobre a adversidade quando ela veio ao meu encontro. Mesmo então, como a maioria das pessoas, fiz tudo o que pude para evitá-la, enfraquecê-la e negar sua existência. Só depois que admiti seu imenso poder, comecei a entender o que poderia fazer e quem eu poderia ser. E, quando recordo todo o doloroso processo, não consigo imaginar que outro rumo minha vida poderia ter tomado.

O papel que a adversidade exerce em nossa vida me foi revelado da maneira mais intensa no primeiro de meus Sete Picos, o monte McKinley, o pico mais famoso da América do Norte. Lá estava eu, um cego, enfiado dentro de uma tenda a 2.160 metros de altura. Fiquei deitado ali, imaginando que tipo de insanidade me levara a crer que poderia escalar uma montanha de mais de seis quilômetros de altura, ainda mais uma tão assustadora quanto aquela. Enfiei-me ainda mais no saco de dormir, rangendo os dentes contra as rajadas de vento que sopravam do Ártico, e recordei como a idéia havia surgido.

Certa manhã, dezoito meses antes, eu estava sentado no topo de um penhasco de trinta metros de altura, no meio do deserto, ao lado de Sam, o meu parceiro de escaladas. Tinha sido uma subida particularmente agradável por uma aresta retorcida e afiada como gume de faca. Estávamos conversando sobre todas as rotas agradáveis que já tínhamos percorrido e Sam comentou que achava espantoso que eu pudesse escalar. Muitas pessoas já tinham me dito a mesma coisa; falando francamente, já estava um pouco cansado dessas observações. Não tinha nada contra as pessoas de bom coração que se sentiam comovidas pelos meus esforços. Eu mesmo ficava comovido de saber que havia influenciado sua maneira habitual de pensar. Não, o problema não era deles; era só meu.

Sempre tive uma voz inquieta dentro de mim, que parecia falar ainda mais alto quando minha vida parecia um pouco estagnada. Avançar para situações novas e desafiadoras freqüentemente me levava a resultados positivos. Eu me lembro do meu primeiro ano do ensino médio, quando tateava com minha bengala pelo corredor vazio que levava à sala de luta livre, a fim de tentar um esporte que, segundo minha percepção, poderia ser praticado também pelos cegos. Foi somente alguns anos mais tarde que tentei subir uma rocha pela primeira vez; e, depois de completar o curso universitário, me mudei sozinho para o outro lado do país, da Nova Inglaterra para o deserto do sudoeste, um lugar sobre o qual não sabia absolutamente nada, para iniciar minha vida profissional como professor de quinta série. Acho que todos temos essa voz interior que nos persegue – no bom sentido. Só precisamos estar dispostos a escutá-la. Graças a Deus que essa voz existe. Sem ela, nunca poderíamos crescer, nem desenvolver nenhuma de nossas iniciativas.

Quando eu era professor de inglês no ensino médio, meus alunos e eu lemos certa vez um de meus contos favoritos, "A vida secreta de Walter Mitty", de James Thurber. Eu me achava muito parecido com Walter. Definitivamente, esse personagem também tem uma voz interior que o impele a fazer algo grande em sua vida. Ele se imagina enfrentando toda sorte de situações adversas. Primeiro, ele é o capitão de um hidroavião da Marinha dos Estados Unidos, no meio de uma tempestade horrorosa; depois um cirurgião famoso realizando uma operação para salvar a vida de alguém; e, a seguir, piloto de um bombardeiro da Real Força Aérea britânica responsável por uma missão secreta durante a II Guerra Mundial, sobrevoando o espaço aéreo da Alemanha. Mas no fim descobrimos, cheios de tristeza, que todas as bravas aventuras de Walter são apenas devaneios.

Para mim, todavia, aquela pequena voz vinha se manifestando cada vez mais alto. Acho que ansiava por algo mais do que devaneios. Aos 26 anos, já atraíra muita atenção como o "alpinista cego" e sabia que, se continuasse enfrentando o mesmo tipo de desafios, ninguém jamais me acusaria de ser um frouxo. A cegueira poderia ter sido a licença para me acomodar pelo resto da vida, sem nunca tentar superar meu presente nível, fazendo do passado minha maior realização e com isso me livrando de um dia ter de me expandir ou enfrentar novos desafios que eu mesmo estabelecesse.

Desse modo, no alto daquele rochedo, quando Sam me perguntou: "O que você me diz de tentarmos alguma coisa mais alta?", me senti intimidado, porém cheio de entusiasmo. Quando ele começou a explicar tudo a respeito desse pico maciço no Alasca, imediatamente soube que o que ele estava me propondo envolveria dores imensas, um treinamento incansável e uma enorme adversidade. Mas também percebi, com uma mistura de expectativa e pavor que me retorcia as entranhas, que já me encontrava a caminho do monte McKinley. Amava as escaladas e – ainda mais importante – me sentia queimando por dentro para enfrentar o impossível e, ao fazê-lo, elevar minha própria vida e, quem sabe, também a de outras pessoas.

Pode parecer maluquice um principiante cego querendo enfrentar uma montanha tão perigosa; porém, de muitas maneiras, Denali era o pico perfeito para começar. Uma vez que todo o monte McKinley faz parte de uma geleira e é recortado por gigantescas e profundas fissuras, a única maneira de escalá-lo é prender-se com cordas a outros alpinistas. Mesmo quando o vento estivesse uivando e eu não pudesse escutar os passos esmagando a neve à minha frente, teria a direção da corda para seguir. Além disso, embora o McKinley seja íngreme, sua superfície coberta de neve é bastante lisa, de modo que a maioria dos meus passos seria relativamente regular.

Lancei-me ansiosamente aos preparativos. Havia uma quantidade imensa de coisas a aprender: como descer apoiado na picareta de gelo caso um dos companheiros escorregasse para dentro de uma fenda na geleira, como puxar o parceiro para fora com um dispositivo de corda e roldana, como montar tendas sem precisar tirar as luvas grossas, como cozinhar refeições congeladas em um fogão de acampamento só pelo tato. Cheguei até mesmo a ler em braile uma pilha de relatórios de acidentes, com o objetivo cristalino de não acrescentar meu nome à lista de 198 acidentes fatais ocorridos no monte McKinley. Via cada obstáculo como uma maneira de enfrentar totalmente os problemas mais difíceis, antes que eles tivessem uma chance de nos derrotar em Denali.

Finalmente, chegou o dia em que os aviões Cessna, atulhados até o teto de equipamentos, cruzaram a cordilheira do Alasca, seus esquis derrapando na cobertura de gelo próxima ao acampamento-base. Dia após dia, lá fomos nós geleira acima, carregando mochilas de vinte e cinco quilos e puxando trenós de vinte e dois quilos e meio, freqüentemente atingindo trechos em que a neve nos dava pela altura dos joelhos e sendo martelados continuamente por tempestades. E o tempo só piorava.

Duas semanas depois de iniciada a viagem, enquanto eu cortava degraus em uma muralha de pedra íngreme, tive a sensação de que minha mochila colossal estava comprimindo minha espinha e esmagando meus órgãos internos. A tira que passava através do meu peito me sufocava enquanto eu respirava com dificuldade o ar de oxigênio escasso, e, a cada passo exaustivo, tinha a impressão de escorregar sessenta centímetros a cada trinta que avançava. No caminho de volta, depois de ter deixado uma carga de equipamento em um acampamento mais elevado, escorreguei várias vezes nos profundos buracos congelados que haviam sido deixados pelas botas ao longo da trilha, meus tornozelos e joelhos retorcendo-se em ângulos bizarros. Cambaleei de volta para o nosso acampamento, instalado a 5.350 metros de altura, e atirei-me na neve, do lado de fora da tenda, totalmente esgotado. Tonto e nauseado, vomitei na neve, com lágrimas brotando dos meus olhos. Honestamente, não tinha certeza se teria a energia necessária para acordar na manhã seguinte e fazer tudo aquilo outra vez.

Cada dia se tornava uma nova lição de quanto eu era capaz de me superar. Eu lutava fisicamente e ainda mais mentalmente. Porém, dezenove dias depois, atingimos o cume, uma pequena bola de neve no meio do céu. Mais tarde, ficamos sabendo que era o aniversário de Helen Keller.

Quando voltamos ao acampamento-base, minha esposa, Ellen, que viera de avião nos encontrar, me disse que eu parecia um velho encarquilhado. Meu rosto descamava pelo efeito das queimaduras do vento por cima das queimaduras do sol. Mais tarde, quando um repórter me indagou qual seria minha próxima escalada, respondi que só pensava em subir na minha cama para dormir por um longo tempo. Dentro de mim, entretanto, alguma coisa havia mudado. Era como se um reservatório interno de energia e de propósito, que deveria estar completamente seco a essa altura, tivesse de fato ficado ainda mais cheio. Minha mente e meu espírito ardiam com uma vitalidade sem limites que eu nem sequer suspeitara possuir.

Então, inesperadamente, comecei a receber uma enorme quantidade de cartas e cartões. Chegavam aos montes, alguns escritos em braile. Vinham de salas de aula do mundo inteiro, de lugares tão distantes como a Índia e o Japão. Muitas cartas tinham sido escritas por pais de crianças cegas, que haviam quase perdido as esperanças. Toda essa aventura havia começado com uma pequena voz dentro de minha cabeça que me empurrava para a frente, mas agora essa voz estava sendo reforçada por um coro internacional de crianças cegas e seus pais, que me incitavam a galgar ainda mais alto. Foi então que comecei a sonhar com os Sete Picos.

Nunca me propus subir uma montanha com o propósito de quebrar algum recorde mundial ou de me tornar o herói de alguém; a única coisa que eu queria, assim como você provavelmente, era respirar toda a alegria, satisfação e realização que me fosse possível como ser humano. Apesar dos medos e limitações que percebemos em nós, não precisamos continuar sendo como Walter Mitty, sempre sonhando e com um sentimento de vazio por dentro. Não importa quão grandes ou pequenas sejam nossas adversidades, se enfrentarmos os fatos, se encararmos a tempestade, se a *enfrentarmos*, não haverá limites para o significado e a riqueza que podemos encontrar em nossa vida!

A adversidade acontece. Ela não tem favoritos e chega em todas as formas e todos os tamanhos. E pode ser que sua resposta natural seja "Defenda-se!", em vez de "Enfrente!".

No ambiente empresarial, as maiores invenções e avanços muitas vezes têm origem na adversidade ou são inspirados por ela. Foi a desestimulante fatia de mercado dos computadores pessoais da Apple Computer que a levou a lançar o iPod, o dispositivo que atualmente define a tendência. De modo semelhante, foi a preocupação com o aquecimento global, a dependência do petróleo e os custos dos combustíveis que originaram os primeiros automóveis de combustível híbrido. Na África, as bombas de água movidas a pedal, que transformaram aldeias calcinadas em campos irrigados, cresceram do horror provocado pelas doenças incontroladas e pela fome. Ao redor do mundo, podemos ver as crescentes demonstrações de generosidade diante dos piores desastres. A dor, o medo, o desconforto e a injustiça são motivadores muito mais poderosos do que seus opostos.

Mas e quanto a suas próprias adversidades? E não me refiro somente aos grandes problemas. E as pequenas adversidades que ocorrem todos os dias? Alguém comete um erro grave em um projeto importante e você tem um enorme prejuízo; seu programa de e-mails pára de funcionar; a professora de seu filho acaba de telefonar para o seu trabalho para se queixar da última que ele aprontou; você adoece na pior ocasião possível; alguém que você ama está em péssima situação; os cursos que você dá na universidade são cancelados; seu carro quebra quando você mais precisa dele – esses são acontecimentos da vida diária e até pode ser que ocorram todos juntos no mesmo dia. O fato é que a adversidade se faz presente quase todos os dias.

Por um longo tempo tive a impressão de que a vida estava a ponto de começar – a vida real. Mas sempre havia algum obstáculo no caminho, algo a ser vencido primeiro, algum negócio inacabado, tempo ainda comprometido, uma dívida a ser paga. Então, a vida começaria.
Até que, finalmente, percebi que esses obstáculos eram minha vida.
ALFRED D. SOUZA

Se no final você vai sair fortalecido ou enfraquecido pelos eventos individuais ou pelo acúmulo de eventos, tudo vai depender de seu domínio da habilidade de *enfrentá-los*. Este Primeiro Pico equipará você para:

- ▶ Definir e avaliar a adversidade em seu próprio benefício e no de sua empresa.
- ▶ Aprender a bombardear as nuvens – a reconhecer os desafios que podem ajudá-lo a crescer quando você se dispõe a enfrentar os fatos.
- ▶ Avançar na etapa de enfrentar esses fatos:
  - localizando o ponto em que você se encontra no Ciclo da Adversidade;
  - checando os seus Pressupostos de Adversidade;
  - completando o seu próprio Inventário de Adversidade, a fim de classificar as adversidades que ocorrem na sua vida, com o objetivo de obter delas a maior vantagem possível;
  - escolhendo o seu Desafio Máximo – aquilo que você sempre quis fazer, mas não conseguiu (até agora) – e assinalando a adversidade relacionada a ele, a sua Adversidade Máxima – aquela que, se conseguir dominar, lhe trará os maiores benefícios.

Finalmente, armado com suas descobertas e novas ferramentas, você vai encarar a tempestade e implementar a sua Estratégia do Primeiro Pico.

DEFINA E AVALIE A ADVERSIDADE

Definir a adversidade é a primeira etapa. O que exatamente você tem pela frente? O que exatamente significa "adversidade" para você?... A adversidade é *pessoal* e *relativa*. Também é universal, no sentido de que afeta a todos. Pode ser útil categorizar a adversidade em duas áreas: (1) *adversidade interior* (estados internos, físicos, mentais, emocionais e espirituais que lhe causam aborrecimento); e (2) *adversidade exterior* (coisas que ocorrem fora de você e lhe causam dificuldades). Cada um de nós apresenta graus variáveis de ambas. Seja como for, todos – inclusive você – enfrentam asperezas na vida.

DUAS CATEGORIAS DE ADVERSIDADE (EXEMPLOS):

Adversidade interior:	Adversidade exterior:
Falta de confiança	Alguém trai sua confiança
Letargia	Desastres naturais
Medo, ansiedade	Um vôo cancelado
Incerteza	Prejuízo econômico
Depressão	Seu melhor amigo se muda
Auto-imagem negativa	Seu carro novo é arranhado
Dor física	Seu computador "dá pau"
Solidão	Seu colega de trabalho fica chateado com você
Insegurança pessoal	Você vai mal numa prova
Fadiga	A prestação do seu seguro dobra
Problemas de saúde	Uma pessoa amada morre repentinamente
Insônia	Vizinho barulhento

A maioria das pessoas pensa que adversidade são só as coisas sérias ou terríveis. Mas, na realidade, ela abrange o leque inteiro de problemas, obstáculos, dificuldades, aborrecimentos, infortúnios, reveses e desafios, mesmo aqueles que estamos dispostos a enfrentar. Assim, para os propósitos deste livro, utilizaremos esta definição simples, mas poderosa:

Avalie sua adversidade

A adversidade se refere às coisas que afetam ou podem afetar negativamente alguém ou algo lhe diz respeito

Que proporções pode tomar uma certa adversidade? A magnitude da adversidade que você experimenta é determinada (1) *pelo impacto*, ou seja, por sua gravidade real ou imaginária, existente ou potencial; e (2) *pela importância*, isto é, quanto ela representa para você.

As pessoas com freqüência discordam – às vezes até com veemência – sobre o tamanho ou a seriedade de uma adversidade específica. Uma pessoa pode vê-la como coisa sem importância, enquanto outra a percebe como algo devastador. Para seu próprio esclarecimento, e para que você possa compartilhar essa clareza com os outros, o simples exercício de medir a magnitude da adversidade é extremamente útil. Isso lhe dará uma base firme de comparação, uma vez que toda adversidade é relativa.

Se um evento, tal como uma queda no mercado de ações logo antes de sua aposentadoria, tiver um impacto sobre algo muito importante para você, com efeitos potencialmente desastrosos, então essa adversidade poderá representar nove em uma escala de dez. Se tiver um impacto imenso sobre alguma coisa de menor importância – pode ser a mesma queda no mercado de ações quando seus investimentos são pequenos, um simples "passatempo" –, então você poderá avaliar o

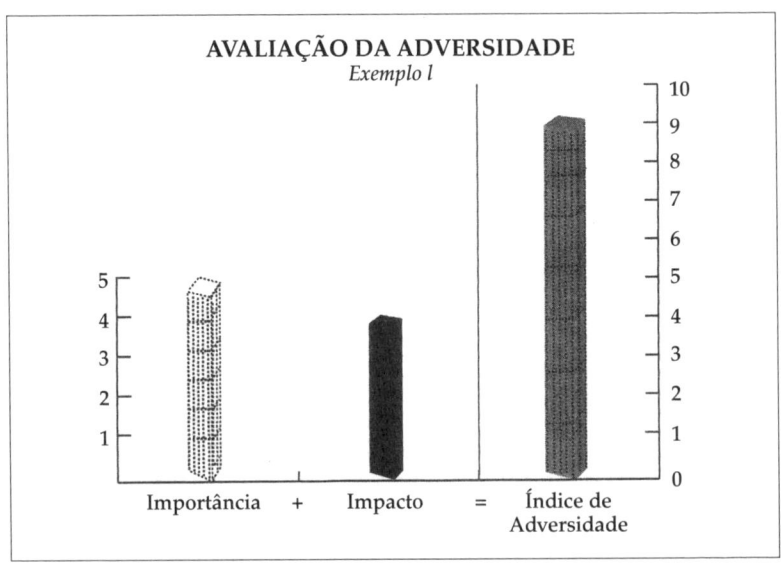

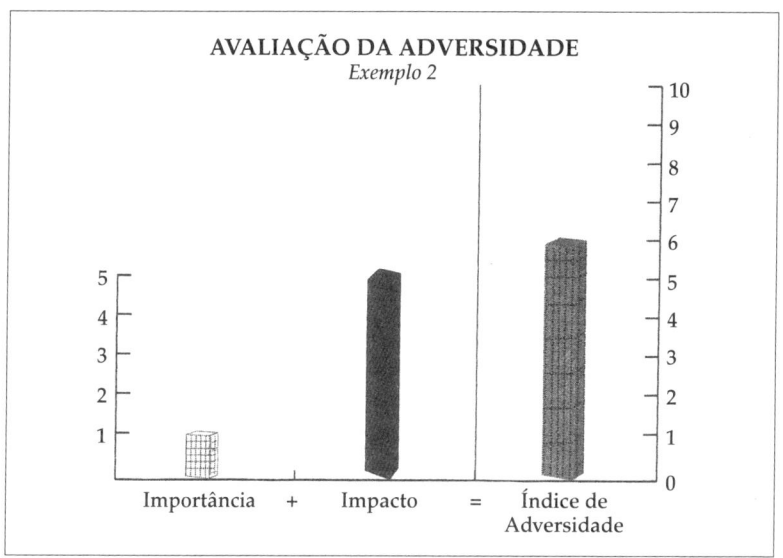

mesmo evento em, digamos, cinco ou seis pontos. E, naturalmente, se for um pequeno contratempo com referência a algo com o qual você não se importa muito, você poderá avaliá-lo em um ou dois pontos.

Avaliar a adversidade dessa maneira pode facilitar a resolução de alguns conflitos comuns. Se você atribuísse valor dez a determinado evento, mas seus companheiros de equipe lhe atribuíssem valor três, isso explicaria por que você é mais veemente e insistente do que eles com respeito a esse problema.

Se o seu chefe parece excessivamente nervoso com um evento que você considera menor, esse é um indicador de que ele provavelmente atribui a essa adversidade um valor bem maior do que você. E, se uma adversidade afeta de maneira significativa alguém que seja importante para você – seu chefe, por exemplo –, por definição ela se torna agora uma adversidade também para você. Se o seu cliente explode com você por "uma bobagem qualquer" a que você não dá a menor importância, provavelmente existe uma discrepância de avaliação. Se vocês chegarem ao núcleo do problema – por que seus índices de adversidade são tão diferentes –, poderão encontrar uma solução e obter resultados reais. É claro que nem sempre é possível recorrer a um mecanismo de avaliação toda vez que surgir uma adversidade, mas não existe nada que o impeça de perguntar o seguinte: "Para me ajudar a entender o seu ponto de vista, diga-me como você classificaria essa situação em uma escala de um a dez, em que dez é a pior situação possível e um corresponde a nada?" Do mesmo modo que seu próprio índice é baseado em sua percepção particular, a avaliação de outras pessoas pode ser consideravelmente influenciada por suas experiências pregressas. Pessoas que experimentaram o nível dez da escala, nas linhas de frente de uma guerra ou como vítimas de crimes violentos, talvez não atribuam valor maior que seis ou sete pelo resto de suas vidas. Mas as que enfrentaram poucas adversidades podem considerar uma longa fila de espera no restaurante favorito como um contratempo muito angustiante. Você pode achar difícil não tachar seu comportamento de "mimado", mas tudo é relativo.

Avaliar sua própria adversidade é uma coisa. Mas o que dizer das pessoas que parecem buscar ou criar adversidades? Chamo-as de "caçadores de tempestades emocionais".

SEMEIE TEMPESTADES

O Canal da Previsão do Tempo apresenta uma série especial denominada *Storm Chasers* [Caçadores de tempestades], destacando um bando de malucos que, de algum modo, chegaram à conclusão de que a melhor maneira de empregarem suas férias é perseguir tornados ou se atirarem dentro de furacões. O programa geralmente apresenta cenas reais de algum fanático movido a relâmpago correndo de carro pelas pradarias americanas para tentar conseguir a melhor imagem de um ciclone obtida por alguém cujo carro não seja subitamente jogado no estado vizinho. Essas pessoas tiram energia do clima adverso. Quanto pior for e quanto mais perto conseguirem chegar, tanto mais rápido bate seu coração e tanto mais excitadas se tornam suas vozes.

O propósito deste livro e deste capítulo *não é* transformá-lo em um caçador de tempestades emocionais. É certo que você mesmo irá ao encontro de algumas adversidades – ou semeará algumas tempestades no seu caminho. Porém, na maioria das vezes, é o mau tempo que vem ao seu encontro, onde quer que você esteja – e não há nada que se possa fazer para impedi-lo. Se, todavia, sua vida se tornar um pouco calma e previsível demais, como é o céu do sul da Califórnia na maior parte dos dias, então é possível que você deseje bombardear nuvens e assim *semear tempestades* – dar uma remexida no seu próprio céu. Costumo estimular os líderes de empresas a fazer justamente isto, a fim de despertar a força interna dos funcionários e desencadear seus mais altos potenciais.

Para semear tempestades, é preciso escolher as nuvens certas – ou seja, as questões certas – com que mexer, aquelas que você acredita que poderão produzir os melhores resultados. Depois da calma que às vezes advém de um ano de sucesso comercial ou de uma recente fase de vitórias, você pode querer acordar algum tipo de adversidade adormecida no trabalho, confrontando aquele assunto que anda atrasando as coisas e impedindo que se alcance o próximo nível de sucesso. Nesse âmbito, você pode decidir confrontar um amigo que esteja passando por uma fase de negação ou que poderia se beneficiar muito de um "toque de despertar". Ou pode decidir encarar aquele mal-entendido que está minando sua relação com alguém importante para você. No âmbito pessoal, você pode decidir combater alguma deficiência crônica de seu caráter a fim de liberar uma série de novos caminhos em seu futuro.

É maravilhoso quando você vê as pessoas mais próximas se decidirem a semear algumas tempestades. Meu filho Sean se formara na universidade em dois cursos diferentes e parecia ter um futuro promissor. Então, resolveu ir trabalhar na cadeia Starbucks enquanto decidia o que desejava fazer na vida. Estava pagando suas próprias contas e vinha sendo rapidamente promovido. Todavia, ao mesmo tempo que seu salário subia, seu sentido de propósito diminuía. Desse modo, ele decidiu criar um pouco de adversidade para si mesmo.

O que ele fez foi solicitar matrícula em um novo programa de mestrado em administração de empresas, com duração de um ano, na Cal Poly, a Universidade Politécnica da Califórnia. A secretaria da faculdade respondeu informando que a admissão ao programa já estava encerrada. Assim, ele foi conversar com o vice-reitor, que lhe deu um envelope de formulários a preencher e alguma esperança. Sean completou os formulários em meio dia de trabalho e continuou insistindo até que foi aceito no curso. Subitamente, ele viu aumentar o seu grau de estresse – não tinha mais salário mas ainda havia as contas a pagar. Este era precisamente o tipo de adversidade que ele buscava. Sean intencionalmente aumentou seu nível de adversidade, que era de três nas lojas Starbucks, para sete na Cal Poly. De uma hora para outra, estava convivendo com uma dificuldade crônica – o considerável impacto negativo que sua escolha tivera sobre sua saúde financeira, suas opções e seu estilo de vida. Agora, ele está todo entusiasmado com a idéia de fazer carreira em ética comercial – ajudar os líderes a tomar decisões com base em princípios morais quando enfrentam a adversidade. Não se importa se esta será ou não a carreira da sua vida. O que importa é o crescimento que ele (ou você) alcançará semeando tempestades para que chova adversidade.

Algumas vezes, semear tempestades significa trocar intencionalmente uma adversidade por outra. Shari é uma das assistentes administrativas mais apreciadas pelos clientes da PEAK Learning. Por melhor que ela fosse em seu trabalho, tinha o desejo insatisfeito de cuidar das subvenções concedidas pela empresa. Sua adversidade era constituída por um desapontamento interior e dúvidas sobre si mesma – e atingia um índice médio de quatro a seis pontos, dependendo do dia. Ela se levantava todas as manhãs atormentada pela sensação de que poderia estar fazendo alguma coisa mais desafiadora e gratificante, como redigir os pedidos de subvenções, mas não tinha certeza de ter capacidade suficiente para isso. Sabia apenas que adorava a idéia de conquistar verbas para causas ambientais dignas. Mas Shari tinha duas coisas que a prendiam.

Em primeiro lugar, embora ela digitasse de forma razoavelmente rápida, sua velocidade era limitada pelo fato de que ela usava somente dois dedos de cada mão. Este era seu pequeno segredo inconfessável, que ela escondia brilhantemente por ser rápida o suficiente para que ninguém prestasse atenção à sua técnica. Todavia, durante os últimos vinte anos, digitar grandes documentos dentro de prazos curtos sempre causara em Shari uma tremenda tensão.

Em segundo lugar, as pessoas sempre achavam graça, embora sem maldade, da voz de Shari, que era muito aguda e infantil. Desse modo, a simples idéia de fazer a defesa das solicitações de subsídios perante autoridades importantes do governo federal era uma tortura para ela.

Embora fosse tentadora a opção de manter sua vida profissional no piloto automático e simplesmente aceitar seu destino, Shari decidiu que chegara a hora de assumir o controle. Desse modo, começou a semear tempestades estratégicas, forçando-se a passar por um curso de digitação para principiantes durante seus intervalos para almoço. Era penoso, e até mesmo embaraçoso, sentir-se tão incompetente, como se tivesse voltado para a sétima série. Algumas colegas chegaram a lhe perguntar por que ela se sujeitava àquilo sem necessidade. De fato, Shari freqüentemente se sentia tentada a recair em seu velho mas veloz método de "catar milho". Porém, gradualmente, depois de algumas semanas, descobriu que era capaz de digitar documentos tão depressa quanto fazia do jeito antigo, só com um pouquinho mais de erros; não demorou muito, estava zunindo sobre o teclado em um novo ritmo que depressa a encheu de confiança.

Enquanto isso, certa noite Shari anunciou a seu marido, durante o jantar, que queria investir em aulas de dicção. Apesar dos protestos e pedidos amorosos do marido para que não mexesse com sua "vozinha adorável", Shari passou a estudar com um professor de dicção todas as noites de terça-feira, durante diversos meses. Ela chegou a ter medo de que as pessoas que a conheciam bem começassem a estranhar seu jeito diferente de falar. Mas aos poucos foi tentando utilizar mais o diafragma para falar quando estava no trabalho. Durante o processo, teve de enfrentar e superar uma série de questões inesperadas a respeito de sua feminilidade e capacidade. Todo esse turbilhão a fazia perder o sono às vezes, e nos dias em que seu índice de adversidade parecia alcançar o nível nove ela se sentia tentada a desistir das aulas só para se ver livre do incômodo que essas questões lhe causavam. Todavia, no final, começou a perceber que toda essa luta a revigorava.

Depois de três semanas, passou a sentir uma diferença real. No segundo mês, Shari respirou fundo, levantou o queixo e decidiu oferecer-se como voluntária para uma apresentação, diante da equipe, de algumas das novas solicitações de subvenções. Ao empregar a nova voz que desenvolvera, foi recebida com imitações carinhosas por alguns colegas, mas principalmente com elogios de admiração. Não surpreende que fosse cada vez mais fácil para ela saltar da cama todas as manhãs para mais um dia de trabalho. Graças à sua competência, Shari alcançara uma posição confortável e convivia bem com sua adversidade crônica de nível médio. Mas ela sabia que, para realizar seu sonho, teria de fazer algumas mudanças desconfortáveis. Assim, semeou algumas tempestades, provocou algumas chuvas e iniciou sua jornada. Para atingir seu objetivo, ela teve de sofrer um pouco, pois sua nova realidade era mais desafiadora que a anterior. Contudo, quando trocou um conjunto de adversidades por outro, Shari se sentiu mais realizada.

Quais tempestades você poderia semear para ajudá-lo a atingir seus objetivos? Ou você acha que semear tempestades é só para gente como Erik – os titãs da adversidade?

Problemões *versus* probleminhas

Preciso agora fazer um comentário sobre uma reação que você pode ter tido ao ler a história de Erik, na abertura deste capítulo. Algumas vezes, quando escutamos essas histórias espantosas sobre pessoas que enfrentam grandes problemas e alcançam resultados extraordinários, achamos difícil nos identificar com elas. Nossos problemas parecem tão pequenos, relativamente falando, que nem sequer pensamos que o exemplo dessas pessoas possa se aplicar a nós, e por isso achamos que elas são diferentes. Mas é justamente o contrário. A verdade é que você pode aprender a realizar o mesmo tipo de alquimia que Erik ao lidar com suas adversidades.

Você já notou que reage com mais eficiência a algumas adversidades que a outras? O que acontece é que encarar as coisas pequenas pode ser de fato mais difícil do que enfrentar as grandes. Em nossos programas, são muitas as pessoas que nos procuram, perplexas, dizendo algo assim: "Simplesmente não consigo entender. Quando uma coisa realmente ruim acontece, como meu filho adolescente sofrer um acidente de carro, me sinto incrivelmente forte. Mas, se meu computador pára de funcionar, fico arrasado!... Por que acontece isso?"

Existe uma razão cientificamente fundamentada para explicar por que as pessoas geralmente são mais eficientes quando têm de enfrentar os grandes problemas. Por causa da reação instintiva de "lutar ou fugir", somos projetados para liberar forças até então desconhecidas quando surgem as grandes dificuldades. Terremotos? Tornados? Acidente no metrô? Conseguimos reagir. Uma torrente de substâncias químicas de alta potência brota dentro de nós, fortalecendo-nos com poderes que nunca suspeitávamos possuir. Mas um chuvisco lento e constante? Ou o frio gélido sob um céu fechado e cinzento? Os seres humanos não apresentam um mecanismo protetor semelhante para demonstrar suas melhores qualidades em condições menos dramáticas. A boa notícia é que, dominando o Primeiro Pico e cada um dos outros seis picos apresentados neste livro, você será capaz de criar e instalar um novo mecanismo, capaz de brilhar durante o mau tempo.

ENFRENTE OS FATOS: O CICLO DA ADVERSIDADE

O Ciclo da Adversidade foi desenvolvido para ajudá-lo a compreender com clareza como você interage com a adversidade. Nesta seção, você vai compreender em que se baseia seu relacionamento com a adversidade. Vai aprender, à medida que avança pelo Ciclo da Adversidade, a aumentar sua energia e com ela sua grandeza diária. Encare esta nova seção como um exercício e não simplesmente uma percepção compartilhada. Ponha em prática o que tiver acabado de ler.

O Ciclo da Adversidade – Uma visão geral

Esta é a verdadeira alegria da vida... ser utilizado para alcançar um propósito que você mesmo reconhece ser valioso... esgotar-se totalmente antes de ser lançado fora na pilha de sucata... ser uma força da natureza em vez de um montinho de doenças e rancores, febril e egoísta, queixando-se o tempo todo porque o mundo não pretende se devotar a fazê-lo feliz.
GEORGE BERNARD SHAW, *HOMEM E SUPER-HOMEM*
DEDICATÓRIA DA EPÍSTOLA

Você sabe, por experiência, que existem pelo menos dois tipos de fadiga. Ao longo de um dia, de um ano ou de sua vida inteira, você pode sentir-se exausto no *bom* sentido ou no *mau* sentido. Exaurir-se no bom sentido significa usar seus melhores esforços para a realização de uma causa que o arrebate e engrandeça. Exaurir-se no mau sentido é gastar sua preciosa força vital sendo espancado pela adversidade, sofrendo perdas reais e obtendo pouco ou nenhum resultado.

É a causa que faz toda a diferença. Muitas das causas mais excitantes ou importantes requerem também as tarefas mais torturantes. Uma coisa é ter de navegar através das dificuldades constantes e freqüentemente exaustivas de preencher pilhas de documentos e argumentar com funcionários de bancos ou burocratas, no esforço de obter um financiamento para custear seus estudos e realizar seu sonho de fazer a faculdade de medicina. Isso pode ser frustrante e exaustivo, mas o motivo transcende os requisitos. O mesmo se pode dizer de enfrentar tudo isso para ajudar sua mãe doente a ser atendida pelo INSS. É difícil, mas importante. Outra coisa muito diferente é perder o mesmo número de horas no trabalho somente para conseguir que as solicitações mais banais – como um grampeador novo ou uma vaga no estacionamento do prédio – sejam aprovadas, tudo por causa de um emprego de que você nem gosta muito mesmo.

Em nossas pesquisas, a grande maioria das pessoas (oitenta e sete por cento de mais de 150.000 pesquisados) relatou que, na maior parte das vezes, sentia-se fatigada no mau sentido – consumida pela adversidade – quando terminava o dia de trabalho e estava a maior parte do tempo esgotada e insatisfeita. As férias e a esperada aposentadoria – fantasias de uma vida livre de adversidade – eram sua única esperança de poder escapar deste ciclo.

E é verdade. A adversidade pode drenar sua força vital. Mas isso não precisa acontecer. Por que gastar seus melhores esforços combatendo o vento que pode encher suas velas e conduzir você a terras que de outro modo seriam inatingíveis?

> *Eu firmemente acredito que a melhor hora de cada homem,*
> *sua maior realização dentre todas que lhe são caras,*
> *é o momento em que ele força seu coração até o esgotamento*
> *em favor de uma boa causa e tomba exausto*
> *no campo de batalha – porém vitorioso.*
> VINCE LOMBARDI

O Ciclo da Adversidade representa o alcance de nossas maneiras de enfrentar as asperezas da vida. É uma ascensão íngreme que poucos

Dominar

Administrar

Resistir

O CICLO DA ADVERSIDADE

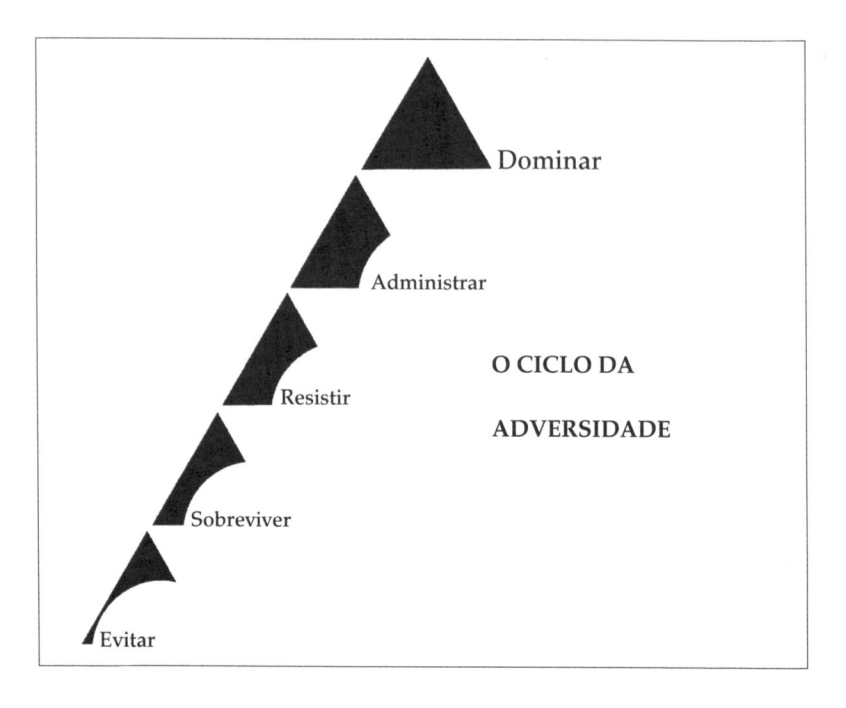

Sobreviver

Evitar

conseguem completar. Assim como acontece nas montanhas, é nas elevações mais baixas que se encontram as multidões. Mas, quanto mais alto você sobe, tanto melhor se torna a vida.

EVITAR A ADVERSIDADE

No sopé do ciclo reside uma de nossas respostas mais naturais e instintivas à adversidade – *evitá-la*. Um mecanismo clássico de evasão é a *negação*. Ainda que a negação tenha seu lugar e lhe permita ganhar um pouco de tempo, impede que você enfrente a adversidade. Como resultado, os benefícios que a adversidade pode trazer são adiados ou até mesmo negados.

Erik passou por esse estágio ainda criança, quando estava ficando cego. Muitos conhecem Erik como aquele cego incrível que galgou o monte Everest e os outros dos Sete Picos, mas seu relacionamento com a adversidade foi mais complexo do que se pode medir. Quando recebeu, na infância, o diagnóstico de que era portador de uma rara doença degenerativa da retina, seu medo e pavor de ficar cego foram tão avassaladores que ele simplesmente não pôde aceitar essa adversidade, muito menos enfrentá-la. Esta é a história real, que ele explica de maneira vívida.

A negação me protegia tanto da dor como da possibilidade. Embora perdesse minha visão lentamente, semana após semana, um pouquinho de cada vez, a idéia da cegueira total parecia me espreitar de um futuro distante, como um vago pesadelo. Espantosamente, fui capaz de me convencer de que nada estava acontecendo. Coloquei-me em um estado de animação suspensa, incapaz de seguir em frente, incapaz de retornar, encarcerado em uma cela solitária num estado de completa estagnação. Os médicos haviam dito claramente, tanto a mim como à minha família, que eu estaria totalmente cego no início da adolescência, porém, embora pareça difícil de acreditar, me convenci de que seu diagnóstico estava errado, que existiam outras razões para eu não enxergar tão bem hoje quanto no dia anterior. Para tudo eu tinha uma explicação: "O sol está batendo nos meus olhos. A iluminação deste quarto é terrível. As palavras parecem menores nos livros porque os editores estão enfiando mais palavras em cada página para economizar dinheiro." Quando acontecia alguma coisa tão evidente que eu não conseguia inventar uma explicação satisfatória, contemplar a possibilidade da cegueira total era tão assustador que eu espantava o pensamento e o bloqueava como se estivesse fechando a porta de uma prisão ao meu redor.

Já me disseram que a brilhante sabotagem do meu cérebro contra mim chega a parecer ridícula. Como pude ignorar os fatos óbvios da situação? Minha resposta é simples: a mente é uma máquina extremamente poderosa. Não importa quais sejam os fatos, por mais irrefutáveis que sejam as evidências, ela possui uma capacidade notável de nos convencer de qualquer coisa em que queiramos crer.

Se isso parece improvável, considere o caso de um alcoólatra que é incapaz de aceitar sua dependência, a despeito do efeito devastador que ela tem sobre sua vida e sua família. Ou o caso de um funcionário de desempenho sempre medíocre que fica genuinamente chocado ao ser despedido, mesmo depois de diversas advertências sérias de seu chefe. Assim, por incrível que pareça, quando acordei certa manhã completamente cego, logo antes de iniciar o meu primeiro ano no ensino médio, o choque veio como um golpe maciço para o qual eu estava totalmente despreparado.

Como Erik descobriu, evitar a adversidade – negar sua existência – pode ser exaustivo, como caminhar vezes sem conta ao redor da base de uma montanha sem nunca se decidir a enfrentá-la. As pessoas que tentam ativamente subestimar a adversidade tendem a ser perseguidas por um medo insidioso de que a coisa que estão se esforçando tanto para evitar permaneça para sempre ou, pior ainda, sofra uma mutação, retorne à vida e ataque de novo.

Evitar a adversidade pode criar emoções cancerosas, como insegurança ou aversão a si mesmo. Um homem morbidamente obeso, que acorda toda manhã plenamente consciente de que tem de emagrecer e possui todo o conhecimento e todos os instrumentos para realmente fazer isso, dificilmente sentirá crescer sua auto-estima por ignorar ou adiar o esforço necessário para recuperar sua saúde. Então, por que as pessoas evitam a adversidade? Pela vantagem de preservar um estado mais fácil e mais confortável. Freqüentemente parece muito mais fácil – pelo menos temporariamente – permanecer onde estamos do que subir até um lugar melhor.

Evitar é algo peculiar porque se trata de uma ação negativa. Não se baseia no que você faz, mas no que você escolhe *não* fazer. Um sinal seguro de que você está evitando a adversidade, portanto, é sentir-se esgotado – não por alguma coisa que lhe aconteceu, mas por algo que você preferiu *não* experimentar. Se já gastou esforço considerável tentando escapar de uma situação que o apavorava, então já sabe que, ironicamente, você pode gastar muito mais energia para evitar uma adversidade do que para enfrentá-la!

Todavia, o ato de evitar também tem o seu propósito. Por exemplo, se você está completamente exaurido porque acabou de sobreviver a uma enchente e sabe que o andar térreo da sua casa está cheio de lama e de parasitas trazidos pela água da inundação, pode considerar evitar essa adversidade por algum tempo e instalar sua família em um hotel. Quando o assalto das adversidades for avassalador, são os valores que definem as prioridades, e você decide, estrategicamente, quais dificuldades deixar de lado e quais enfrentar em primeiro lugar.

SOBREVIVER À ADVERSIDADE

De modo semelhante, *sobreviver* à adversidade pode ser extremamente árduo – quando o objetivo é simplesmente continuar de pé ou, pelo menos, vivo até que ela passe. Algumas vezes, as circunstâncias são tão funestas que a mera sobrevivência já é excepcionalmente nobre, até mesmo inspiradora, e tudo o que se pode esperar conseguir, pelo menos no momento. Persistir tenazmente por mais um dia, sem alimento nem água, preso pelos destroços de um terremoto, é um comportamento que enaltece. Mas arrastar-se para um trabalho que você odeia, dia após dia, ano após ano, só porque lhe parece mais seguro do que tentar melhorar suas circunstâncias atuais, absolutamente não é.

Não é difícil perceber quando você está tentando sobreviver à adversidade em vez de evitá-la. Em geral, evitar uma ação, tal como protelar o pagamento dos impostos, apenas adia o inevitável, ao passo que a sobrevivência pode trazer alívio – a liberação de conseguir atravessar uma situação ou, no caso dos impostos, finalmente pagar tudo o que deve. Evitar é ficar dando voltas; sobreviver é atravessar o obstáculo. A sobrevivência freqüentemente traz um sentimento de plenitude; a evitação, não. O ideal é que a sobrevivência seja apenas um ponto de passagem temporário, a caminho de elevações mais altas. Ficar preso a esse modo, assim como evitá-lo, tende a ser extenuante, porque você investe uma enorme energia e obtém pouco ou nenhum progresso. A maior parte das pessoas não funciona bem no modo de sobrevivência. No esforço de se preservar, elas se atiram desesperadamente para todos os lados, muitas vezes à custa dos outros. Se o seu lema for: "Manter-me na superfície todos os dias já é bastante bom", provavelmente está gastando tempo demais no modo de sobrevivência. Muitas das pessoas que vejo nas empresas de nossos clientes se sentem castigadas pelas mudanças e parecem viver segundo esse credo.

RESISTIR À ADVERSIDADE

Você seguramente já viu pessoas aplicando todo tipo de estratégia comum para tentar resistir à adversidade – ou, pelo menos, contorná-la –, de maneira às vezes construtiva, às vezes destrutiva. As mais destrutivas incluem embriagar-se, queixar-se, transferir a culpa para os outros e engajar-se em joguinhos políticos de autopromoção para inferiorizar os colegas perante os responsáveis por tomar decisões. Métodos mais construtivos incluem fazer confidências aos amigos, gastar energia em um ginásio ou fazer uma pausa de vez em quando, como sair para dar uma volta e respirar um pouco de ar fresco. Erik, por exemplo, enfrentou a cegueira total dizendo a si mesmo que teria simplesmente de navegar o melhor possível embora já não contasse com as mesmas habilidades e expectativas.

🏴

Enfrentei a cegueira dizendo a mim mesmo que, embora jamais voltasse a ser o mesmo de antes, simplesmente teria de viver com ela – como uma pessoa vive com uma enfermidade crônica e debilitante. Muito contrariado, comecei a andar com a longa bengala branca que os profissionais me deram e fui aprendendo a usá-la, mas ainda me sentia impotente, incapaz de assumir a direção da minha vida, como uma folha seca carregada pelo vento. Onde quer que eu pousasse, tentava reagir, geralmente da forma errada e a maior parte das vezes cheio de uma cólera visceral. Minha reação era primitiva, como a de um texugo encurralado contra um canto, mostrando os dentes e atacando o mundo inteiro.

Tentei aceitar o fato de que não poderia mais fazer várias das coisas que mais amava: andar de bicicleta, assistir a filmes ou sair andando por aí com meus amigos. Estava lidando com a situação o melhor que podia, porém havia dias em que, sentado na lanchonete, escutava o entusiasmo, as risadas, as guerrinhas de comida entre os amigos, e tinha a sensação de estar contemplando minha vida pelo espelho retrovisor, olhando para o passado, enxergando todas as coisas que eu antes podia fazer e agora estavam perdidas para mim. Mais que o medo de ficar cego e só poder ver a escuridão, o que me aterrorizava era ser deixado de escanteio e acabar esquecido, era o receio de, no auge dos 14 anos, me tornar um nada, alguém sem importância, excluído. Todas as minhas esperanças para o futuro tinham sido arrancadas de mim. Lidando com a situação, conseguia bem ou mal manter a cabeça acima do nível da água, mas ainda assim sentia que estava me afogando lentamente.

🏴

A adversidade merece todo o tempo e energia necessários para que se possa colher dela seus mais completos benefícios. Muitas pessoas não conseguem mais do que suportar a adversidade, pois sofrem um impacto tão grande que precisam empregar todas as forças só para permanecer onde estão ou evitar um deslizamento. O problema surge quando você investe recursos imensos, mas experimenta mais prejuízos que vantagens. É por isso que, mesmo quando você encontra enorme sucesso em qualquer das elevações inferiores do Ciclo da Adversidade, o máximo que pode esperar é restaurar a sua forma anterior. Na melhor das hipóteses, você emerge ileso, mas perdeu tempo, energia e oportunidades preciosas durante o processo.

ADMINISTRAR A ADVERSIDADE

Quando você administra a adversidade, está tentando minimizar os aspectos negativos e o impacto que ela pode ter sobre outras facetas da sua vida ou da sua empresa. Fomos educados para acreditar que os líderes e indivíduos competentes são os que conseguem administrar bem a adversidade. Mas administrar a adversidade é como operar uma fornalha que não funciona muito bem. É mais produtivo do que suportá-la, sobreviver a ela ou evitá-la, mas ainda tem seu preço.

As pessoas que sofrem dores ou doenças crônicas freqüentemente conseguem enfrentar a adversidade com elevação. O oncologista de Deborah Weist descobriu um caroço em seu seio e manifestou séria preocupação, solicitando exames urgentes. Assim, um dia antes de receber os resultados, Deb, diretora de treinamento na DIRECTV, decidiu fortalecer-se contra notícias devastadoras. Percorreu, caminhando a trilha de corridas até Robie Creek, uma pista de meia maratona em Boise, no estado de Idaho, da qual faz parte um trecho ascendente de 12,8 km, razão pela qual é anunciada como "a corrida mais dura do noroeste". Durante a caminhada, ela pensou: "Tudo bem, se estou mesmo com câncer, vou fazer tudo o que puder para controlar essa coisa, só para poder voltar aqui um dia e *correr* colina acima!"

Os testes deram resultados positivos e, fiel a seu plano, Deb segurou as pontas e administrou a situação da melhor maneira que pôde, um dia de cada vez, encarregando-se ela mesma de sua reeducação, tratamento e recuperação, através de todo o processo rigoroso da quimioterapia e de terapias alternativas. Estabeleceu um plano, com prazos e objetivos, examinando as possibilidades e fazendo tudo quanto estava a seu alcance para minimizar os aspectos negativos e aumentar as chances de uma recuperação total. Exatamente cinco anos depois de receber seu diagnóstico, Deb *correu* a trilha de Robie Creek. Mais tarde, nesse mesmo ano, realizou outro de seus objetivos – completar uma maratona inteira antes de fazer seu qüinquagésimo aniversário.

Quando trabalha para dar um direcionamento positivo para a adversidade, você a está administrando. Administrar proativamente a adversidade pode ser um modo eficaz de mantê-la sob controle. Quando Erik usa um computador falante, um cão-guia ou uma máquina de escrever em braile, ele está gerenciando sua adversidade ao trabalhar com ela de maneira mais eficiente. Mas tanto para Erik como para você, meramente administrar as dificuldades é só metade da batalha. A grandeza de todos os dias requer bem mais do que isso.

DOMINAR A ADVERSIDADE

É somente neste nível que sua "caldeira" produz mais energia do que consome. Assisti a uma palestra que Erik deu para os 150 principais executivos globais da multinacional Baxter International. Quando vi a maneira como ele tocou, comoveu e inspirou esses líderes com sua espantosa história e seu exemplo, soube que ele tinha redefinido seus conceitos daquilo que é possível. E, ao escutar o presidente da empresa, Bob Parkinson, comentar com seus funcionários: "Isto demonstra a todos quão pouco de nosso potencial *real* nós *de fato* utilizamos", soube também que as conversas entre eles durante o dia seguinte e seu planejamento posterior para a empresa tinham alcançado um nível significativamente elevado a partir daquele momento. Quando você emprega a adversidade para se elevar e elevar os outros ou alcançar algum ganho tangível, está *dominando* a adversidade.

E não se engane – não se trata de apertar um botão ou engolir uma pílula mágica e, *voilà!*, subitamente você se torna invulnerável à tragédia. Toda vez que você se vê diante de alguma coisa excepcionalmente difícil, é natural e, de certo modo, até saudável lamentar o que talvez tenha perdido.

É muito, muito mais difícil ponderar, quanto mais compreender, aquilo que se pode *ganhar*. Três dias depois que passou o furacão Katrina – possivelmente o pior desastre natural que já ocorreu nos Estados Unidos –, deixando atrás de si terríveis seqüelas, um residente local, que perdera tudo o que tinha durante a tempestade, foi entrevistado por uma cadeia nacional de televisão. Quando lhe perguntaram o que sentia, sabendo que sua cidade estava completamente destruída, John DuBois respondeu: "Nova Orleans desapareceu. Mas a cidade sempre enfrentou problemas sérios... Sei que esta pode não ser uma boa hora para dizer isto, mas... talvez esta seja nossa oportunidade de ouro para torná-la um lugar melhor para todos." A repórter ficou embasbacada e imediatamente mudou de assunto para voltar a falar das mortes, dos saques, do caos generalizado, ou de alguma coisa mais apropriada à maneira com que a maior parte das pessoas encara a catástrofe. Foi uma pena. John parecia ter uma boa sugestão a dar.

A verdade é que a maioria de nós passa a maior parte do tempo se movimentando entre os vários níveis do ciclo. A chave consiste em minimizar o tempo gasto nos níveis inferiores e maximizar o tempo que se permanece no alto.

Como experimentar o Ciclo da Adversidade

Nível	Aspectos positivos	Aspectos negativos
Evitar	Evita dores. Permite ganhar tempo.	Gasto significativo de energia. Pode enfraquecer sua auto-estima. Não resolve a questão. Com freqüência, se baseia no medo.
Sobreviver	Preserva sua vida. Você sai mais ou menos ileso.	Quanto mais demorar, mais difícil fica. Pode causar danos emocionais. Muitas vezes, drena sua energia.
Resistir	Dá a impressão de ser produtivo. Limita os aspectos negativos.	Você mantém sua posição, mas, em geral, não consegue avançar. Pode exigir muita energia ou exauri-la. Pode tornar-se o foco principal.
Administrar	Trabalha com a adversidade. Mantém a adversidade sob controle.	Requer esforço e energia substanciais. Pode ser um trabalho de tempo integral. Não libera os ganhos potenciais.
Dominar	Grande aumento de energia. Acelera o progresso.	Estimula a inovação. Reforça a autoconfiança. Fortalece o moral. Gera empuxo. Cria ganhos competitivos. Produz combustível para seus sonhos.

O ponto de partida

Agora que você compreendeu os diferentes níveis do ciclo, já pode responder à próxima questão. Como você costuma se relacionar com a adversidade? Quando ela o atinge, em que parte desse ciclo você passa a maior parte do tempo? A maneira mais eficaz de avaliar isso é indicar no diagrama abaixo (ou rabiscar numa folha à parte) a percentagem de energia que você tende a despender em cada nível do ciclo. Você pode se encontrar em diferentes pontos dele, dependendo da dificuldade encontrada. O propósito deste exercício é fazer você refletir e avaliar quanto tempo passa em cada nível.

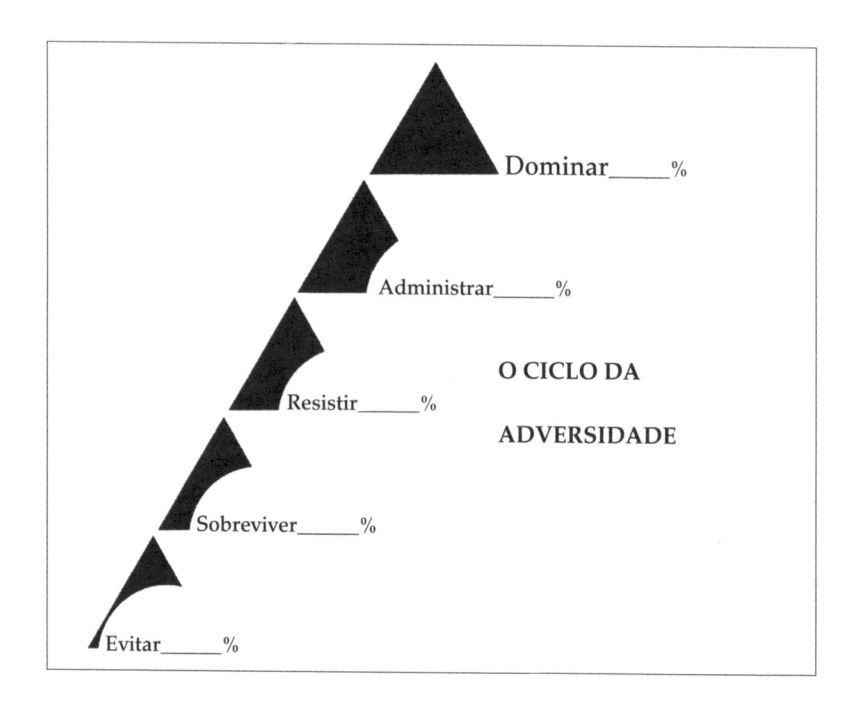

Dominar_____%
Administrar_____%

O CICLO DA ADVERSIDADE

Resistir_____%
Sobreviver_____%
Evitar_____%

ENFRENTE OS FATOS: SUAS SUPOSIÇÕES SOBRE A ADVERSIDADE

Com seu exemplo vívido de como uma pessoa, mesmo depois de uma relutância inicial, pode transformar sua maneira de se relacionar com a adversidade, Erik é uma inspiração para nós. Mas para isso ele teve de encarar suas Suposições sobre a Adversidade: a de que a cegueira o tornaria obsoleto e a de que a negação a faria desaparecer.

A adversidade pode ser o desafio, o pontapé nos fundilhos, que fará você crescer. Recusaram meu filho Chase, que estava se formando em direito, num emprego que ele desejava muito. Teria sido um grande impulso em sua carreira e diminuído a pressão sobre ele e sua esposa, Katie, depois que sua renda familiar conjunta se tornara mais apertada com o nascimento do seu primeiro filho. Chase se esforçara ao máximo durante todo o processo de seleção e chegara a participar da primeira série de entrevistas, mas não foi contratado. Quando me deu a notícia, seu desapontamento era palpável, e ele precisava dar vazão à frustração que sentia. Assim, primeiro ouvi o que ele tinha a dizer e depois indaguei:

– Por mais que você esteja desapontado agora, Chase, me responda a uma pergunta que pode parecer estranha. Que influência você acha que esse "não" terá sobre sua felicidade pessoal e seu compromisso com o *próximo* emprego?

Ele fez uma pausa.

– Ah, imensa!... Vou me esforçar ainda mais e ficarei grato de conseguir uma oportunidade real, sabendo como as coisas são difíceis aí fora.

As suposições da maioria das pessoas a respeito da adversidade se enquadram na linha do "quanto menos, melhor". Muitos de nós imaginamos que a aposentadoria, ou a "boa vida", consiste numa existência mais simples, mais calma, mais previsível e mais fácil. Construímos condomínios fechados, na tentativa de manter o caos do lado de fora e uma tranqüila previsibilidade do lado de dentro. Tiramos férias para escapar da adversidade, nem que seja por alguns dias. Seguindo a filosofia do "quanto menos, melhor", os pais comumente fazem tudo a seu alcance para reduzir a adversidade dos filhos, em vez de permitir que eles próprios enfrentem e resolvam suas dificuldades. De modo geral, o lema de "menos adversidade é melhor" norteia boa parte do nosso planejamento financeiro e influencia muitas das escolhas que fazemos na vida.

Verifique suas próprias suposições. Se está lendo este livro, provavelmente é porque concorda com a premissa de que podemos obter algumas vantagens com as dificuldades, desde que saibamos aproveitá-las bem. Na maior parte das vezes, entretanto, as pessoas perdem a oportunidade de obter vantagens reais quando são atingidas pela adversidade. Por que é assim? O problema tem origem nas nossas Suposições sobre a Adversidade.

Trabalhei recentemente com um cliente para desenterrar suas mais profundas Suposições sobre a Adversidade. Em suas próprias palavras, elas incluíam:

1. "É *minha* função carregar esse fardo e proteger meus entes queridos da adversidade."

2. "*O sucesso* pode ser aferido pela eficiência com que você consegue eliminar a adversidade da sua vida."

MINHAS SUPOSIÇÕES SOBRE A ADVERSIDADE

Quais são suas próprias suposições a respeito da adversidade? Para começar, escreva as duas que você considera predominantes. Na visão das pessoas com quem você tem mais contato ou que o conhecem melhor, quais seriam suas suposições sobre a adversidade?

Agora que você já definiu a adversidade, já verificou o ponto em que se encontra no Ciclo da Adversidade e já avaliou suas Suposições sobre a Adversidade, o próximo passo é determinar quais são os desafios que podem lhe fornecer mais combustível. Qual é o chumbo que você quer transformar em ouro?

ENFRENTE OS FATOS: O INVENTÁRIO DE ADVERSIDADES

O propósito deste exercício é identificar suas aspirações e localizar seu Desafio Máximo – aquilo que você nunca fez, mas sempre quis fazer –, assim como a correspondente adversidade (ou adversidades) que, se dominada, pode oferecer o maior poder possível – a chamada *Adversidade Máxima*.

Você pode realizar esta atividade preenchendo o Inventário de Adversidades que se encontra na página 38, ou utilizando uma folha de papel em branco, como preferir. Note que você vai utilizar seu Desafio Máximo e sua Adversidade Máxima não só ao longo deste livro, mas ainda além dele.

É preciso um pouco de coragem para fazer um inventário de suas adversidades. Mas todas as ascensões dignas deste nome começam com o reconhecimento do ponto em que você está agora, para então iniciar a escalada. Para ajudar você a elaborar seu inventário, fornecemos aqui dois modelos, os de Erik e de Tanya.

PRIMEIRO PASSO: ORGANIZE SUA VIDA EM CATEGORIAS

Faça uma lista de todas as categorias que são importantes na sua vida, como família, trabalho, amigos, comunidade, saúde, passatempo e outras. Examine a lista com cuidado e verifique duas vezes item por item. É espantoso a facilidade com que deixamos escapar temporariamente da consciência alguma coisa significativa. Em um de nossos últimos programas, a gerente de uma empresa, mãe de três filhos, inocentemente esqueceu da categoria "filhos", embora tenha se lembrado de incluir na lista a função de síndica do condomínio em que morava. Sua cabeça estava tão voltada para o lado profissional que ela precisou de vários minutos para considerar o panorama completo da sua vida.

Segundo Passo: Declare suas aspirações

Além dos objetivos mundanos, relacione duas ou três aspirações principais para cada categoria da sua vida. São coisas que você ainda não realizou, mas aspira alcançar a curto ou longo prazo.

Terceiro Passo: Determine a prioridade de suas dores

Reflita cuidadosamente e depois liste duas ou três adversidades principais que estão causando a você a maior dor ou desconforto dentro de cada categoria.

Seu pensamento inicial pode não revelar a verdadeira origem das suas dores. É freqüente citarmos o sintoma em vez da causa. Reflita sobre a dor que está por trás dela e coloque *essa* na sua lista.

Por exemplo, Tanya é uma estudante universitária que recentemente completou nosso programa. Sua aspiração acadêmica é formar-se na faculdade. Sua procrastinação dói, mas odiar o curso que está fazendo dói mais ainda. Essa é a dor por trás da dor. Verifique duas vezes seus próprios níveis de profundidade e honestidade. Você chegou até a dor que está por trás da dor ou continua na superfície?

Observe que, no exemplo de Tanya, há algumas respostas aparentemente superficiais, tais como: "Sempre chego em casa cheirando mal", depois do trabalho no restaurante. Existem também algumas brutalmente honestas, por exemplo: "Sinto que estou falhando com meus pais." Em geral, a dor por trás da dor tende a ser algum tipo de medo. No caso de Tanya, o medo de falhar com os pais quando precisarem dela. Quanto mais você demora para identificar a dor real, tanto mais difícil é desencadear sua força. Minimizar a dor é uma das maneiras de evitar a adversidade.

Quarto Passo: Escolha suas adversidades

Dentro de cada categoria, examine cuidadosamente as adversidades que listou no Terceiro Passo e escolha aquela que, caso conseguisse dominar, liberaria a maior quantidade de energia na sua vida. Veja bem: você escolheu a mais fácil ou a mais importante? Selecionou a que é mais importante para os outros ou a que é mais importante para você?

Seu Inventário de Adversidades

Primeiro Passo Organize sua vida em categorias							
Segundo Passo Declare suas aspirações							
Terceiro Passo Determine a prioridade de suas dores							
Quarto Passo Escolha suas adversidades							
Quinto Passo Desafio máximo							
Sexto Passo Adversidade máxima							
Sétimo Passo Limpe a trilha							

Supere-se. Por serem as maiores, mais difíceis e mais profundas, essas adversidades são as que carregam mais força consigo. Lembre-se de que, quanto mais áspera a dificuldade, tanto mais rico será o minério que você poderá utilizar em sua alquimia.

Quinto Passo: Seu Desafio Máximo

Vamos ultrapassar suas aspirações e atingir o pico que lhe traz o maior desafio. De que maneira a palavra *desafio* mexe com você? Causa um tremor interno ou faz você se endireitar na cadeira? Provoca um nó no seu estômago ou enche você de determinação? O dicionário define desafio como "uma situação que testa as habilidades de alguém de maneira estimulante". Eu acrescentaria a isso: "e inclui uma certa dose de adversidade pelo caminho". Você deve querer que o seu Desafio Máximo seja expresso de tal forma que:

- *o excite*, talvez até mesmo o amedronte
- *o enriqueça* profundamente
- *inspire* sua vontade mais forte
- *o conecte* a seu principal questionamento
- *o desenvolva* – o aprimore
- *beneficie os outros* (em última instância) de maneira significativa, quando for alcançado
- *desenvolva sua capacidade* – demonstre e fortaleça sua habilidade de enfrentar futuros desafios
- *alimente sua grandeza* – demonstre e fortaleça sua grandeza na vida diária

Assim, o Quinto Passo será selecionar, dentre sua lista de aspirações, a coisa mais empolgante que você sempre teve vontade de fazer, mas que até agora não fez (ou não completou) por uma razão qualquer. Anote seu Desafio Máximo no inventário de forma que preencha o maior número possível dos critérios acima, uma vez que você vai trabalhar com ele até o final do livro.

Seu Desafio Máximo

A coisa mais empolgante que você sempre teve vontade de fazer, mas até agora não fez.

O Inventário de Adversidades de Tanya

	Organize sua vida em categorias	Escola	Família da mamãe	Família do papai	Amigos	Equipe de remo	Emprego no restaurante	Carreira futura
Primeiro Passo								
Segundo Passo — Declare suas aspirações		Formar-me entre as melhores alunas. Sentir paixão pelo meu curso.	Ajudar a mudar as coisas. Aprofundar as conversas. Amar-nos genuinamente.	Ajudar a mudar as coisas. Passar férias felizes com eles. Renovar o relacionamento.	Conservar minha amizade com Nikki pela vida inteira. Ter três amigas de verdade.	Ser capitã do time. Vencer uma regata individual.	Conseguir um outro emprego. Ser promovida a gerente.	Buscar pessoas para me ajudarem. Abrir minha própria empresa.
Terceiro Passo — Determine a prioridade de suas dores		Sinto que estou falhando com meus pais. Odeio meu curso, mas é tarde demais para mudar. Procrastinação. Eu me acho uma molóide.	Rick me repreende como se eu tivesse 12 anos. Nunca falamos de coisas realmente importantes. É um saco ser uma irmã mais velha de mentira.	Suas novas namoradas roubam o tempo que podíamos passar juntos. O pior é o problema de drogas do Brandon. Odeio ficar naquela casa.	Elas me usam porque tenho carro. Nikki e eu perdemos o contato. Eu me sinto super-solitária, sem ninguém para conversar.	Não me deixa dormir direito. O treinador é um verdadeiro idiota. Nós nunca vencemos.	Sempre chego em casa cheirando mal. Falta de apreciação e significado. As outras matam o serviço e eu é que pago.	Às vezes não me sinto preparada. Não estou realmente interessada. Está muito distante.
Quarto Passo — Escolha suas adversidades		Odeio meu curso, mas é tarde demais para mudar.	Nunca falamos de coisas importantes.	Odeio ficar naquela casa.	Eu me sinto super-solitária, sem ninguém para conversar.	O treinador é um verdadeiro idiota.	Falta de apreciação e significado.	Não estou realmente interessada.
Quinto Passo — Desafio máximo	Formar-me em um curso de que eu realmente goste.							
Sexto Passo — Adversidade máxima	Receio que já avancei demais para trocar de curso agora.							
Sétimo Passo — Limpe a trilha	Vou parar de perder tempo e energia me preocupando com o dinheiro e o tempo que vou ter de gastar para trocar de curso. Em vez disso, vou marcar uma entrevista com meu orientador para discutir minhas opções e ver qual vai ser o custo real.							

O Inventário de Adversidades de Erik

	Organize sua vida em categorias	Família	Aventuras	Trabalho sem fins lucrativos	Trabalho: palestras, meios de comunicação, escritos	Amigos	Saúde geral
Primeiro Passo							
Segundo Passo Declare suas aspirações	Passar mais tempo em casa. Adotar uma criança.	Subir o monte Eiger. Guiar dez estudantes cegos pela Trilha dos Incas. Subir o monte Carstenz.	Programa Sem Obstáculos: expor os deficientes ao mundo exterior. Esportes Mundiais de Equipe: ensinar alpinismo a crianças. Gerar oportunidades para as crianças cegas do Terceiro Mundo.	Completar este livro. Produzir filmes inspiradores e instrutivos. Melhorar a vida dos outros por meio de palestras e aventuras.	Mais tempo com qualidade juntos ao ar livre. Restabelecer laços com determinadas pessoas.	Continuar sem lesões. Realizar aventuras durante muitas décadas. Regime de treinamento balanceado, duas horas por dia.
Terceiro Passo Determine a prioridade de suas dores	Equilibrar interesses conflitantes. Algumas vezes, Ellen se preocupa comigo. Perder momentos importantes na vida de Emma.	Treinamento insuficiente. A coordenação de detalhes não acaba nunca.	Sinto que não estou me dedicando o suficiente. Meus compromissos tomam muito tempo.	Equilibrar com o treinamento. Pressão para manter a originalidade. Saber quando dizer não.	Nunca há tempo para estarmos juntos. Separar o trabalho do divertimento. Afastamento.	Incômodos permanentes: cansaço e desgaste. Encontrar momentos para apenas descansar, relaxar. Manter uma saúde equilibrada.
Quarto Passo Escolha suas adversidades	Algumas vezes, Ellen se preocupa comigo.	A coordenação de detalhes não acaba nunca.	Meus compromissos tomam muito tempo.	Saber quando dizer não.	Separar o trabalho do divertimento.	Encontrar momentos para apenas descansar, relaxar.
Quinto Passo Desafio máximo	Ajudar o maior número de pessoas possível a fortalecer seu relacionamento com a adversidade.						
Sexto Passo Adversidade máxima	Encontrar ou criar tempo para fazer isso bem-feito.						
Sétimo Passo Limpe a trilha	Dizer não e ajudar minha equipe a dizer não para as coisas que são menos "essenciais para a escalada".						

Sexto Passo: Escolha sua Adversidade Máxima

A fim de enfrentar o seu Desafio Máximo, seguramente você terá de enfrentar algumas adversidades. A próxima etapa será selecionar a principal adversidade (obstáculo, aspereza, dificuldade, conflito, revés) que (1) você certamente terá de enfrentar quando encarar o seu Desafio Máximo; (2) se dominada, lhe oferecerá o maior potencial de energia ou avanço.

Essa é a sua Adversidade Máxima. Pense nela como uma "célula de energia". Durante décadas, os cientistas vêm tentando criar a energia livre – algo que gere mais energia do que consuma. Este é o santo graal das pesquisas sobre energia. Obviamente, uma tal descoberta transformaria a sociedade. Mas, no âmbito pessoal, converter a adversidade em combustível pode transformar sua própria vida. E, como você sabe, adversidade é o que não falta!

Essa adversidade pode ser a coisa mais amedrontadora, mais impossível e mais preocupante da sua vida. Seja como for, siga em frente e escolha justamente aquela que significa a maior vantagem potencial quando você tiver realizado sua alquimia. O problema de Erik se resume na tensão dinâmica entre suas limitações de tempo e a qualidade do que produz. Desse modo, sua Adversidade Máxima é "Encontrar ou criar tempo para fazer isso bem-feito". Registre sua própria resposta na base do seu Inventário de Adversidades.

Sétimo Passo: Limpe a trilha

Qual é a sua justificativa? Para encará-la, você deve aprender a liberar o combustível que se acha armazenado na sua Adversidade Máxima. A energia é enfraquecida pelas impurezas. A fim de dominá-la da melhor maneira possível, você precisa purificar sua adversidade, conhecendo as justificativas e razões que impedem a ação – qualquer coisa que dilua sua potencial força. Com a mesma coragem que foi necessária para enfrentar os fatos, a próxima etapa consiste em lançar um olhar frio e duro sobre as coisas que se encontram no caminho e limpar a trilha.

Justificativas são razões tornadas algo pessoal.

As justificativas às vezes são muito criticadas. Tendemos a rotular de fracas ou evasivas as pessoas que se justificam. Mas todos o fazem uma vez ou outra, e as justificativas servem a um propósito vital. Elas são razões tornadas algo pessoal. São o seu mecanismo para manter intacto o conceito que se tem de si mesmo – até mesmo seu *self* –, especialmente quando se acha sob ataque. Se o encurralássemos em um corredor e lhe perguntássemos por que você não é o número um, inquestionavelmente o melhor naquilo que você faz, é provável que você apresentasse razões muito boas para isso. Graças a elas, você não vive em um estado de dolorosa angústia por não ser o melhor do mundo. É isso que lhe permite levar em frente sua vida, inclusive o seu esforço de continuar melhorando. Esse é o aspecto positivo.

O evidente lado negativo das justificativas é que elas se tornam um pretexto para você fazer menos do que é capaz de fazer, geralmente em questões de extrema importância. Esconder-se atrás das justificativas, por mais válidas que sejam, é o *oposto* de enfrentá-las. Elas diminuem o poder potencial da sua Adversidade Máxima, da mesma forma que explicar demais certas coisas dilui o ponto principal.

Se você preencheu seu Inventário de Adversidades, já sabe qual é sua Adversidade Máxima. Então, revisite seu nível atual no Ciclo da Adversidade, revise suas Suposições sobre a Adversidade e seja honesto a respeito das razões por que não conseguiu ainda dominar sua Adversidade Máxima. Use as questões a seguir para aguçar o seu raciocínio. Depois, com base em tais reflexões, acrescente sua resposta ao desafio de limpar a trilha contida no inventário.

- Quais são as principais razões para você *não* ter ainda tirado o melhor proveito dessa adversidade? É porque a adversidade o deixa desconfortável, porque requer um esforço maior ou porque você simplesmente não sabe como fazer isso?

- Quais são as justificativas *verdadeiras*? Quais são as justificativas *escondidas atrás* das justificativas? Qual é, de fato, o motivo central? Você culpa a falta de tempo quando, na verdade, a razão mais profunda é o desconforto que a adversidade pode trazer?

O desafio de limpar a trilha: se o seu melhor amigo tivesse a habilidade de enxergar através de você, o que ele veria e apontaria como a *verdadeira* razão para você não ter ainda dominado a sua adversidade? Ele diria que você está tomando o caminho mais fácil?

OK. Agora que já devotou algum tempo a pensar seriamente sobre a melhor maneira de limpar sua trilha para se beneficiar da sua Adversidade Máxima, você está preparado para pegar a estrada em direção a seu Desafio Maior. Imagine como será sua vida quando você realmente o enfrentar. Você está pronto agora para a etapa final do enfrentamento, que significa *encarar a tempestade*.

ENCARE A TEMPESTADE

Apenas depois de deparar com algumas adversidades sérias que finalmente me decidi a encarar a tempestade. Um dia, caminhando pelas docas que ficavam perto de casa, enquanto balançava distraidamente a bengala diante de mim, acidentalmente pisei fora da plataforma. Dei uma volta no ar e caí de costas no convés de um barco. Foi espantoso que eu não quebrasse a espinha ou rachasse a cabeça. Consegui me arrastar de volta para o cais, atordoado e em pânico. Pela primeira vez, o meu medo de morrer superou o meu ódio pela cegueira. Não podia mais negá-la, evitá-la ou desejar que fosse embora. Nenhum treinamento de atitudes positivas poderia me ajudar. A cegueira era um fato real na minha vida e, se eu continuasse a lhe dar as costas e ignorar os fatos, ela acabaria me matando.

Foi então que finalmente assumi o compromisso de aprender a me orientar com a bengala e a ler em braile, com resultados surpreendentes. Quando caminhava pelo corredor da escola utilizando a bengala da maneira adequada, não passava pelo embaraço de trombar com as paredes e, de fato, podia continuar conversando com os amigos. Quando lia na classe as redações que eu escrevera em braile, me sentia próximo dos outros garotos. Os instrumentos que eu rejeitara por medo de que me tornassem diferente foram os mesmos que me permitiram me reaproximar dos colegas.

Primeiro passei por uma fase de negação, depois tentei resistir à situação, por causa da suposição predominante de que a cegueira e as técnicas que eu teria de aprender me isolariam dos outros e me deixariam insatisfeito; mas foi só depois que me decidi a encará-la e até mesmo aceitá-la que fui capaz de vislumbrar pela primeira vez o caminho que se estendia à frente.

Alguns meses mais tarde, recebi um informe a respeito de um programa de escaladas voltado para crianças cegas. Tateando a parede do quarto, pensei: "Quem seria o maluco capaz de levar crianças cegas a subir em rochas?" Contudo, embora não pudesse contar com os olhos para caminhar, podia usar uma bengala; embora não conseguisse ler com os olhos, podia ler com os dedos. Então me indaguei: "O que mais seria possível, se eu reunisse coragem suficiente para entrar na tempestade?"

Se eu não tivesse caído daquela doca e me assustado a ponto de tomar uma atitude, poderia ter permanecido nos estágios inferiores do ciclo. Por sorte, aquele susto foi o começo de uma longa jornada que me levou a aceitar minha adversidade como combustível para um nível mais elevado de contribuição e para uma vida mais produtiva.

Quantos de nós vivem nesse estado de animação suspensa? Algumas vezes, a adversidade permeia o ar que nos rodeia, como a umidade opressiva que precede uma tempestade, e nos sentimos incapazes de agir. Como essas pessoas que se recusam a abandonar um local prestes a ser atingido por um ciclone, fechamos os olhos e nos recusamos a olhar para as nuvens escuras que se acumulam sobre nós. Mesmo quando é impossível não olhar, inventamos desculpas plausíveis para explicar por que não conseguimos agir: "Se eu fosse um pouco mais jovem, as coisas seriam diferentes. Se os outros não tivessem feito coisas horríveis comigo. Se eu fosse mais alto, mais inteligente, mais forte..." Tudo isso são mecanismos de defesa que empregamos para fugir à ação, barricadas que a mente levanta para nos proteger do confronto com uma verdade difícil ou dolorosa. A única maneira de realmente controlar a força total da adversidade é encarar a tempestade e molhar-se.

⚑

Embora ninguém deseje ficar cego, nem queira esse destino para os outros, você pode estar pensando agora que, por estranho que pareça, Erik foi abençoado. Como ele não conseguia escapar da sua cegueira, foi *forçado* a lidar com ela. E com isso ele cresceu e ganhou enormes vantagens. Você talvez pense: "É claro, se eu tivesse de lidar com alguma tragédia, lidaria. Aceitaria o desafio, e meu heroísmo prevaleceria. É a lama cotidiana que torna tudo tão pesado." Mas existe outra maneira. Quando você encara a tempestade, está conscientemente decidindo assumir o volante e enfrentar o mau tempo, em vez de ficar esperando um toque de alvorada que o obrigue a entrar em ação. Como resultado, você confronta a verdade nua da sua realidade, em lugar de cobri-la de açúcar para se sentir melhor. Se o seu médico lhe dissesse: "Você está carregando peso demais e isso vai prejudicar seu coração com o tempo", você talvez pensasse: "Realmente, assim que tiver uma oportunidade, vou me exercitar mais." Mas você tomaria uma ação imediata se seu médico lhe dissesse: "Você é uma bomba-relógio ambulante. Está gordo, fora de forma e morrendo aos poucos enquanto conversamos.

Estou falando sério. Seu coração pode explodir a qualquer momento. Se é isso que você quer, então não faça nada."

COMO ENFRENTAR

"Enfrente!" é meu grito de batalha favorito para atacar a barreira da adversidade. Ao saber que uma forte tempestade se aproxima, você pode ficar torcendo para que ela não o atinja ou se preocupando com o que vai acontecer se ela o atingir. Ou pode engatar a marcha, correr na direção das linhas de combate e ordenar a si próprio: "Enfrente!" A idéia, como Erik aprendeu, não é combater a adversidade somente quando se é forçado a enfrentá-la, mas agir proativamente, por escolha própria, porque é isso que lhe dará a energia que você pode dominar para transformar então chumbo em ouro.

Quanto a Tanya, nossa estudante desencantada, a sua Estratégia de Enfrentamento foi mais ou menos assim:

1. Meu Desafio Máximo? *Formar-me em um curso de que eu realmente goste.*
2. Minha Adversidade Máxima? *Meu curso.*
3. Como vou enfrentá-lo? *Vou marcar uma entrevista com o meu orientador para discutir abertamente minhas preocupações atuais. Juntos, vamos descobrir soluções para minha situação.*
4. Quando vou fazer isso? *Hoje vou marcar a entrevista e espero consegui-la para antes do fim da semana.*
5. Que benefícios posso conseguir? *Tirar este peso dos ombros, expressar minha infelicidade e descobrir alguma coisa nova, melhor e mais empolgante para mim e para meu futuro.*
6. Quem precisa saber disso? *Meus pais e minha companheira de quarto.*

COMO ENFRENTAR

Este exercício conduzirá você, passo a passo, à sua estratégia para encarar a tempestade e começar a tirar proveito da força e dos benefícios da sua Adversidade Máxima – e de todas as outras adversidades que encontrar ao longo do seu caminho.

1. Reveja seu Inventário de Adversidades, suas aspirações, suas adversidades e seu Desafio Máximo.

- Dentre todas as suas aspirações, a que você escolheu como Desafio Máximo é de fato o que você mais sente vontade de realizar, mas nunca conseguiu?
2. Verifique sua Adversidade Máxima.
    - A dificuldade que você relacionou como sua Adversidade Máxima é realmente aquela que, se você pudesse dominar, desencadearia o maior potencial de energia e conduziria aos avanços positivos mais significativos?
3. Considere cuidadosamente as seguintes questões a fim de começar a criar sua estratégia de enfrentamento:
    - Se tivesse de encarar a tempestade da sua Adversidade Máxima, como faria isso?
    - Se tivesse de acolher toda a força da adversidade, como faria isso?
    - Que proteções você precisa abandonar para experimentar totalmente a adversidade e tirar proveito de sua força?
    - Que conversa corajosa você precisa ter consigo ou com outros antes de desencadeá-la e enfrentá-la?
4. Planeje sua estratégia escrevendo as respostas – agora mais refinadas – para estas questões finais:
    - Especificamente, *como* você vai encarar a tempestade e enfrentá-la? Descreva em detalhes sua estratégia ou abordagem.
    - Sua Adversidade Máxima – *quando* você vai começar a enfrentá-la?
    - *Que* benefícios específicos você espera colher ao enfrentá-la?
    - *Quem* precisa ser informado dos compromissos que você assumiu ao fazer este exercício?

Como acontece com freqüência, ao encarar a tempestade e implementar sua Estratégia de Enfrentamento, Tanya passou, de fato, a desfrutar de algumas vantagens antes impensadas. A conversa com o orientador a conduziu a um estágio numa organização de ajuda internacional, que acabou se tornando seu primeiro emprego depois de formada e a encheu de entusiasmo e significado. Sem a adversidade e sua decisão de encarar a tempestade, talvez Tanya jamais tivesse encontrado seu caminho.

Parabéns. Você já completou a ascensão do primeiro de nossos Sete Picos – a jornada para extrair sentido e vantagens dos inevitáveis reveses e dificuldades que todos enfrentamos. Os instrumentos apresentados neste Primeiro Pico são difíceis e requerem um profundo e minucioso exame de consciência. Tenha em mente que, para encontrar um valor permanente na Vantagem da Adversidade, você tem de cavar bem fundo. Se não realizou os exercícios com total sinceridade, mas simplesmente os percorreu por cima, retorne e faça-os novamente com mais cuidado, antes de avançar para o Segundo Pico.

Quando encaramos a tempestade, o caminho inevitavelmente se torna mais difícil, envolve mais dores e leva mais tempo do que havíamos previsto. Quando o caminho parece mais árduo, é tremendamente tentador recair no velho hábito de negar o problema, resistir a ele e minimizá-lo – as mesmas defesas que nos fizeram falhar vezes sem conta. Anos atrás, foi isso que aconteceu comigo, durante uma tentativa de escalar o monte Quênia [ou Kirinyaga], um monolito de rocha vulcânica com 5.117 metros de altura, que se projeta verticalmente das planícies da África Oriental. Como sempre, meu companheiro de alpinismo Charley e eu nos preparamos diligentemente, planejando a subida para o mês de setembro, no meio da estação quente e seca. Na nossa imaginação, subiríamos em êxtase o trecho de 900 metros, com fendas da largura de um dedo, na ensolarada África equatorial, usando botas de alpinista, capacetes, camisetas e bermudas – em outras palavras, estávamos indo para o paraíso dos alpinistas.

Todavia, depois de um esforço de três dias sob uma chuva torrencial completamente inesperada, Charley ergueu os olhos para a face do rochedo e permaneceu em silêncio por muito tempo, antes de dizer: "Erik, é totalmente diferente das fotografias. Parece mais com um desses picos do Alasca. A face inteira do penhasco está coberta de gelo e neve." Sua voz revelava espanto e desapontamento. Eu me virei para nosso guia local: "Pensei que estávamos na estação seca", falei. "Estamos", disse ele, "mas com o aquecimento global tudo está mudando – há neve na época das secas, há seca na época das chuvas. Nem os agricultores sabem mais quando plantar."

Assim, nossa expectativa de uma ascensão rápida e agradável foi completamente contrariada. Em vez disso, a face do rochedo permaneceu envolta no nevoeiro e, durante uma semana, a neve caiu sem parar, enquanto esperávamos que as condições melhorassem. Como isso não aconteceu, sentamos para uma conversa franca sobre nossas opções. A subida seria agora bem mais difícil do que havíamos esperado. Para termos alguma chance de atingir o cume, teríamos de abandonar o plano de fazer a escalada em um dia. Precisaríamos agora de pelo menos dois dias. Em vez de subir lepidamente com um mínimo de equipamento, teríamos de arrastar mochilas pesadas, carregadas com fogareiro, sacos de dormir e uma tenda, e passar a noite encolhidos em uma estreita plataforma de rocha localizada a meia altura do paredão. Teríamos também de ser cuidadosamente metódicos ao colocar as botas nas saliências cobertas de gelo e enfiar as mãos nas fendas entupidas de neve. Os setores que eram fáceis na estação seca iam exigir o dobro de esforço.

No final da nossa conversa, Charley e eu estávamos ainda oscilando entre todas aquelas novas realidades. A idéia de modificar completamente nosso plano, nosso método e nossas expectativas era avassaladora. Mas talvez a parede não fosse tão difícil como pensávamos. Talvez conseguíssemos ascender mais depressa do que imaginávamos. Talvez ainda conseguíssemos um dia tão perfeito quanto o pássaro azul da felicidade... Pois aquela não era a estação seca? No final, apesar de todos os fatos que acenavam à nossa frente, comecei a preparar a mochila para uma tentativa de um dia só. Assim, quando o céu noturno apareceu totalmente limpo, partimos às três da manhã com o compromisso de dar tudo de nós. Tentamos nos manter positivos e otimistas. Lembro de ter chegado a pensar que, com um pouco de sorte, conseguiríamos chegar ao alto. Todavia, a adversidade dificilmente nos favorece...

Lá pela metade do caminho, o paredão começou a se transformar. Como havíamos previsto, as fendas estavam atulhadas de gelo e as faces menos inclinadas totalmente cobertas de neve – o que nos obrigou a nos arrastar rochedo acima. Portanto, não deveríamos ter ficado surpresos quando, por volta do meio-dia, começou a nevar e cair granizo. Tentamos agüentar firme, fazendo um esforço incrível para continuar avançando; não obstante, duas horas mais tarde, quando a neve começou a derreter na face do rochedo e a derramar água gelada pelos punhos dobrados de nossas mangas, estávamos exaustos, e nossa temperatura corporal baixava depressa. Sabíamos que estávamos derrotados. Tremendo, fizemos o longo e frustrante rapel de volta até o acampamento e desistimos da subida.

A boa notícia é que o monte Quênia é apenas mais uma escalada e vai sempre estar lá, esperando por nossa próxima tentativa. Ao mesmo tempo, todos queremos alcançar aquilo que nos esforçamos para atingir. Nem sempre nos contentamos em tentar e falhar, por mais nobre que tenha sido o esforço.

Olhando para trás, percebo que fomos derrotados porque não tomamos de verdade a decisão de enfrentar o pico. A perspectiva de mochilas pesadas nos puxando para baixo, a idéia de uma noite miserável em uma estreita plataforma de rocha, para recomeçar na manhã seguinte com os pés e as mãos gelados, a probabilidade de um rapel de dez horas no frio e na escuridão – tudo isso fora demais para nós. Se tivéssemos ajustado nosso curso da forma adequada e escalado todo o paredão nessas condições adversas, nosso senso de realização teria sido desmedido. Em vez disso, não somente voltamos para casa de mãos vazias, mas também nos sentindo vazios, sabendo que não havíamos empenhado nossos melhores esforços. Desde então, aprendi uma lição valiosa: não basta enfrentar os fatos. Precisamos agir de acordo com eles e segui-los até onde nos levam. Encarando a adversidade, adquiri uma compreensão totalmente nova. No momento em que inicio uma escalada, sei que, se a enfrentar inteiramente, posso crescer e me tornar menos superficial, mas sei também que a subida nunca é fácil.

As grandes pessoas, equipes e organizações sabem encarar a tempestade, enquanto outras recuam. Erguer-se à altura da ocasião uma vez ou duas é uma coisa admirável, mas fazê-lo todas as vezes, ajustar-se agilmente a cada nova adversidade, requer muito mais. Requer uma imensa força de vontade e bastante habilidade, além do desenvolvimento de novas competências para estar à altura do próximo desafio. E, finalmente, dominar a adversidade requer que você vá fundo dentro de você e Convoque suas Forças.

Primeiro Pico • Enfrente!

Princípio norteador
As pessoas que colhem os maiores benefícios de suas adversidades aprendem a *enfrentá-la*. Você precisa repensar sua maneira de se relacionar com a adversidade e as suposições que tem sobre ela – e também sobre a vida.

Defina e avalie a adversidade
A adversidade é uma ocorrência que tem ou pode ter um efeito negativo sobre algo ou alguém importante para você. Aqui, os *elementos-chave* são quanta importância ela pode ter para você e o tamanho do impacto.

Problemões *versus* probleminhas
Por natureza, você está mais bem equipado para responder às grandes adversidades. Mas você pode deliberadamente instalar o mecanismo de que necessita para lidar bem com os pequenos problemas também.

Enfrente os fatos: o Ciclo da Adversidade
A maior parte das pessoas *evita, sobrevive, resiste* ou *administra* a adversidade – consumindo sua força vital no processo. É *dominando a adversidade* que você alimenta sua força vital.

Enfrente os fatos: suas Suposições sobre a Adversidade
A maior parte das pessoas presume que a adversidade é uma coisa ruim e tenta evitá-la o máximo que pode. Agora você já sabe que a adversidade não só é potencialmente boa como *essencial* para alcançar a grandeza.

Enfrente os fatos: Inventário de Adversidades, Desafio Máximo e Adversidade Máxima
Liste e classifique suas adversidades, dando destaque àquilo que você sempre quis fazer mas até hoje não conseguiu, assim como à adversidade que você terá de enfrentar para realizá-lo e que lhe trará as maiores vantagens.

Encare a tempestade
Em vez de dar as costas para a adversidade e fugir dela, encare-a para assim criar sua Estratégia de Enfrentamento.

Como enfrentar
Seu jeito pessoal de enfrentar a adversidade e começar a convertê-la em vantagens.

SEGUNDO PICO

CONVOQUE SUAS FORÇAS

ACONCÁGUA
Acampamento-base: 4.200 metros de altura
Cume: 6.959 metros – o pico mais elevado da América do Sul

O que não me destrói, me fortalece.
FRIEDRICH NIETZSCHE

    Muitas pessoas aceitam a idéia de que a melhor maneira de otimizar seu potencial é avaliar seus pontos fortes naturais (referindo-se com isso a seus talentos ou dons) e então erguer seus objetivos ao redor deles. É claro que os pontos fortes naturais são importantes, mas, se você confiar unicamente neles, pode acabar se impondo uma lamentável limitação.
    Beethoven escreveu suas melhores músicas, incluindo sua grande Nona Sinfonia, depois que ficou surdo. Imagino só o que poderia ter acontecido se um orientador profissional tivesse dito a ele que escolhesse uma profissão "mais adequada para uma pessoa surda". Muitas vezes disseram a Van Gogh que ele era um péssimo pintor. E se ele tivesse escutado seus detratores em vez de utilizar as críticas como combustível para sua paixão? Teria Einstein, que, quando criança, foi rotulado como inadequado para a vida escolar, seguido uma carreira científica caso a orientadora educacional de sua escola o tivesse persuadido a aprender um ofício manual? O que teria acontecido com os incontáveis líderes empresariais portadores de dislexia – Richard Branson, das empresas Virgin, e John Chambers, do conglomerado Cisco, entre eles – se tivessem aceito "as conhecidas limitações" de seu diagnóstico? Falando de maneira mais pessoal, imagino quantos alpinistas cegos existiriam. Pense em todos os mestres que, em determinada época, foram desajeitados. Pense em todos os pontos fortes que

jazem adormecidos dentro de cada um de nós, só esperando para ser convocados.

Em geral, as melhores coisas da vida não vêm de forma natural. Portanto, você precisa ter a coragem de decidir o que quer fazer, por que isso é importante, e se terá força de vontade para perseverar. Em seguida, descubra quais são os pontos fortes de que dispõe, ou que talvez tenha de desenvolver – desde o início, se for necessário –, para fazer com que isso aconteça. Então, você terá de tentar, de ir à luta, de falhar e falhar mais uma vez, até alcançar os resultados que está buscando. A partir da experiência de aprender a refinar os elementos primários – habilidade e força de vontade – é que surgirão suas forças. Que a adversidade seja a chama na qual são forjadas as suas forças.

Concentrar-se exclusivamente naquilo em que você já é bom pode ser, de fato, uma forma inconsciente de esquivar-se da adversidade inerente a todo esforço. Em vez disso, o que você quer é usar a adversidade para ajudá-lo a cultivar forças inteiramente novas e aguçar as que já existem. Pense nas vezes em que enfrentou uma situação difícil e, sem a menor intenção, saiu dela com uma nova confiança em si mesmo, uma nova percepção das coisas ou talvez uma conexão mais profunda com a magnitude da sua própria resistência. Aposto que você não trocaria esses momentos por nada deste mundo. Nem eu.

Do mesmo modo que pode desenvolver forças por meio da adversidade, você também precisa saber utilizá-las bem quando a adversidade dói mais. De pouco vale uma lista impressionante de forças se você não é capaz de liberá-las diante de um verdadeiro revés. Só quando faz isso, elas se tornam realmente suas.

Mas não importa quantas forças você possa reunir e utilizar eficientemente, é quase impossível atingir a grandeza sozinho. Ligar-se às pessoas certas pode ampliar o âmbito e o alcance do seu impacto. Todavia, a fórmula para escolher a equipe que vai se prender à mesma corda que você é muito mais complexa do que simplesmente inserir pessoas nos lugares adequados com base nas suas habilidades atuais, como se fossem peças de um jogo de montar.

O Segundo Pico irá ajudá-lo a fazer o que tive de fazer no Aconcágua: checar cruamente quais são suas reais capacidades neste momento, tendo em vista suas aspirações mais elevadas, bem como as forças que você ou sua equipe terão de desenvolver para chegar ao ponto que desejam atingir. Assim você estará equipado para repensar esse conceito de forças, de modo que você e sua equipe possam dar o melhor de si nos momentos mais árduos. Finalmente, você aplicará tudo o que aprendeu ao reunir as forças da equipe. Em vez de ser um impedimento, a adversidade se tornará a trilha através da qual suas forças crescerão e acabarão por brilhar.

O Aconcágua, que é o pico mais alto do hemisfério Sul, salientou todas as minhas fraquezas e muito pouco dos meus pontos fortes. No McKinley, conseguia escutar os passos dos meus companheiros de alpinismo pisando a neve e o gelo à minha frente, e todos estávamos amarrados ao mesmo cabo, de modo que seguir os outros era mais fácil. O Aconcágua, porém, além de ser um dos lugares mais ventosos da Terra, é formado principalmente por rochas e seixos – cascalhos soltos e móveis que tornam quase impossível firmar os pés. Naquele vento ululante e através das rochas, o som dos passos se perderia completamente.

Além disso, o monte McKinley era uma ladeira de neve macia e lisa: uma vez planejados meus próximos passos, era capaz de manter um bom ritmo e conservar bastante energia. Mas, no Aconcágua, teria de atravessar constantemente campos de rochas de todos os tamanhos, além dos letais cumes de gelo chamados *penitentes*, que se erguem do solo como presas retorcidas de mais de um metro de altura. Nas trilhas, usava longos bastões de esquiador para manter o equilíbrio e sentir o caminho; mas sobre as pedras e *penitentes*, com imensas fendas ziguezagueando entre um passo e outro, eu me movia com a metade da velocidade e o dobro do esforço. As conseqüências de um passo em falso seriam uma perna quebrada ou algo pior.

Da primeira vez que minha equipe e eu tentamos galgar o Aconcágua, não conseguimos chegar ao pico. Encontramos condições climáticas extremamente frias e desfavoráveis e, assim, ficamos estacionados em um acampamento mais abaixo. Como resultado, quando finalmente um dia claro e sem vento apareceu sobre a montanha, não estávamos posicionados no acampamento mais alto e não pudemos aproveitar a oportunidade. O terreno difícil também me cobrara um alto preço. No décimo sexto dia, quando finalmente nos dirigimos ao cume, eu estava exausto e me movia devagar demais. À altura dos 6.300 metros, com ventos ferozes nos empurrando de volta, eu não conseguia mais escutar o meu parceiro de escalada, Chris Morris, subindo à minha frente. Eu me senti desorientado e experimentei um certo pânico – não estava apenas cego, mas surdo também. Chris nos reuniu para gritar que a escalada tinha terminado. As barreiras da montanha simplesmente eram demais para nossas habilidades coletivas. Tinha sido uma subida tão difícil e incômoda que a maioria dos meus amigos não estava mais interessada em fazer uma nova tentativa. Além disso, com seu parceiro cego atrasando a subida, provavelmente não se sentiam muito estimulados para uma nova tentativa.

Mas eu estava determinado a tirar proveito dessa adversidade – nosso fracasso –, embora soubesse que minha força de vontade sozinha não seria o suficiente. Precisava desenvolver novas habilidades para ser capaz de superar aquele terreno hostil. Assim, durante o ano seguinte, eu me dediquei a desenvolver as habilidades que me faltavam – e que eu sabia que seriam necessárias para termos sucesso na escalada do Aconcágua. Pratiquei nas encostas dos chamados *fourteeners* do Colorado – picos de 14.000 pés (ou 4.200 metros) cujo terreno rochoso é semelhante ao do Aconcágua. Treinei com bastões especiais para alpinismo, a fim de poder me equilibrar melhor nos pontos mais precários. Mais do que isso, criei uma nova técnica: subia em um rochedo e colocava todo o meu peso na perna que ficava mais atrás, dobrava bem o joelho e esticava o outro pé até encontrar o rochedo seguinte. Então, levava os bastões para o lado oposto da larga fenda e os plantava firmemente nas laterais do lugar em que pretendia pisar. Treinei muito, carregando pesos extras na mochila, para que pudesse avançar com energia quando fosse necessário. Chris e eu desenvolvemos uma nova forma de comunicação, utilizando uma sineta, que Chris balançava à direita e à esquerda, ajudando-me assim a segui-lo através do vento e das rochas.

Praticamos vezes sem conta, sabendo que não seria suficiente dominar essas novas técnicas em condições calmas. Tínhamos de fazer com que funcionassem em condições climáticas piores. E logo tivemos nossa oportunidade para isso. No nosso último treino, os ferozes ventos do Colorado não paravam de nos fustigar, e tive de me esforçar muito para manter a mente tranqüila no meio daquela fúria, enquanto percorríamos as cristas expostas para chegar aos diferentes picos. Tinha de me esforçar e me concentrar mais do que os outros, mas ninguém me prometera uma vida fácil ou justa, e eu não me importava. Estava agradecido por ter encontrado um jeito de fazer algo que eu adorava.

Então, formamos um novo grupo e fomos enfrentar o Aconcágua uma segunda vez. Mas logo no acampamento-base Chris e eu perdemos nosso único companheiro, que teve de descer depois de ser acometido agudamente pelo mal-das-montanhas, o enjôo da altitude. A partir desse momento, éramos só nós dois, e Chris me avisou claramente: "Agora, não podemos nos dar ao luxo de cometer o menor erro."

Como havia acontecido no ano anterior, o tempo não estava nem bom nem ruim, mas continuamos avançando pelos locais de acampamento montanha acima, sabendo muito bem que, desta vez, tínhamos de estar colocados em posição que nos permitisse atingir o cume assim que o tempo melhorasse. Houve um dia em que nos sentimos tão fortes que chegamos a pular um dos acampamentos intermediários e subimos quase 1.200 metros até o acampamento seguinte.

No dia em que pretendíamos galgar o pico, já a 6.300 metros de altitude, encontramos ventos ainda mais fortes que no ano anterior, soprando a noventa e seis quilômetros por hora. Naquele ano, eu começara a manhã usando roupas demais, de modo que, quando cheguei à zona de vento, estava molhado de suor e, instantaneamente, gelei. Dessa vez, usava menos roupas e trazia na mochila algumas peças adicionais. Nós nos abrigamos atrás de um rochedo e vestimos tudo o que tínhamos para nos proteger da fúria gélida do vento, mas não foi o bastante. Enquanto lutávamos para subir a encosta, a sineta de Chris, que até então funcionara perfeitamente, deve ter congelado, porque não conseguia mais escutá-la – justamente quando mais precisava dela. O vento nos empurrava para baixo, e começamos a considerar uma retirada. Mas havíamos treinado bastante e tínhamos adquirido a habilidade necessária para seguir em frente, com a idéia de que, se simplesmente pudéssemos ultrapassar o vento, chegaríamos a uma zona mais calma a sotavento da montanha.

Chris sabia que eu não escutava seus gritos, por isso, durante três horas, ele continuamente se virava na minha direção, batendo o bastão contra as rochas e, com os dedos desprotegidos na boca, assobiando o mais alto que podia. Todo aquele treinamento com carga pesada estava pagando dividendos agora. Na altura de 6.450 metros, o vento diminuiu de intensidade, mas o frio aumentou. Quando cambaleei sobre o cume rochoso, a altitude extrema, aliada à minha completa exaustão, fez com que minha conexão com a terra parecesse tênue, como se eu percebesse a realidade através do buraco de uma agulha muito distante. Mas havíamos chegado ao topo, finalmente, após dois anos de tentativas.

Quando retornei ao acampamento "elevado", desabei sobre a terra congelada, jazendo ali, metade de mim convencida de que eu não fora feito para esse tipo de vida. Não era resistente o suficiente, não tinha a elasticidade necessária. Além disso, que atividade mais ridícula para um cara que nem conseguia ver! Mas a outra metade de mim não podia me imaginar fazendo qualquer outra coisa na vida. Queria passar a vida subindo montanhas.

Tive um professor na faculdade que dizia que os seres humanos são, provavelmente, a única espécie em todo o reino animal capaz de sonhar além de suas limitações. Acho admirável essa qualidade. Acomodar-nos às forças que já temos e aos caminhos que elas nos permitem percorrer é o mesmo que extirpar da psique os anseios mais profundos, as aspirações mais elevadas e as qualidades transformadoras que definem nossa vida.

No ano anterior, com melhores condições de tempo, não conseguira alcançar o pico. Dessa vez, utilizamos a adversidade daquele fracasso para nos tornar mais fortes e mais capazes. Quanto mais asperezas encontramos, tanto melhores ficamos. Juntas, a força de vontade e a habilidade forjaram novas forças que superaram minhas fraquezas e nos conduziram a um lugar a que a maioria das pessoas pensava que jamais chegaríamos. A adversidade nos preparou para os desafios maiores que havia pela frente. Através do Segundo Pico, você poderá fazer o mesmo.

Onde você estaria e aonde poderia chegar sem a habilidade de convocar *suas próprias* forças? E que função teria a adversidade na sua vida? Até que ponto você de fato tem coragem de decidir o que quer fazer na vida, e por que quer fazer isso, e então descobrir quais são as habilidades que já possui, as que pode adaptar ou, até mesmo, as que pode desenvolver – desde o início, se for necessário –, para atingir seu objetivo? Você é como Erik, que utiliza a adversidade para forjar novas forças, ou só conta com aquelas que possui naturalmente?

E, igualmente importante, *quando* você convoca suas forças? Que forças se manifestam quando o tempo está calmo e quando o tempo fica violento? Quando você se sente mais forte? Quando está sob pressão, de que maneira o seu comportamento afeta o grau de confiança e respeito que os outros têm em relação a você? Diante da adversidade, o que as pessoas podem esperar de você?

A fim de obter os melhores resultados, você não pode simplesmente avançar sozinho. E a sua *equipe*? Os membros da sua equipe desenvolvem e aplicam suas forças quando se vêem diante da adversidade? Todos dão o melhor de si quando mais se precisa? Ou, quando sob pressão, as pessoas recaem no seu modo de funcionamento padrão, recorrendo a comportamentos protetores, mais seguros, porém de menor alcance e menos eficientes? O que você e sua equipe gostariam de enfrentar, mas ainda não enfrentaram, talvez porque você não esteja convencido de que possuem as forças necessárias para atingir esse objetivo? E se vocês conseguissem atingir esse alvo? Até que ponto você efetivamente consegue aliar suas forças individuais às dos outros, a fim de criarem conjuntamente a grandeza coletiva?

O Segundo Pico, portanto, não trata simplesmente de atrelar as forças de que você dispõe. Tem a ver com desenvolver novas forças em tempos de adversidade, a fim de realizar aquilo a que você se propôs. No Primeiro Pico, você aprendeu a utilizar a adversidade como combustível. As pesquisas indicam que as pessoas com um "alto Quociente de Adversidade" não se baseiam apenas nas forças que já possuem. Elas desenvolvem novas forças constantemente e sem cessar, expandindo suas capacidades – desenvolvendo habilidades adicionais que contradizem diretamente aquilo que outros antes rotulavam como fraquezas. Reconhecem que, criando novas forças, podem ganhar tração, impulso e opções. Mas possuir, forjar e depois empregar as forças corretas é tão difícil quanto insuficiente. Assim que dispuser das forças certas, deverá também aprender a convocá-las nos momentos adequados. Mais especificamente, você transforma a adversidade em benefício quando dá o melhor de si nas situações mais difíceis.

Toda empresa com que eu trabalho, não importa qual seja o setor, conta sempre com as forças de seus empregados para avançar rumo à sua visão, missão e plano estratégico. Os líderes empresariais sabem que é isso que determina o destino de suas empresas. Mas alguns líderes definitivamente sabem convocar essas forças melhor do que outros. E aqueles que são realmente grandes, nem sempre aparecem nas histórias que fazem manchete no *Wall Street Journal*.

Imagine o caso, por exemplo, de uma companhia regional de distribuição de combustíveis, privada, com lojas de conveniências equipadas com bombas de gasolina e terminais de óleo para aquecimento doméstico, espalhadas por Nova Inglaterra, Canadá oriental e Terra Nova. Como ela pode se defender contra as titânicas marcas globais que dominam o setor? Os líderes da Irving Oil sabem que não têm a menor possibilidade de competir em escala, recursos ou *status* político. Mas podem competir em forças, especialmente quando atingidos pela adversidade.

O clima interno da companhia é excepcionalmente caloroso. Mas oferecer essa marca exclusiva de autenticidade e integridade quando tudo está correndo bem e o sol brilha não é suficiente. Quase todos são capazes de fazer isso. Juntos, os líderes da Irving Oil perceberam que para assegurar seu futuro, diante dos eventos globais que fazem oscilar como nunca o preço do petróleo e da complexidade e incerteza cada vez maiores do setor energético, eles deveriam forjar forças novas – como agilidade, controle da mudança, inovação e raciocínio. E que somente o desenvolvimento dessas forças manteria a Irving Oil no jogo. A empresa teria que converter suas forças, tanto as antigas como as novas, no que eu chamo de Forças da Adversidade – a maneira como ela age e responde nos momentos mais difíceis –, a fim de criar uma genuína imunidade à concorrência.

Assim, em 2005, quando um tufão praticamente aleijou a indústria petrolífera, os líderes da Irving lançaram-se à ação. Eles logo haviam previsto que o preço da gasolina nas bombas e do óleo de aquecimento doméstico iria subir vertiginosamente, mas não tinham calculado bem os efeitos que teriam as ferozes críticas e os inquéritos abertos pelo governo por causa dos lucros do setor, que haviam batido todos os recordes.

Mike Crosby, o principal executivo de operações da Irving Oil, com o apoio dos líderes de sua diretoria, decidiu o que queriam – alcançar lucros saudáveis e melhorar a satisfação dos clientes. Esses alvos se encaixavam perfeitamente na sua declaração de missão. Assim, partiram para realizar o que pretendiam. A urgência da situação forçou-os a pensar rápida e sistematicamente a respeito de todos os mecanismos em andamento. Juntos, estabeleceram estratégias para lidar com os efeitos negativos daquela flutuação de preços sem precedentes e tomaram a iniciativa de procurar seus clientes. Telefonaram a cada um deles para garantir que, apesar da forte tempestade, não lhes faltaria combustível e que a Irving estava fazendo tudo ao seu alcance para manter o óleo de aquecimento doméstico tão barato quanto possível. A satisfação dos clientes subiu e os resultados sorriram, enquanto os principais dirigentes da concorrência se colocaram na defensiva, em redes nacionais de televisão, perante um público que se sentia cada vez mais ultrajado.

Decida o que você quer fazer e esclareça a si mesmo por que deseja fazê-lo. Então convoque e desenvolva as forças necessárias para que isso aconteça. Ainda mais importante, convoque as forças certas quando a adversidade o atingir, para que você e as pessoas a seu redor triunfem. O Segundo Pico vai prepará-lo para fazer exatamente isso. Especificamente, você vai aprender a:

- Decidir o que quer fazer – revisitar seu Desafio Máximo.
- Aplicar a Fórmula da Força para discernir por que você quer fazer tal coisa e o que será necessário para fazê-la acontecer.
- Forjar e convocar suas Forças Superiores – aquelas de que você vai precisar para realizar o seu Desafio Máximo.
- Revelar o melhor que você tem nas situações mais difíceis – aplicando o poderoso diferencial entre as suas Forças da Adversidade e as suas Forças Normais.
- Criar uma Vantagem de Grupo – uma equipe de indivíduos altamente interdependentes, que forje e convoque suas forças na adversidade, a fim de criar resultados e avanços significativos.

Conforme diz Erik: "Você não precisa ser o melhor. Precisa apenas ser muito bom quando realmente importa."

A FÓRMULA DA FORÇA

Vamos começar com o seu Desafio Máximo e aplicar a Fórmula da Força às seguintes questões: (1) *Por que* você deseja enfrentar o seu Desafio Máximo? (2) Para obter o resultado que espera, quais são as forças que você precisa desenvolver e trazer à tona?

Nesta seção, você vai avaliar em que ponto se encontra de cada dimensão da Fórmula da Força. Sua posição se fortalece à medida que você atravessa cada trecho do Segundo Pico.

Instrumentos para lidar com a adversidade

O Segundo Pico oferece uma série de exercícios interativos. Para obter os maiores benefícios do seu investimento nestas páginas, você vai precisar de um bloco de papel, ou qualquer outro meio de anotação, para ajudá-lo a realizar, na devida seqüência, refletindo profundamente sobre cada exercício.

Habilidades, talentos e forças

Vamos começar esclarecendo três termos de uso comum – *habilidades, talentos* e *forças* –, de modo que possam ajudá-lo a transformar sua adversidade em vantagem. Você talvez pense que eles significam a mesma coisa. Isso porque os livros sobre temas empresariais criam uma certa confusão ao empregá-los de forma intercambiável. Dada a importância dessas facetas do empreendimento humano, trata-se de uma confusão bastante infeliz. Para nós, esses termos têm significados distintos.

Para nossos propósitos, vamos definir *habilidades* como as coisas que você faz relativamente bem, sejam elas inatas, ou aprendidas. *Talentos* são habilidades para as quais você tem uma aptidão natural. Às vezes têm de ser refinados e desenvolvidos um pouco mais, mas você tem uma aptidão natural para empregá-los com relativa facilidade. Em muitos livros e artigos, é comum distinguir entre habilidades aprendidas e habilidades inatas (talentos). Embora haja muita discussão sobre as diferenças entre talentos e habilidades, para os propósitos deste Segundo Pico e deste livro, essa argumentação é irrelevante. Quando Erik reúne uma equipe de montanhismo, não importa para ele se as habilidades de que as pessoas dispõem são inatas ou desenvolvidas. Ele só precisa de uma prova de que elas existem. Se você é capaz de fazer algo relativamente bem, trata-se de uma habilidade, e é nesse sentido que empregaremos o termo aqui.

Para tornar as coisas ainda mais confusas, as pessoas costumam introduzir na discussão a palavra *forças*. É aqui que reside a verdadeira diferença a nosso ver. As *forças* são uma outra ordem de grandeza. São maiores e mais profundas do que as habilidades. São mais abrangentes e, algumas vezes, menos específicas do que as habilidades para determinada tarefa. As forças são qualidades portáveis que podem abranger ou ser o resultado de diversas habilidades. Não são habilidades menores que proporcionam benefícios insignificantes, mas bens de tremendo valor. As habilidades são, portanto, um subconjunto de forças. As forças têm raízes profundas. As habilidades constroem uma casa, mas são as forças que a conservam de pé, especialmente quando sopra o vento.

Por exemplo, a capacidade de levantar boas questões investigativas a fim de descobrir do que um cliente realmente precisa é uma habilidade. Usar as respostas obtidas para produzir soluções centradas no consumidor já consiste numa força. Para Erik, pular de um rochedo para outro tornou-se uma habilidade. Porém, o equilíbrio e a agilidade emergiram como forças abrangentes. E, finalmente, saber o que colocar na mochila e que roupas usar em temperaturas abaixo de zero é uma habilidade, mas a organização e a disciplina necessárias para a realização dessas coisas são forças. Observe que as forças de Erik o fortaleceram para todos os seus empreendimentos futuros, assim como pode acontecer com você.

Para você, trabalhar no computador pode ser uma habilidade. Mas, depois de diversos anos de prática, especialmente durante as adversidades, a capacidade de resolver problemas técnicos pode ter emergido como uma força. Exemplo disso é uma passageira que vi no saguão de um aeroporto, dispondo-se alegremente a ajudar uma empresária mais velha e frustrada a fazer funcionar no seu laptop o cartão para conexão com a internet. Essa passageira tinha a habilidade de obter uma conexão com a internet usando as tecnologias mais modernas. Suas forças, que podem ter se desenvolvido depois de anos ajudando outras pessoas em situações similares, consistiam na capacidade de detectar problemas técnicos, resolvê-los e explicar como fazer isso de maneira calma, clara e prestativa.

Vontade

A força não provém da capacidade física,
mas da vontade inquebrantável.
MAHATMA GANDHI

Dentre as muitas qualidades de Erik, a que as pessoas consideram mais inspiradora é a sua vontade puramente humana de concluir as coisas que se dispôs a fazer. Vê-lo em ação, seja em um especial de televisão, seja em um de seus premiados filmes, seja – o que é ainda melhor – em pessoa, nos faz sentir pequenos. Quando conhecem Erik e ouvem sua história, é comum as pessoas comentarem: "Isso mata qualquer desculpa que eu tenha para não…" Quando sua vontade é atiçada, é assim que ela responde. Supera quaisquer desculpas com convicção, esforço e ação. A vontade pode impulsionar a grandeza cotidiana, porque incita você a fazer a coisa certa, porém difícil, diante da qual os outros podem recuar. E será necessária grande força de vontade para vencer o seu Desafio Máximo.

Em qualquer nível, a *vontade* é em parte *determinação*, em parte *desejo*, em parte *decisão* e, em parte, *esforço*. A vontade utiliza esses elementos e é constituída por todos eles. No conjunto, a vontade pode se revelar uma força formidável, capaz de superar, e até mesmo sobrepujar, outros atributos decisivos, como a inteligência, o carisma e a curiosidade. Exercer a força de vontade com respeito a alguma coisa é dirigir a ela toda a força da sua convicção e do seu empenho – é querê-la, focalizar-se nela, decidir que deve ser feita e então fazer o que é preciso.

Todavia, as pessoas se furtam a ela todos os dias. Acham que demonstrar convicção é arriscar-se ao desapontamento ou ao ridículo caso fracassem. Acredito que abafar a convicção é sacrificar a grandeza de todos os dias. A vontade exerce um papel predominante no

Para fazer qualquer coisa que valha a pena, você precisa ter força de vontade; do contrário, não fará nada.

desenvolvimento de novas forças, especialmente das Forças da Adversidade, assim como na maior parte dos empreendimentos dignos desse nome.

A vontade também é uma questão de esforço incessante. Se você tem filhos, sabe muito bem que isso é verdade. Presume-se que a aspiração de todos os pais seja criar uma pessoa boa, saudável e feliz. Assumir essa obrigação por dezoito anos ou mais, começando por anos de trabalho ininterrupto, energia e criatividade, constitui uma fantástica demonstração cotidiana de vontade. Isso também levanta uma questão: vontade de fazer *o quê*? Infelizmente, nem todos os pais são assim. Alguns se desviam diante dos desafios e perdem a vontade de fazer qualquer coisa que não seja sobreviver à paternidade ou maternidade. Outros empenham uma tremenda vontade (esforço, desejo e convicção) em sua função paterna, mas acabam por fazer coisas ineficientes ou, pior ainda, prejudiciais aos filhos. A vontade tem um enorme poder. Por isso é tão vital canalizá-la para alguma coisa que eleve você e os outros.

O mesmo princípio se aplica a qualquer um que tenha dominado um ofício ou, simplesmente, se tornado relativamente bom em alguma atividade. Os líderes eficazes *não* dizem "Está satisfatório" ou "É, está quase bom" ao comentar os esforços das pessoas em cumprir prioridades reais. Ao contrário, tendem a estimular as pessoas a trabalhar, algumas vezes com tenacidade, para produzirem um resultado bom, até mesmo melhor. É a busca de elevação e evolução que os impulsiona.

Agora que você já foi apresentado aos componentes, a fórmula das forças se torna simples e prática.

Vontade + Habilidade ⇨ Forças
A vontade combinada com a habilidade produz força.

A vontade aplicada ao uso e desenvolvimento de habilidades produz forças. A fim de testar essa fórmula, remova qualquer um dos dois fatores do lado esquerdo da equação e veja o que acontece. Vamos dizer que você disponha de uma habilidade (ou talento), por exemplo, imitar cantores, mas não tenha vontade de usá-la nem desenvolvê-la. Qual a probabilidade de que a interpretação ou a música se torne uma força verdadeira em você? De forma semelhante, se você tem vontade de dar o melhor de si, mas simplesmente não conta com o menor talento musical, qual a probabilidade de que a música se torne para você uma verdadeira força? Não – você precisa tanto de vontade como de habilidade para desenvolver novas forças. Eis uma maneira simples de pensar sobre isso: *A habilidade sem vontade é fraca. E a vontade sem habilidade é nula.*

O porquê

*Aquele que tem um forte "porquê",
pode suportar praticamente qualquer "como".*
Friedrich Nietzsche

Uma parte preponderante da sua vontade é o seu *porquê*. Ter aspirações significativas é um bom ponto de partida. Mas é o *porquê* – o seu motivo mais elevado e irresistível para alcançar uma aspiração – que ajudará a guiá-lo através da noite fria e escura da adversidade. Os motivos mais mundanos tendem a evocar, na melhor das hipóteses, uma força de vontade moderada. Já os porquês nobres e enaltecedores fazem surgir uma vontade incomum. Por exemplo, quantos quilômetros você está disposto a correr só para manter a forma? Agora, quantos quilômetros você correria se soubesse que hoje, e somente hoje, cada quilômetro adicional se converteria em fundos para vacinar, alimentar e salvar a vida de crianças africanas famintas? Você deixaria que um pouco de vento ou de chuva o impedisse de sair ou continuar? Por qual desses objetivos você provavelmente estaria disposto a suportar maiores dores?

Quando Chase Martin se encontrava em uma remota aldeia da África do Sul a serviço do Corpo de Paz, ele conheceu Beatrice, uma surpreendente jovem ruandesa que, escondida embaixo da cama, viu sua família inteira ser brutalmente torturada e assassinada. Sob o véu da escuridão, ela conseguiu escapar, passando de aldeia em aldeia, de país em país, até chegar, desesperada e miserável, à África do Sul. Tudo o que ela queria era ficar ali, freqüentar a escola e viver no país. Mas o governo sul-africano estava ameaçando deportar Beatrice em pouco tempo.

Tudo o que Chase queria fazer era ajudar Beatrice a evitar a deportação e a morte certa. Ele logo percebeu que a vontade de ajudá-la não seria suficiente; era preciso ter os instrumentos certos. Ele podia simplesmente ter deixado tudo isso para lá. Tinha uma bela esposa, um bom emprego e um ótimo futuro.

Em vez disso, decidiu que nunca mais se sentiria inútil quando alguém precisasse de sua ajuda. Resolveu freqüentar um curso de direito para se formar e ajudar as Beatrices do mundo a encontrar novos lares. Só que havia um problema. Chase nunca se saíra muito bem na vida acadêmica e, de fato, nunca gostara muito de estudar. Não era seu ponto forte. Mas Chase também sabia que teria de suportar pelo menos três anos de adversidade, algumas vezes extrema, para alcançar sua meta. Quando temos o porquê, é espantoso como podemos convocar nossas forças para fazer o que tem de ser feito. Segundo Stephen Covey, que tão generosamente contribuiu com o prefácio deste livro, precisamos alicerçar nossos esforços na missão ou propósito que temos e naquilo que ele denomina "princípios universais". Ao longo dos anos, depois de ajudar milhões de pessoas ao redor do mundo a formular suas declarações de missão pessoais, Stephen descobriu que, de maneira geral, as pessoas têm um impulso natural para contribuir positivamente com os outros e o mundo. Todos queremos que o breve tempo que passamos aqui tenha alguma importância, algum significado. Quanto mais instigante for o seu porquê, tanto mais adversidade você estará disposto a enfrentar pela causa e tanto maior a sua *vontade* de concretizar cada uma de suas aspirações. Porém, como você agora já sabe, vontade não é o bastante para alcançar a grandeza na vida diária. É necessário dominar também um certo conjunto de habilidades.

SUAS FORÇAS SUPERIORES

Você agora está pronto para aplicar a Fórmula da Força ao seu Desafio Máximo. O seguinte exercício vai orientá-lo, passo a passo, a alcançar as respostas para algumas de suas questões pessoais mais importantes.

- ▶ O que quero fazer?
- ▶ Por que quero fazer isso?
- ▶ Que adversidade ou obstáculo mais significativo enfrentarei ao tentar fazer isso?
- ▶ De que forças disponho e que forças terei de forjar para realizar o que pretendo?

Assim como nos demais exercícios deste livro, permita-se usufruir todo o rico valor desta experiência. Ponha de lado todas as distrações. Pense seriamente antes de dar qualquer resposta. Registre suas respostas de tal maneira que possa conservá-las e reutilizá-las. Comprometa-se totalmente com o que está fazendo e aproveite.

Suas Forças Superiores

Nota: Na página seguinte, você encontrará um formulário em branco destinado a guiá-lo através deste exercício.

1. Comece reafirmando separadamente o seu Desafio Máximo e sua Adversidade Máxima, deixando um bom espaço embaixo de cada um.

2. Junto a cada um, desenhe um retângulo vazio e coloque nele o seu Índice de Vontade. Numa escala de um a dez, indique quanta vontade precisará ter para enfrentar o seu Desafio Máximo e sua Adversidade Máxima. Considere dez como o máximo e um como o mínimo.

3. *Por que* você quer enfrentar o seu Desafio Máximo? Qual é o motivo mais elevado, mais profundo ou mais irresistível para você fazer isso? Tome nota dos seus pensamentos.

4. Faça o possível para listar todas as habilidades que você julga necessárias para alcançar sucesso no seu Desafio Máximo; então, faça a mesma coisa com sua Adversidade Máxima. As listas podem ser semelhantes ou diferentes e incluir habilidades que você ainda não possua.

5. Assinale com um tique (✓) as habilidades que você julga que vai precisar, mas ainda não possui.

6. A seguir, liste separadamente as forças necessárias para você ter sucesso no seu Desafio Máximo e na sua Adversidade Máxima. Estas são maiores e mais abrangentes que as habilidades.

7. Assinale com um tique (✓) as forças que você possui mas precisa melhorar, ou que ainda não adquiriu.

8. Finalmente, reflita e depois responda, por escrito e da maneira mais precisa que puder, à questão a seguir. Considerando o exemplo de Erik na abertura deste capítulo, como você poderá utilizar sua Adversidade Máxima para desenvolver cada uma das forças que ainda não tem ou precisa desenvolver mais? Chamaremos esse processo de Estratégia das Forças da Adversidade.

Suas Forças Superiores

Desafio Máximo _____

índice de vontade ☐ (1-10)

_____
_____

Por quê? _____
_____
_____

Habilidades: _____
_____
_____
_____
_____

Forças: _____
_____
_____
_____
_____

Adversidade Máxima _____

índice de vontade ☐ (1-10)

_____
_____

Habilidades: _____
_____
_____
_____
_____

Forças: _____
_____
_____
_____
_____

Estratégia das Forças da Adversidade _____
_____
_____
_____
_____

SUAS FORÇAS SUPERIORES – Exemplo de Erik

índice de vontade: 10 (1-10)

Desafio Máximo Ajudar tantas pessoas quantas for possível a fortalecer seu relacionamento com a adversidade

Por quê? Porque isso tem um impacto profundo, duradouro e fundamental sobre suas vidas. Seria incrivelmente compensador.

Habilidades:
- Pesquisa
- Escutar as histórias das pessoas
- Treinamento
- Palestras/Apresentações
- Escrever
- Entrevistas para a mídia

Forças:
- Empatia ✓
- Comunicação/Conexão com os outros
- Ensino ✓
- Aprendizagem ✓
- Ser determinado com meu Desafio Máximo ✓

índice de vontade: 9 (1-10)

Adversidade Máxima Compromissos difíceis de conciliar

Habilidades:
- Administração do tempo
- Priorização
- Agenda eletrônica
- Dizer "não"

Forças:
- Eficiência ✓
- Valores de comunicação
- Criatividade (descobrir maneiras de viver meu Desafio Máximo em quaisquer circunstâncias).

Estratégia das Forças da Adversidade Posso me recusar a aceitar qualquer trabalho que não esteja diretamente alinhado com o meu Desafio Máximo. Cuidar para ser fiel ao meu Desafio Máximo em cada apresentação e esforço que eu faça para expandir o meu alcance.

FORÇAS NA ADVERSIDADE
VERSUS FORÇAS NORMAIS

Agora que você já entendeu bem a Fórmula das Forças – quais forças vai precisar forjar e convocar para alcançar sucesso no seu Desafio Máximo –, já está preparado para explorar uma das questões mais importantes a enfrentar em qualquer empreendimento. Essa questão diz respeito a quem você é e ao que você expressa, não quando os tempos estão calmos, mas quando o mundo se encontra em turbulência e a adversidade domina.

Sob que circunstâncias você demonstra as suas forças? O que as pessoas esperam de você em situações de pressão? Como você mesmo se sente a respeito de quem é e como se comporta quando atingido pela adversidade? Como deixa claro o exemplo da Irving Oil, você, como a maioria das pessoas, possui dois tipos de forças, as Forças Normais e as Forças na Adversidade. As Forças Normais são aquelas qualidades que você costuma demonstrar sob condições calmas, normais. São estas que a maior parte das pessoas considera como forças. Para a Irving Oil, elas incluem forças de relacionamentos como autenticidade e gentileza.

As Forças na Adversidade, por outro lado, são aquelas que você convoca diante da adversidade – essas forças que se erguem e brilham quando você está sob a mira de uma arma, se sente pressionado por revezes, ou perde o controle da situação. São essas as forças que o ajudam a se erguer e enfrentar com firmeza cada novo desafio. E é sobre essas forças que a confiança, o respeito e a integridade são em grande parte construídos.

Conversando com um adolescente na linha de chegada de uma das maiores competições de esqui da Noruega, perguntei-lhe quem ele estava esperando. "Minha mãe", explicou ele, em um inglês que me surpreendeu. "Ela adora isso." Quando o cumprimentei por ser um filho tão atencioso, que viera assistir à corrida de sua mãe, ele disse: "É que, sabe, a minha mãe é uma das pessoas mais atenciosas, gentis e divertidas que eu conheço – quer dizer, a maior parte do tempo. Porque você não gostaria de estar por perto quando ela está estressada. Então tudo isso desaparece – mais depressa que aquele esquiador que acabou de passar!"

O que mais importa não é o que você é nem o que expressa quando tudo está bem, mas quem você é e o que expressa quando alguma coisa dá errado.

Até que ponto são similares ou diferentes suas Forças Normais e suas Forças na Adversidade? Se você for como a maioria das pessoas, ou como a mãe daquele adolescente, a maior parte de suas forças pode brilhar sob condições ideais, como uma festa, ou durante as férias, ou quando tudo está correndo bem. Você pode ser a alma da festa, a alegria das férias ou um líder incrível enquanto sua empresa está prosperando. Nessas ocasiões talvez não haja ninguém melhor que você em escutar, mostrar-se criativo, fazer as pessoas rirem, entender os outros, ser espontâneo, resolver problemas, realizar coisas ou simplesmente exercer uma influência positiva ao seu redor. Mas até que ponto essas supostas forças se manifestam quando você se acha sob uma grande ou prolongada pressão, tensão ou adversidade? Saiba que, como líder, toda vez que você faz alguma coisa que muito poucos conseguem fazer, os benefícios se multiplicam.

Em algumas pessoas, as Forças Normais e as Forças na Adversidade são quase idênticas. Em outras, são completamente distintas. Ou seja, as forças – ou até mesmo a personalidade – que elas apresentam em tempos mais calmos são completamente diversas das que demonstram quando as coisas se complicam.

Reúna suas forças quando a adversidade o atingir e colha os inúmeros benefícios que ela tem a oferecer.

O problema com essa separação de identidades tem tudo a ver com a integridade. *Integridade*, aqui, no sentido de estar inteiro ou completo, não como um atributo ético. Se você se torna uma pessoa totalmente diferente quando as circunstâncias mudam, então não há integridade entre as partes. Não há uma conexão real entre o seu "eu calmo" e o seu "eu estressado".

Se suas Forças Normais e suas Forças na Adversidade coincidem, você tem uma integridade excepcional. Se, por exemplo, você se mantém motivado tanto nos momentos calmos como nos momentos difíceis, então as pessoas confiam na sua motivação, não importa o que suceda. Se, entretanto, ela varia conforme a situação, seus esforços podem ser alvo de suspeita, criando resultados menos desejáveis do que você pretendia atingir.

Você provavelmente conhece pessoas que demonstram diferentes qualidades quando estão calmas e quando estão tensas. A questão é a seguinte: sob quais circunstâncias elas se mostram *melhores* e *mais eficientes*? Infelizmente, é bastante comum que as pessoas manifestem eus distintos quando são atingidas pela adversidade. As Forças Normais dão um passo atrás, e as Forças na Adversidade – presumindo-se que de fato possuam algumas – assumem o controle. Se o contraste for extremo, os outros podem achar que estão lidando com alguém praticamente bipolar e ficarão sempre em guarda, imaginando qual desses diferentes eus vai aparecer e quando.

Assim, uma das maneiras de converter a adversidade em vantagem é fechar a fenda que separa as Forças Normais das Forças na Adversidade, primeiro completando este exercício e, em seguida, aplicando os princípios e práticas oferecidos ao longo deste livro. Isso renderá imensos dividendos em todos os seus relacionamentos e ampliará a confiança e o respeito que os outros sentem por você, além de fortalecer sua integridade. Considerando que seu Desafio Máximo inclui, por natureza, um certo grau de adversidade, qual é o tipo de forças que você precisa colocar na linha de frente? A próxima etapa, portanto, consiste em definir qualquer possível fenda entre suas Forças Normais e suas Forças na Adversidade.

Assim como muitos dos desafios que Erik e eu apresentaremos ao longo deste livro, o próximo exercício é simples, mas não é fácil. A primeira etapa requer que você liste as coisas que as pessoas que o conhecem bem diriam que você faz melhor sob circunstâncias normais. Imagine que está olhando cada pessoa nos olhos e perguntando: "Para você quais são os meus pontos fortes como pessoa (líder, filho, amigo...)?" Recorde que as forças transcendem as habilidades. Tendem a ser mais abrangentes e de caráter mais geral. Por exemplo, saber fazer as perguntas corretas é uma habilidade. Saber se comunicar com as pessoas é uma força. Assim, lembre-se de conversas passadas que teve com as pessoas que o conhecem melhor ou de comentários que ouviu da parte delas, como: "Você está sempre..." Quais são as palavras ou imagens que elas costumam usar para descrevê-lo?

Na segunda etapa você deverá fazer outra lista das coisas que essas mesmas pessoas diriam que você demonstra melhor e mais freqüentemente quando se acha sob pressão. Quais são as forças que emergem quando a situação fica difícil? Quando minha esposa, Ronda, me diz: "Sempre que algo ruim acontece, você fica incrivelmente centrado", ela está salientando uma Força da Adversidade – uma qualidade que ela imediatamente percebe em mim nos momentos de adversidade. Como as pessoas que o conhecem melhor completariam a frase: "Sempre que alguma coisa ruim acontece, você fica..."?

Assim que tiver as duas listas – suas Forças Normais e suas Forças na Adversidade –, você estará pronto para compará-las, examinar as fendas e começar a pensar em como fechá-las para poder finalmente alcançar a integridade entre quem você é nos momentos de calma e quem você é sob pressão. Procure as brechas que causam as maiores dificuldades a você ou aos outros. É fácil identificar as mais evidentes. Se você é gentil quando as coisas andam bem e grosseiro quando andam mal, o contraste é inconfundível e impossível de ignorar. Mas são geralmente as fendas mais sutis, aquelas que você não vê, que oferecem as maiores oportunidades.

CLASSIFICADOR DE FORÇAS

Faça uma lista de todas as coisas que as pessoas que o conhecem bem diriam ser suas Forças Normais – as forças que você de fato demonstra sob circunstâncias normais ou relativamente calmas.

A seguir, liste suas Forças na Adversidade – aquelas que as pessoas que o conhecem bem diriam que você demonstra com freqüência quando está sob pressão prolongada ou diante de uma adversidade.

Forças Normais   Forças na Adversidade
1._____   _____
2._____   _____
3._____   _____
4._____   _____
5._____   _____
6._____   _____
7._____   _____

Em que se assemelham as duas listas? Você vê alguma coincidência ou diferença entre as duas listas?

Que Força Normal você se sente mais motivado a transformar em uma Força na Adversidade?_____

Estratégia para Integrar as Forças. Como você vai fazer isso?_____

Quando você examina as lacunas entre suas Forças Normais e suas Forças na Adversidade, pode ser o começo de um despertar. De que forças atualmente você não dispõe em face da adversidade – forças que, se você as demonstrasse, seriam o combustível para sua grandeza diária? Por exemplo, sou capaz de demonstrar paciência quando tudo ao meu redor está sereno. Porém, sob pressão, como um prazo de entrega urgente, um vôo que não consegui pegar ou uma oportunidade que posso perder, eu me movimento muito rápido e, nessas ocasiões, minha paciência com pessoas ou coisas que andam devagar é

MENU DO CLASSIFICADOR DE FORÇAS

Segue uma lista abreviada de forças extraída de um estudo sobre a teoria das forças:

Relacionamentos – Forças associadas à sua habilidade de entender e comunicar-se com outras pessoas, formar e manter relacionamentos.

Criatividade (engenhosidade, originalidade) – Forças nas artes, invenções, idéias, inovações, projetos etc.

Atitude/Disposição – Forças relacionadas com visão, energia, otimismo, perspectiva ou abertura mental.

Virtudes – Forças relacionadas com honestidade, justiça, moderação, altruísmo, coragem etc.

Raciocínio – Habilidades cognitivas relacionadas com sua maneira de pensar sobre as coisas.

Físicas – Forças relacionadas com coordenação, habilidades motoras finas, resistência, flexibilidade, movimento etc.

Espirituais – Forças relacionadas com uma percepção, comunhão e conexão mais elevadas com o mundo a seu redor.

Outras – Forças que não se enquadram claramente em nenhuma das categorias acima.

M. Seligman e C. Peterson, *Strengths, Virtue, and Character*, 2004.

---

tão pouca que chega a ser patética. Não é algo de que sinta orgulho, mas esse foi o meu comportamento padrão durante toda a minha vida. Essa fenda era invisível para mim, até que pratiquei este exercício com as pessoas que amo. No começo, racionalizava as observações que ouvia delas, dizendo a mim mesmo: "Não estou sendo impaciente. Estou apenas sendo intenso e firme, como requer a situação." Mas, quando a terceira pessoa se referiu a mim como "muito impaciente", soube que eu tinha uma fenda que precisava ser fechada.

Eu sei muito bem que, se pudesse demonstrar mais paciência quando estou sob pressão, isto me ajudaria a ser mais magnânimo e a me comunicar melhor com as pessoas ao meu redor quando a magnanimidade e a comunicação são realmente importantes. Como fechar as fendas e criar novas Forças na Adversidade? Como já disse, é uma coisa simples, mas não é fácil. É um processo que enriquece e traz humildade, porque é necessário bater de frente com sua própria natureza e perceber como seu comportamento oscila de uma situação para outra como você nunca percebeu antes. Como Ebenezer Scrooge no livro de Charles Dickens, *Conto de Natal*, você pode ter um despertar quando corajosamente se dispuser a ver como suas atitudes afetam as pessoas de quem você gosta, quer você queira, quer não. Esse despertar pode ser catártico e, naturalmente, uma grande fonte de energia. A grandeza requer consciência, humildade e empenho.

Você precisa encontrar um jeito de fechar as fendas entre suas forças – um jeito que funcione para você. Eu costumo convocar as pessoas a meu redor que provavelmente estarão presentes na próxima adversidade, ou envolvidas diretamente com ela. E então faço minha solicitação sem rodeios: "Escute, reconheço que não sou tão paciente quanto gostaria de ser quando estamos sob estresse. Assumi comigo mesmo o compromisso de melhorar isso, mas preciso da sua ajuda. Da próxima vez em que eu for impaciente com você ou qualquer outra pessoa, apreciaria muito se me dissesse alguma frase com a palavra *adversidade*. Esta será a senha para você me lembrar que eu tenho de me acalmar e melhorar. E, por favor, saiba que, mesmo que eu pareça não gostar de ouvi-lo dizer isso, ou pareça ignorá-lo, *ficarei* grato e *atenderei*."

Quando solicitar a ajuda de outros para fazer isso, a coisa mais importante, naturalmente, é honrar seus compromissos e nunca, nunca mesmo, agredir a pessoa que vier lembrá-lo deles. E é sempre uma atitude cordial agradecer a quem fizer esse papel, especialmente quando menos lhe agrada que venham chamar sua atenção. Nem sempre é uma boa idéia pedir isso a seus subordinados, pois, sem querer, você pode colocá-los em uma situação muito difícil. Ser capaz de identificar um aspecto em que precisa melhorar e tomar medidas para isso é sinal de grandeza na vida diária. É provável que você inspire outros a fazer o mesmo. Esse é um atributo da boa liderança. Fechar as lacunas entre suas Forças Normais e suas Forças na Adversidade é um passo fundamental para transformar a adversidade em vantagem, pois ajuda você a trazer à tona mais das suas melhores qualidades, especialmente quando as coisas vão mal. Faça uma pausa agora para completar o exercício acima com sua Estratégia para Integrar as Forças.

A VANTAGEM DA EQUIPE

Tudo o que você fez até agora – classificar suas Forças Normais e suas Forças na Adversidade, refinar o seu Desafio Máximo, localizar suas Forças Superiores e projetar sua estratégia inicial para convocar em seu auxílio suas forças pessoais – pode desencadear energias tremendas. Mas a realidade é que suas forças individuais somente chegam até certo ponto. E não é possível ter ou desenvolver cada uma das forças necessárias para enfrentar todo desafio importante que surgir na vida. É por isso que grande parte de suas maiores aspirações – seja no trabalho, na escola, no lar, com amigos ou na sua comunidade – não poderá ser alcançada apenas pelo seu próprio esforço.

Em cada nova expedição, busco em outras pessoas as forças que me faltam e são requeridas pelo desafio. De fato, um dos benefícios inesperados de ficar cego foi que isso me forçou a confrontar minhas limitações e a começar a construir relacionamentos com pessoas que pudessem me ajudar a crescer e a me aprimorar. Durante os primeiros anos, eu me esforcei ao máximo para ser independente; entretanto, quando comecei a subir montanhas, experimentei uma evolução muito mais bela e poderosa que qualquer independência – a interdependência.

Um grupo de pessoas se reúne em torno de um mesmo objetivo e forma uma "corda", em que o destino de cada uma está intrinsecamente ligado ao de todos os companheiros, especialmente quando ocorrer a adversidade. Como equipe, elas fazem o mesmo que você fez individualmente. Começam definindo o Desafio Máximo e a Adversidade Máxima. Então, classificam, reúnem e, algumas vezes, desenvolvem as forças, principalmente as Forças na Adversidade, de que vão precisar para enfrentar o desafio.

Um dos aspectos mais inspiradores de qualquer escalada é o compromisso completo e absoluto que se assume com a formação daquela "corda". Os membros da equipe estão literalmente amarrados, serpenteando montanha acima como uma cobra, cada uma das partes da equipe executando uma função distinta mas vital, enquanto todos se mantêm em perfeita sincronia. Se uma pessoa descer, você desce com ela. Se ela cair, você se firma na picareta de gelo e interrompe sua queda, como ela interromperia a sua. Esse tipo de compromisso é embasado numa enorme confiança, o tipo de confiança que só pode emergir quando se enfrenta junto a adversidade. Pense nisso. Em quem você confia mais: em alguém com um enorme talento, mas que nunca precisou enfrentar nenhuma adversidade real ou em uma pessoa com um talento apenas razoável, mas que brilha a cada vez que é atingido pela adversidade?

⚑

À medida que aplicamos esses princípios e ferramentas, é importante que você saiba que as equipes de Erik estão entre as melhores do mundo. No monte Everest, por exemplo, não somente Erik se tornou o primeiro alpinista cego a atingir o topo, como sua equipe igualmente entrou para a história. Apenas dez por cento dos alpinistas chegam ao cume. A equipe de Erik aplicou suas Forças na Adversidade de tal maneira que conseguiu levar dezenove dos vinte e um membros da "corda" até o pico. Esse foi o maior número de pessoas de uma única equipe a alcançar o topo do monte Everest em um único dia. A revista *Time* classificou a equipe de Erik como uma das melhores a empreender a escalada da montanha. Essa realização é um exemplo perfeito do que sua equipe pode alcançar. Mas como foi que eles conseguiram fazer isso?

Lembre-se da Fórmula da Força: Vontade + Habilidade ⇨ Forças. É importante observar que não havia nenhum superastro na equipe de Erik nem alpinistas de fama mundial. A equipe era formada por gente normal – incluindo um arquiteto, dois médicos, um cirurgião assistente, um professor e um geofísico –, todos tinham a força de vontade, o porquê motivador, assim como as Forças na Adversidade para fazer uma coisa que de longe transcendia qualquer outra que cada um já tivesse feito antes.

Pense, ao contrário, em todas as equipes com enormes talentos que você conheceu, mas que fracassaram em atingir seu alvo. Um caso clássico de elite do talento aconteceu em 2004, quando o "time dos sonhos" dos Estados Unidos, a equipe olímpica de basquetebol masculino, formada pelos profissionais mais bem pagos e renomados do país, reforçados pelos mais fortes recrutas dos times universitários da nação, chegou aos Jogos Olímpicos da Grécia como a incontestável favorita. Cada jogador era um claro destaque em sua posição e podia gabar-se de incríveis estatísticas pessoais e da participação vencedora em numerosos campeonatos.

Então, como esse "time dos sonhos" poderia perder? Era composto pelos melhores talentos do mundo, e os Estados Unidos tinham ganhado medalhas de ouro em doze das últimas quatorze Olimpíadas. Para a maioria dos americanos, essa equipe era um sinônimo de medalhas de ouro. Imagine qual não foi o golpe quando a equipe perdeu por dezenove pontos para Puerto Rico no jogo de abertura, perdeu então mais dois jogos e teve de se contentar com a medalha de bronze, colocando-se abaixo de dois times de muito menor talento.

Toda vez que ouço falar em "time dos sonhos", lembro-me daquela que já foi a principal firma de auditoria do mundo, a Arthur Andersen. Anos atrás, participei de um *rafting* pelo espetacular rio Colorado, juntamente com um grupo de guias e de aventureiros. Estava dando graças a Deus porque as pessoas ali tinham vindo apenas para desfrutar a magnífica paisagem e a viagem épica. Assim, fiquei um tanto aborrecido quando um dos companheiros de barco parou diante de mim, depois de termos atravessado um cânion, e me perguntou, com sua melhor voz profissionalmente modulada:

– Então, Paul, me diga, o que é que você faz?

Fiz uma pausa e redargüi:

– Você primeiro, Bill. O que é que *você* faz?

Seu rosto se iluminou. Ele imediatamente me encheu os ouvidos com informações sobre sua carreira e como estava na linha de promoção para se tornar sócio da Arthur Andersen, "a firma número um do mundo", cujos "sócios principais ganhavam em média mais de um milhão de dólares por ano". Quando indaguei o que fazia dessa firma a melhor do mundo, ele respondeu: "Ora, é simples, nós temos o 'time dos sonhos' do mundo da contabilidade – todas as pessoas mais brilhantes e mais talentosas querem trabalhar conosco. Quem não ia querer?" Quando li a respeito do indiciamento da Andersen por participação no escândalo da Enron e seu conseqüente colapso, fiquei imaginando o que teria acontecido com Bill. Aparentemente, algumas das "pessoas mais brilhantes e mais talentosas" fizeram coisas erradas até chegar o momento da verdade. Reunir gente de talento sempre ajuda, mas nunca é garantia de sucesso.

Assim, se talento e *espertise* sozinhos não são a resposta, como você seleciona uma equipe capaz de vencer ao enfrentar a adversidade? Use a tática APE.

O Fator A – adversidade

O Fator A se refere à maneira como as pessoas agem e que forças demonstram quando enfrentam a adversidade. O Fator A mede até que ponto uma pessoa é eficaz, consistente, fidedigna e confiável quando sob pressão. Não é difícil imaginar a importância desse fator aplicado às pessoas que fazem parte da sua vida pessoal. Mas qual será seu efeito no trabalho?

Nossos clientes estão sempre às voltas com o problema de quem devem contratar ou "colocar no ônibus da companhia", conforme diz Jim Collins, conhecido autor de livros empresariais. Você procura talento? Bem, é claro que, como já discutimos neste capítulo, as habilidades e o talento são importantes. Os valores pessoais também. De fato, esses fatores podem ter uma tremenda importância. Mas serão suficientes? Acreditamos que não. É necessário calcular o Fator A, ou seja, o nível das Forças na Adversidade das pessoas.

A boa notícia é que você não precisa ter o perfil completo de alguém para obter uma medida inicial do seu Fator A. Basta se orientar pelo Mapeamento do Fator A que apresentamos a seguir.

Mapeamento do Fator A: avaliação das Forças na Adversidade

Você pode aplicar o Mapeamento do Fator A a si mesmo ou aos outros.

Instruções: Use este breve exercício para fazer uma avaliação inicial do Fator A das pessoas – quem elas provavelmente são e que tipo de atitudes possivelmente demonstrarão sob pressão. Você pode repetir o processo com aqueles que têm outras percepções a oferecer sobre determinada pessoa e então comparar suas respostas a fim de descobrir quais são os tópicos comuns. Este exercício também serve para avaliar até que ponto uma pessoa parece conhecer bem a si mesma.

Informação inicial

Todos nós carregamos conosco dois conjuntos de forças: o das Forças Normais (FN), que empregamos e demonstramos em circunstâncias normais, e o das Forças na Adversidade (FA), que tendem a manifestar quando alguma coisa dá errado ou quando nos encontramos sob uma pressão real. Algumas vezes, os dois são completamente diferentes um do outro.

Primeira etapa

Empregando o Classificador de Forças modificado que aparece na próxima página, avalie em cada item, numa escala de um a dez (em que dez é o valor mais alto), a pessoa (ou você mesmo) quanto às FN (primeira coluna), partindo da seguinte questão: "Com que grau de eficiência e consistência a pessoa demonstra essa força sob circunstâncias normais?" Ou, se preferir, como aqueles que conhecem melhor essa pessoa (no trabalho ou na vida pessoal) classificam suas Forças Normais – ou seja, o grau de eficiência e consistência com que ela demonstra essa força sob circunstâncias normais?

SEGUNDA ETAPA

A seguir, na segunda coluna (FA), classifique a pessoa em cada item, conforme a pergunta: "Com que grau de eficiência e consistência ela demonstra essa força sob adversidade ou pressão significativas?" Que notas atribuiriam a cada força aqueles que a conhecem?

TERCEIRA ETAPA

Responda às seguintes perguntas:
- Verificando a lista inteira, qual Força na Adversidade a pessoa mais precisa desenvolver? Por quê?
- Que coisas a pessoa tende a fazer *melhor* quando se encontra sob pressão e tensão reais ou prolongadas?
- O que os outros perceberam ou comentaram a respeito do comportamento dessa pessoa diante da adversidade? Quais são os aspectos comuns?

CLASSIFICADOR DE FORÇAS MODIFICADO

FN   FA

Relacionamentos – Forças associadas à sua habilidade de entender e comunicar-se com outras pessoas, formar e manter relacionamentos.

Criatividade (engenhosidade, originalidade) – Forças nas artes, invenções, idéias, inovações, projetos etc.

Atitude/Disposição – Forças relacionadas com visão, energia, otimismo, perspectiva ou abertura mental.

Virtudes – Forças relacionadas com honestidade, justiça, moderação, altruísmo, coragem etc.

Raciocínio – Habilidades cognitivas relacionadas com sua maneira de pensar sobre as coisas.

Físicas – Forças relacionadas com coordenação, habilidades motoras finas, resistência, flexibilidade, movimento etc.

Espirituais – Forças relacionadas com uma percepção, comunhão e conexão mais elevadas com o mundo a seu redor.

Outras – Forças que não se enquadram claramente em nenhuma das categorias acima.

FN = Forças Normais
FA = Forças na Adversidade
M. Seligman e C. Peterson, *Strengths, Virtue, and Character*, 2004.

E, naturalmente, há maneiras de avaliar o Fator A de uma pessoa, pelo menos parcialmente, sem elaborar nenhum perfil. Erik leva consigo os novos membros potenciais de sua equipe em caminhadas por trilhas e rápidas aventuras, testando-os sutilmente para ver como reagem perante as coisas mais difíceis, para ter uma idéia do seu Fator A em uma subida mais exigente. De modo semelhante, você pode colocar as pessoas em situações desafiadoras, ou tomar nota no caso de tais situações surgirem naturalmente, e avaliar o Fator A dessa maneira. É óbvio que, quanto mais realista for a experiência de avaliação, tanto melhores serão os resultados.

Está claro que esse é somente um ponto de partida. Mas, se depois de ler este livro você se decidir a avaliar com mais empenho o Fator A das pessoas que irá convidar para compor sua "corda", então o seu tempo terá sido muito bem investido.

Pontos cegos

Enquanto lemos os espantosos relatos de Erik sobre como dominar a adversidade, esquecemos que todos nós sofremos de uma forma de cegueira – a cegueira para o nosso potencial e nossas verdadeiras forças. Algumas pessoas superestimam o que têm a oferecer, enquanto outras subestimam. Em ambos os casos, os pontos cegos – as diferenças entre a maneira como vemos a nós mesmos e a maneira como os outros nos vêem – podem causar problemas. Ao empregar vários perfis, até mesmo o mapeamento acima, descobri que esses pontos cegos são comuns. Em geral, são discrepâncias entre a visão que temos de nós mesmos e a que os outros têm de nós. E, assim como acontece em relação às Forças Normais, essas diferenças de percepção com freqüência se ampliam consideravelmente quando se avalia o Fator A em geral e as Forças na Adversidade específicas. Em resumo, muitas pessoas não percebem como são em face da adversidade, seja por superestimar ou por subestimar seu Fator A.

Você e sua equipe podem ocupar uma posição muito mais forte da próxima vez que forem confrontados com a adversidade se você (1) for totalmente claro e honesto a respeito de seu próprio Fator A; (2) ajudar os demais membros a enxergar cada um o seu; e (3) trabalhar para desenvolver as Forças da Adversidade de que vão precisar.

O Fator P – o porquê

Praticamente todos os livros que falam a respeito de equipes destacam a importância de que o grupo de indivíduos esteja comprometido com uma causa única e unificadora. Eu acrescentaria a palavra *enaltecedora*. Um pouco acima, você leu que o *porquê* – o Fator P – exerce imensa influência sobre a vontade de alguém. Todos já vimos pessoas extremamente capazes definhando em ambientes ou atividades para os quais não têm P. É simples, porém muito esclarecedor, perguntar à pessoa: "*Por que* você deseja fazer parte desta equipe?" E, então, repetir a pergunta: "Sim, entendi, mas *por que mesmo*?" O que descobri é que somente depois do quarto ou quinto *por que* chego ao verdadeiro *porquê*, o porquê que está por trás do porquê. A intensidade e o conteúdo do porquê real é que lhe darão uma medida do Fator P da pessoa.

A vontade das pessoas raramente é maior que o seu porquê.

Considere como um sério sinal de advertência quando o *porquê* de alguém parecer anêmico, egoísta ou fraco. Mas, se o porquê soar autêntico, enaltecedor, sincero e empolgante, é provável que mobilize as mais profundas reservas de vontade dessa pessoa. Se alguém lhe perguntar: "Por que deseja fazer parte desta equipe?", você pode responder: "Porque quero fazer parte de algo gratificante ou que valha a pena." Essa resposta é perfeita. Você intuitivamente reconhece que se tornar parte dessa equipe representa uma oportunidade para sua própria elevação. Você não será diminuído. Você se tornará *melhor*.

Em nossos programas sobre as vantagens da adversidade, realizamos extensos exercícios até chegar ao porquê mais profundo. Mas, francamente, qual é a maneira melhor e mais fácil de chegar ao Fator P? *Perguntar*. Pergunte às pessoas por que elas querem fazer o que afirmam querer fazer. Depois, pergunte de novo, até obter a resposta que lhe soar mais verdadeira.

O Fator E – ego

Ainda que a humildade seja por todos considerada uma virtude, Erik e eu acreditamos que, em muitos sentidos, o *ego*, ou seja, "a idéia de nossa própria importância ou valor", vem sendo muito mal compreendido. É claro que todos nos ressentimos ao encontrar uma pessoa cujo ego excede de longe suas verdadeiras capacidades, que de tão grande não consegue passar por uma porta, que de tão inflado absorve todo o ar que existe em uma sala. Mas Erik e eu acreditamos que existem dois tipos de ego: o injustificado e o *justificado*.

A questão é a seguinte: qual é a relação entre a percepção que uma pessoa tem de si mesma e suas verdadeiras forças ou capacidade potencial de contribuição? Se a primeira for maior do que a segunda, então essa pessoa possui um ego injustificado. Pensa que vale mais ou que é melhor do que realmente é. Mas, se a imagem que ela tem de si mesma, não importa quão exaltada seja, é menor que suas forças reais ou que seu potencial de contribuir, então ela possui um ego justificado. Pode ser que o seu alto conceito de si mesma tenha razão de ser. O importante é não se aborrecer com alguém que possui um ego justificado. Este pode se demonstrar vital para a causa.

Erik chama a atenção para o fato de que a maior parte dos grandes montanhistas que ele convida para formar sua "corda" tem egos bastante grandes. Eles são ótimos alpinistas e sabem muito bem disso. E a resposta de Erik para isso é: "Graças a Deus!..." Imagine se eles fossem excessivamente humildes e não conseguissem perceber sua real capacidade, especialmente diante da adversidade. Assim que o próximo desafio inesperado surgisse, poderiam recuar, ao invés de avançar, justamente quando avançar é o mais importante.

Ocorre que o Fator E pode exercer uma função primordial quando a adversidade se apresenta. Um certo grau de ego, *chutzpah*[1] e determinação é necessário para tirar proveito de adversidades que fazem os demais recuarem. O ego pode ser aquilo que o fortifica com suficiente crença em si mesmo para ousar assumir riscos, enfrentar o assustador e o impossível, seguir em frente quando os outros estão batendo em retirada e até mesmo avançar através de uma tempestade violenta.

E o ego pode ligar-se intimamente ao Fator P, à motivação. Descobri que, de modo geral, é necessário, no mínimo, ter um ego razoável para ao menos considerar a busca de porquês mais elevados. Aqueles que se acham indignos ou incapazes provavelmente irão baixar a mira e buscar alvos mais triviais. Pessoalmente, não gostaria de ter na minha equipe da PEAK alguém que não tivesse um ego saudável e justificado. Os membros da minha equipe precisam disso!

Existem algumas maneiras práticas para identificar o Fator E. O método direto é perguntar às pessoas até que ponto elas se consideram boas naquilo que fazem, seja de maneira geral ou em habilidades espe-

---

1. Autoconfiança, em iídiche. (N. do T.)

cíficas; como é que elas se classificam com respeito a determinadas forças e que grau de importância atribuem às suas funções dentro da equipe de que agora participam. Então, compare suas respostas com as percepções de outros que testemunham diretamente o desempenho delas, em particular os membros da equipe a que pertencem. Esta abordagem simples pode conduzir a avaliações vitais.

Uma abordagem mais metódica é a utilização do Mapeamento do Fator A. Novamente, este pode ser um processo direto e simples. Se a auto-avaliação da pessoa no mapeamento excede significativamente a avaliação de outros a seu respeito, isso é sintoma de um ego injustificado. Se for justamente o contrário, dependendo do grau de discrepância, a pessoa pode estar sendo parcialmente prejudicada pelo excesso de humildade. Assim, não presuma que uma imagem positiva de si mesmo seja uma coisa ruim. Quando se trata de dominar as adversidades mais ásperas da vida, um *ego saudável* é certamente desejável. Procure o Fator E em qualquer pessoa que pretenda incluir na sua equipe.

Quando escuto líderes falando sobre formar uma equipe para uma missão cheia de adversidades, é freqüente mencionarem o talento. Mas, de fato, quanto mais adversas ou exigentes forem as circunstâncias, tanto menos o talento – a noção de forças tradicional e amplamente aceita – pode se revelar importante. Todos os atributos se juntam quando você monta a sua "corda".

No momento em que Erik se decidiu a enfrentar o Everest, teve de procurar APE nas pessoas que selecionava. Definitivamente, não podia se dar ao luxo de convocar pessoas que não tivessem um enorme Fator A (adversidade), isto é, a habilidade de mostrar suas melhores qualidades quando estivessem enfrentando a adversidade. Nem podia aceitar ninguém que não demonstrasse o Fator P (porquê) – uma razão clara e motivadora para o sofrimento por que teriam de passar durante um feito tão épico. Sua motivação teria de ser maior do que a simples idéia de conquistar uma montanha.

Finalmente, ele tinha à sua disposição numerosos alpinistas da categoria superastros, dotados de imenso talento e interessados em participar da expedição. Mas não podia permitir que participassem de sua "corda" pessoas cujo Fator E (ego) fosse fraco demais ou excedesse suas forças reais. Isso ameaçaria a coesão da equipe e conduziria a comportamentos potencialmente perigosos. Os companheiros de equipe de Erik votaram contra a inclusão de alguns dos montanhistas mais habilidosos, a fim de completar uma equipe com APE.

O BENEFÍCIO DA ADVERSIDADE

Depois que escolhi minha equipe utilizando os critérios que agora chamo de APE, a próxima etapa foi testar-nos em um verdadeiro ambiente do Himalaia. Desse modo, minha equipe, então com treze membros, tentou a escalada do Ama Dablam, um pico desafiador e íngreme, localizado a alguns quilômetros de distância de seu primo mais alto e mais famoso. Olhando agora para trás, percebo que, se os membros da minha equipe não tivessem enfrentado juntos uma significativa adversidade um ano antes de tentar o Everest, provavelmente nunca teríamos atingido seu cume. A adversidade foi o mestre que nos elevou da condição de um bando de amigos hábeis, desejosos de fazer uma escalada juntos, para o patamar de uma verdadeira equipe, capaz de fazer algo grande quando chegasse a ocasião.

Esse grupo de indivíduos talentosos, reunidos pela primeira vez, ascendeu bastante bem como equipe, com as pessoas se mantendo aderentes às suas forças naturais, como é comum acontecer. Tínhamos especialistas técnicos, os "ases da corda", que empregavam sua inteligência funcional para sair na frente, fixando os cabos até o topo nos paredões. Dispúnhamos de especialistas analíticos, que utilizavam sua capacidade no planejamento detalhado de todas as partes que deveriam se movimentar durante a subida. E tínhamos a "infantaria", como eu, que empregava sua resistência e força física para carregar morro acima o equipamento pesado.

Depois de três semanas de condições climáticas favoráveis, tínhamos realizado grandes progressos, montando nosso acampamento a 6.300 metros de altura. Vejo agora que, até então, estávamos usando somente o que eu chamo de "forças de tempo bom", ou Forças Normais – aquelas que são mais evidentes e mais fáceis de acessar. Mas as circunstâncias logo mudariam.

No dia seguinte, começaram as estrondosas monções, cobrindo a montanha com camadas de neve e gelo e nos concedendo somente umas duas horas de sol por dia em que poderíamos subir um pouco mais alto antes das pancadas de chuva diárias. Mas, como éramos experientes, nenhum de nós desanimou. Se você quer escalar montanhas, tem que estar preparado para enfrentar clima adverso.

Desse modo, realizamos alguns ajustes. Como o sobe-e-desce pela face íngreme do paredão rochoso estava começando a me exaurir, Eric Alexander e eu decidimos ficar no acampamento a 6.300 metros de altura, enquanto o restante da equipe retornava para o acampamento-base a fim de esperar que as tempestades passassem. Eric e eu ficamos retidos ali por oito dias, com neve e pedregulhos caindo ao redor da tenda, cujo canto direito pendia precariamente sobre um penhasco com quilômetro e meio de altura.

Finalmente, o resto da equipe conseguiu a custo voltar até onde nos encontrávamos. Começamos então a apelar para os conhecimentos dos nossos "ases da corda" para fixar os cabos de escalada em pontos de apoio superiores, a fim de que pudéssemos continuar a subir, mas a longa espera reduzira demais os nossos recursos. A comida e o combustível que tínhamos reunido para o impulso final até o pico estavam acabando e, como aquele tempo horrível não dava sinais de melhorar, PV, o líder da equipe, tomou a difícil decisão de nos levar de volta para baixo.

Embora tivéssemos firmado os laços entre nós e soubéssemos que cada um ali possuía a vontade e a habilidade necessárias para galgar, todo aquele esforço pouco serviria para nos convencer de que o grupo tinha – ou não tinha – o necessário como equipe para alcançar sucesso na escalada do Everest. Quantas equipes já não "deram o melhor de si", mas, diante de "obstáculos compreensíveis" ou "falta de recursos", foram obrigadas a "jogar a toalha" dizendo: "Bem, fizemos tudo o que podíamos", sem mobilizar as forças mais profundas necessárias para vencer? Quantas vezes a adversidade não serve de desculpa para desistirmos ou fazermos menos do que podemos, em vez de ser justamente o que nos impulsiona à superação? Para nós, a verdadeira chance de dominar a adversidade estava prestes a chegar.

Enquanto a equipe cuidadosamente descia em rapel, tudo se achava agora coberto de gelo, inclusive as cordas. Apelidamos um ponto particularmente assustador do trajeto de Terror Abjeto: uma travessia de quinze metros por uma rocha vertical balançando em um cabo fixo, com mochilas de 20 quilos puxando para trás, sobre milhares de metros de espaço vazio, sem nenhum lugar para apoiar mãos ou pés. Outra tempestade nos atingiu naquela tarde, o vento cada vez mais veloz batia-nos violentamente contra o paredão.

Bem mais embaixo do que eu, Eric, julgando que se achava em lugar seguro, desligou o mosquetão do cabo e pisou em uma rocha, que de imediato se deslocou e o derrubou velozmente paredão abaixo por uns 45 metros. Foi uma pancada feia, e todos soltaram um suspiro de alívio quando ele acenou lá de baixo para dizer que estava bem. Todavia, a queda abalara o seu sistema e logo seus pulmões começaram a chiar a cada respiração, um sinal de que ele fora seriamente afetado pelo mal-das-montanhas, doença causada pelas grandes altitudes que pode matar rapidamente.

Conduzir Eric nessas condições montanha abaixo seria perigoso e exigiria as melhores energias da equipe. As forças do tempo bom de repente não significavam mais nada, em comparação com as Forças na Adversidade de que necessitávamos agora.

Steve Gipe, o médico da equipe, um homem tranqüilo e de fala macia, sempre o último a chegar no acampamento, foi quem demonstrou a transformação mais radical. A velocidade de seus movimentos multiplicou-se por dez, enquanto ele rapidamente descia em rapel pela face lisa do rochedo e saltava sobre os campos de seixos mais embaixo a fim de buscar os botijões de oxigênio que havíamos armazenado para emergências. Quase imediatamente, Steve já colocara uma máscara de oxigênio no rosto de Eric e o obrigava a manter-se em movimento, embora Eric se sentasse a cada três metros, quase entrando em colapso. As Forças na Adversidade de Steve eram a velocidade, o foco, a calma e a tenacidade.

O resto da equipe mudou de marcha também, operando como uma unidade coesa, enquanto transportávamos cargas pesadas sobre o Terror Abjeto. Mais tarde, os membros se revezaram para me guiar na descida pela face coberta de gelo, cada um substituindo o outro nessa tarefa sem precisar ser convocado. A comunicação, a resistência, o foco e a interdependência vieram à tona como as Forças na Adversidade da equipe.

Já era cerca de meia-noite quando nos reunimos no acampamento-base, completamente exauridos. A adrenalina já tinha se consumido havia tempo, e tudo o que a equipe desejava era enfiar-se nos sacos de dormir, só que ainda havia muito trabalho a fazer.

Steve Gipe enfiara Eric na bolsa Gamhoff, uma câmara hiperbárica portátil que simula uma altitude mais baixa, na esperança de estabilizar suas condições. Mas era preciso manter a pressão constante. Assim, apesar da exaustão, os membros da equipe cumpriram turnos do lado de fora da bolsa, bombeando ar para dentro dela durante a noite inteira e o dia seguinte. A responsabilidade tornou-se a nossa última e mais importante Força na Adversidade. Por sorte, no dia seguinte houve um breve período de céu aberto e foi possível chamar um helicóptero, que conduziu Eric em segurança para o nível do solo.

De volta a Katmandu, encontramos uma especialista em estatística que mantém o registro de todas as expedições feitas ao Himalaia. Depois de tomar algumas notas, ela se voltou para mim e indagou: "Se vocês não conseguiram ascender ao cume do Ama Dablam, o que os leva a crer que terão alguma chance com o Everest?" A pergunta sugeria que havíamos tentado um empreendimento muito ousado e fracassáramos completamente. Mas eu pensava de maneira diferente.

Se tivéssemos atingido o pico em condições climáticas excelentes, não teríamos aprendido tanto a respeito de nossas forças mútuas e do que podíamos realizar como equipe. No entanto, o que enfrentamos foi uma perfeita combinação de adversidades – condições de tempo terríveis, perigos reais, falta de recursos e exaustão total –, que trouxe à superfície as Forças na Adversidade da equipe. A montanha erguera uma poderosa barricada em nosso caminho, e só depois de passar por ela é que nos tornamos uma verdadeira equipe. Havíamos convocado as forças que sabíamos que poderia levar-nos até o topo do mundo.

O Aconcágua e o Ama Dablam me ensinaram que, para ser o melhor, você não precisa realmente possuir um dom inato e incomum. Sempre haverá pessoas com maior talento do que você ou eu. A questão não é o que você possui, mas o que você e sua equipe podem demonstrar, especialmente perante a adversidade.

Espero que o Segundo Pico o tenha ajudado a repensar sua noção de forças, a reavaliar seus próprios pontos fortes e a abordar as pessoas que você deseja em sua "corda" com um olhar renovado e instrumentos confiáveis. Suas pegadas na vida vão depender de suas habilidades de Enfrentar, Convocar suas Forças e então, quando a adversidade o golpear, Aplicar os Princípios do Terceiro Pico: Acione o CRAD. Vire a página e junte-se a mim na escalada do Everest, enquanto acionamos o CRAD juntos.

Segundo Pico • Convoque suas forças

Princípio norteador
Para superar o seu Desafio Máximo e tirar proveito da adversidade, você tem de avançar além da noção tradicional de forças como dons naturais, ou da prática de avaliar as forças normais das pessoas, comparando-as com os requisitos da tarefa e esperando assim obter grandes resultados. Para dominar a adversidade, é necessário que você e sua equipe consigam localizar e desenvolver suas Forças na Adversidade – aquelas que se revelam nos piores momentos possíveis.

Suas Forças Superiores
O conjunto das Forças Normais e (principalmente) das Forças na Adversidade que você precisará ter ou desenvolver para cumprir o seu Desafio Máximo.

A Fórmula da Força
Vontade + Habilidade ⇨ Forças (a vontade combinada com a habilidade produz forças).

Forças Normais
As forças que você geralmente demonstra sob circunstâncias normais.

Forças na Adversidade
As forças que vêm à superfície quando você está sob pressão ou diante de uma adversidade.

Força e Integridade
Sua integridade, ou totalidade, é determinada em parte pelo grau de semelhança entre suas Forças Normais e suas Forças na Adversidade. Se você demonstra ser uma pessoa nos momentos de tranqüilidade e outra quando as condições se tornam adversas, então sua integridade e sua confiabilidade ficam comprometidas.

A Vantagem da Equipe
Para participar da sua vida e do seu trabalho, convoque pessoas com quem você possa estabelecer uma relação de total interdependência, que conduza à elevação de todos e de tudo ao longo da sua estrada. Para montar sua "corda", procure pessoas com qualidades APE: o Fator A (quem são essas pessoas e como elas se comportam sob a adversidade); o Fator P (um porquê claro, motivador, enaltecedor); e o Fator E (um ego saudável e justificado que as possa conduzir por momentos mais difíceis).

TERCEIRO PICO

ACIONE O CRAD

Monte Everest
Acampamento-base: 5.250 metros de altura
Cume: 8.848 metros – o pico mais alto do mundo

*Nada é bom ou mau,
a não ser por força do pensamento.*
William Shakespeare

Os primeiros dois picos já o ensinaram a encarar a adversidade frente a frente e a convocar suas forças quando realmente precisar delas. Você tem de fincar os pés no chão e assumir o controle quando for necessário.

No papel, isso pode parecer fácil, mas e quando sua "escalada" é permeada por uma incerteza paralisante? O que você faz quando alguns dos fatores mais importantes ficam completamente fora de controle, quando a adversidade parece ser grande demais, quando o nível de dificuldades que você tem de enfrentar faz com que a busca do alvo não pareça mais valer a pena ou quando a meta que propôs a si mesmo pareça realmente impossível? A realidade é que qualquer um que busque alcançar a grandeza cotidiana terá de enfrentar esses momentos quase todos os dias. A maioria das pessoas recua ou entra em colapso diante da adversidade. Mas existem alguns poucos e raros que prevalecem nos embates e saem deles mais fortes e melhores. Sempre fiquei intrigado com essa diferença.

O que descobri, através das pesquisas de Paul, é que existe um mecanismo ou um comutador, bem lá no fundo de nós, que pode ser disparado cada vez que algum tipo de adversidade nos atingir. Acionar o CRAD significa reinstalar seu mecanismo de resposta à adversidade empregando um novo conjunto de ferramentas, de tal modo que você possa tirar vantagem das dificuldades que acompanham qualquer empreendimento grande que valha a pena. Veja como esse comutador desencadeou em mim poderes que eu não suspeitava ter, e acho que poderá fazer o mesmo por você.

O meu CRAD foi realmente testado quando enfrentei o maior desafio da minha carreira de alpinista, diretamente no acampamento-base nas encostas do monte Everest. A Cascata de Gelo de Khumbu é o pior pesadelo de qualquer cego, 600 metros verticais de um caótico amontoado de blocos de gelo cujo tamanho varia de bolas de beisebol até arranha-céus. A Cascata é formada pela geleira que desce lenta e constantemente pela montanha e, ao encontrar um desfiladeiro gigantesco, desmorona sob o seu próprio peso, rolando e explodindo como um rio de gelo.

Mesmo antes de alcançar a Cascata, já conseguia ouvir as imensas e frágeis torres de gelo se deslocando e se espatifando acima da minha cabeça, como um exército de mensageiras da morte. As forças que atuam na Cascata são enormes e completamente impossíveis de controlar. Foi um verdadeiro caos: sem conseguir dar dois passos iguais, tive de galgar paredões de gelo para descer do outro lado, serpenteando por uma trilha de trinta centímetros de largura, com um precipício de 300 metros à minha direita, e pulando de um bloco de gelo para o seguinte à medida que rolavam sob meus pés.

Para piorar ainda mais as coisas, havia um ziguezague de rachaduras e fendas pela Cascata, e eu era forçado a pular sobre elas ou atravessar estreitas pontes de neve como se estivesse andando em uma corda bamba. Algumas vezes, as fendas eram tão largas que não conseguia tocar o outro lado com os bastões de alpinista. A única maneira de cruzar era um salto literalmente impulsionado pela fé. Os outros membros da equipe ficavam batendo as pontas de seus bastões do outro lado das gretas, marcando o lugar em que eu deveria saltar. Aí, eu pulava, sabendo que, se errasse, mesmo que alguns centímetros, rebentaria um joelho ou quebraria um tornozelo.

Para aumentar a tortura, havia dúzias de fendas tão largas que não era possível cruzar nem sequer pulando. Para atravessá-las, os guias xerpas estendiam escadas de alumínio horizontalmente sobre as fissuras para que o resto da equipe conseguisse passar em segurança. Algumas vezes, precisavam amarrar cinco escadas com finos cabos de náilon. Eu praticara em casa com escadas parecidas, apoiadas em blocos de concreto a trinta centímetros do chão; mas, quando subi nas escadas verdadeiras, sacudidas pelo vento e envergando no centro sobre espaços de 30 metros de profundidade, a coisa mudou de figura.

    A primeira vez que tive de cruzar a Cascata de Gelo, levei treze horas. Foi o dia mais difícil da minha vida de montanhista. Quando finalmente consegui galgá-la e me aproximei do Acampamento Um, a seis quilômetros de altitude, não sabia dizer se eram minhas emoções ou meu corpo que estavam em frangalhos. Durante treze horas excruciantes, eu sabia que não podia cometer nem um erro sequer, todavia, nem por um momento tive total certeza de que o meu próximo passo não me jogaria no espaço vazio. Quando estava quase no acampamento, avançando pela neve, afundei numa fenda estreita. Um dos colegas da equipe estendeu a mão para me segurar e, sem querer, acertou meu nariz com o cabo da picareta. Assim, quando cambaleei até o acampamento, não somente estava verde de náusea e quase desmaiando, como tinha grossos fios de sangue escorrendo pelo rosto.

    Finalmente, dentro da tenda, não conseguia imaginar como seria capaz de cruzar a Cascata outra vez, muito menos as dez vezes necessárias para me aclimatar e transportar as cargas até os acampamentos superiores. Escutei quando PV reuniu a equipe do lado de fora e lhe disse, em voz baixa, que eu estava me movendo devagar demais. "Se ele levar treze horas, em vez de seis, tem o dobro de chance de ser atingido pelos pedaços de gelo que caem, assim como qualquer um que estiver com ele. E as probabilidades aumentam no calor da tarde. Se ele não conseguir dar um jeito de fazer essa travessia bem mais rápido, vai ter de descer."

    Quando adormeci naquela noite, comecei a escutar as vozes internas que já me acostumara a chamar de "sereias". Elas me desafiavam e faziam troça de mim, dizendo: "Se você mal consegue atravessar a Cascata, não tem a menor chance de vencer o trecho superior. Você já fez o melhor que podia, mas encontrou um adversário forte demais. Desça enquanto pode. Ainda mais que, lá embaixo, há uma cama quente e *cheeseburgers* esperando por você..."

    Na *Odisséia*, o guerreiro Ulisses, velejando de volta para casa depois da Guerra de Tróia, passa pela ilha das sereias, lindas donzelas que chamam Ulisses e sua tripulação com vozes tão sedutoras e melodiosas que os marinheiros ficam totalmente enfeitiçados. Eles mergulham pela amurada do navio e nadam furiosamente para as praias da ilha, onde percebem, para seu horror, que as sereias são, na realidade, monstros medonhos. Nunca mais se ouve falar deles. Ulisses, conhecendo o poder das sereias, enche os ouvidos de cera e se amarra ao mastro principal da embarcação. Mesmo assim, o chamado é tão sedutor que ele quase enlouquece.

A adversidade que encontrei no Everest parecia tão grande, tão terrível, tão duradoura, que meu cérebro simplesmente apertou o botão de pânico. Então soube que tinha de assumir o controle, erguer-me e ocupar a liderança, convocando as minhas Forças na Adversidade – foco, tenacidade e resistência mental – justamente agora, quando elas se mostravam mais necessárias. Disse a mim mesmo vezes sem conta que as sereias eram os mecanismos de defesa do meu cérebro que haviam enlouquecido. Eram monstros, escondidos na base da montanha, esperando para devorar meus desejos, minha ambição e minha própria vontade.

O que me salvou foi um belo ditado tibetano que escutara durante a cerimônia de partida no acampamento-base: "A natureza da mente é como água. Se você não a perturbar, ela ficará clara." Pensei muito a respeito disso. Sempre que enfrentamos um grande desafio, especialmente um cercado de incerteza, quando contemplamos os meses de trabalho árduo, lutas, sacrifícios e riscos, todos os perigos que se acham à espreita em cada esquina, é fácil nos deixar abater.

Estivera me preparando para essa escalada havia muito tempo. Treinara por dois anos e me cercara das melhores pessoas que pude encontrar. Sabia muito bem o que fazer, mas o que estava prestes a me deter era minha própria mente, enevoada pelo medo e pela dúvida. Para dar uma chance a mim mesmo, tinha de limpar a mente, deixá-la calma como águas tranqüilas. O Everest, como todas as montanhas, tinha de ser galgado etapa por etapa, momento após momento. Minha função era me concentrar em cada passo, em cada momento, a fim de responder a cada adversidade ao longo do caminho com clareza e resolução.

Sabia que existiam muitos elementos na Cascata sobre os quais não tinha a menor influência, como os desmoronamentos aqui e ali, o terreno horrível e a imensa distância a percorrer; mas havia muito mais coisas que eu podia Controlar (C). Não podia deixar que meu destino fosse determinado por uma força externa. Tinha de assumir a Responsabilidade (R) do meu próprio progresso. Não podia deixar que o Alcance (A) da adversidade de hoje se estendesse a todos os outros aspectos da escalada ou contaminasse as perspectivas da equipe inteira. A Cascata era apenas uma etapa da subida, e eu tinha de vencê-la. Finalmente, não podia me enganar, acreditando que o pesadelo de hoje Duraria (D) pelo resto da escalada. Embora minha mente brigasse, eu tinha de encarar a Cascata como um problema difícil, mas que podia ser resolvido.

Na minha segunda travessia da Cascata, meu companheiro Chris Morris me perguntou o que eu estava achando da expedição até esse momento. "Algumas vezes, sinto como se estivesse fazendo as coisas mecanicamente", repliquei. "Em outras, acho que não tenho chance." "Então, você não tem!", Chris me gritou em resposta, silenciando em seguida. Essas palavras me atingiram como um soco no estômago. Depois disso, nos dias de descanso no acampamento-base, eu me sentava na frente da tenda e me punha a imaginar-me lá no alto, bem no cume. Sentia a textura da neve através das minhas luvas e escutava o vento drapejando as bandeiras que os xerpas haviam colocado lá no alto. Provava na língua o gosto vazio do ar, quase sem oxigênio nem umidade, sentindo as lágrimas brotarem, enquanto celebrava com os companheiros de equipe, e, subitamente, me sentia cheio de energia pelo triunfo que certamente me esperava.

A cada travessia posterior, comecei a descobrir pequenos truques para economizar preciosos minutos de tempo. Meus parceiros já sabiam, de nossas expedições anteriores, que eu era capaz de reunir minhas forças e me deram todo o apoio, pelo que merecem minha gratidão. Ao atravessar as escadas, aprendi a calcular a distância entre os passos, de modo que podia equilibrar as pontas dos crampons pelos degraus. Comecei a memorizar a seqüência das pontes de neve ziguezagueantes que cruzavam as dúzias de fendas. Quando chegava nas gretas que precisavam ser puladas, meus companheiros de equipe me ajudavam, gritando no exato momento em que saltavam e atingiam o outro lado, para que eu pudesse calcular a distância e copiar seus movimentos com precisão. Concentrei-me em avançar rápido pelos trechos mais fáceis e estabelecer um ritmo constante durante os pedaços mais difíceis. Os minutos poupados se transformaram em horas e, quando passei pela Cascata pela última vez, reduzira meu tempo de treze horas para menos de cinco.

Depois de viver dois meses na montanha, marchamos para nosso ataque final ao pico. Enquanto eu cravava os pés no paredão, minha máscara de oxigênio parecia me sufocar. Mais acima, fomos atacados por uma tempestade magnética que nos fez parar por uma hora, enquanto a neve e a geada nos golpeavam de lado, acumulando-se em nossas roupas e nos congelando até os ossos.

Logo abaixo do cume, avancei polegada a polegada ao longo da Crista do Gume de Faca, sabendo perfeitamente que havia uma queda de 2.400 metros à minha esquerda e outra de 3.600 metros à minha direita. Brinquei comigo mesmo pensando que o bom ali era que não faria muita diferença para que lado eu caísse. Os desafios eram gigantescos, porém, em comparação com a Cascata, nenhum parecia tão assustador. De fato, após sobreviver à Cascata, eu adquirira uma autoconfiança que jamais julguei ser possível.

Já estávamos subindo havia doze horas quando Chris Morris colocou seus braços, agora bem mais magros, ao redor dos meus ombros e disse: "Erik, estamos quase chegando ao topo do mundo!..." Quando não havia mais nada para subir, eu me abaixei e toquei a neve compacta com as luvas, ouvindo as bandeiras de oração plantadas pelos xerpas tremulando ao vento. Podia até sentir o gosto do ar – justamente como havia imaginado. Dia após dia, eu me esforçara até a exaustão; lutara desesperadamente contra a incerteza que pesava sobre mim como uma montanha de dúvidas; uma dúzia de vezes chegara quase ao ponto de desistir. Assim, embora meu corpo estivesse em pé sobre o cume, meu cérebro ainda não tinha chegado. Engasgado de lágrimas, peguei o rádio e balbuciei a notícia para os que estavam no acampamento-base: "Chegamos ao topo!... Mal consigo acreditar!... Estamos no topo do mundo!..."

Na ocasião, nem sabia como definir claramente as dimensões do meu CRAD, porém foi nas encostas do monte Everest que aprendi o verdadeiro poder e os reais benefícios que obtemos quando acionamos o CRAD. Acione o seu, e sua maneira de lidar com a adversidade mudará completamente.

COMPREENDENDO O QUOCIENTE DE ADVERSIDADE E O CRAD – A LINGUAGEM DA ADVERSIDADE

O CRAD é derivado do Quociente (ou Coeficiente) de Adversidade (QA), que é a medida de como você responde a todos os tipos de adversidade ou – dito de maneira mais simples – de como você reage ao mundo que o rodeia. Ele prediz e comanda um exército de fatores críticos para o sucesso, entre eles:

▸ Desempenho

- Resiliência
- Engajamento
- Inovação
- Atitude, ânimo, perspectiva
- Energia
- Resolução de problemas
- Saúde
- Empreendedorismo
- Agilidade
- Longevidade

Erik menciona em sua introdução como minha equipe e eu formamos o Projeto de Resiliência Global, em 2002, a fim de consolidar os mais de 1.500 estudos que envolvem a Teoria do Quociente de Adversidade. Resultado da colaboração de pesquisadores ao redor do mundo, o Projeto de Resiliência Global é dedicado a explorar e expandir as aplicações do Quociente de Adversidade para melhor equipar as pessoas a enfrentar um mundo cheio de adversidades. Queríamos entender melhor quais são as diferenças entre os que conseguem dominar a adversidade e os que se deixam consumir por ela.

A pesquisa proporcionou algumas descobertas realmente expressivas. Descobrimos, com crescente certeza, que, quando todos os demais fatores se acham em pé de igualdade, são as pessoas com alto quociente de adversidade que alcançam o topo. Elas tendem a se desempenhar melhor, sobreviver mais, ultrapassar e superar pessoas com quociente de adversidade mais baixo em quase qualquer tipo de empreendimento. Tendem a captar energia dos mesmos desafios que exaurem os demais. Descobrimos que os líderes empresariais freqüentemente apresentam quocientes de adversidade bem mais elevados do que os funcionários que trabalham para eles: isso explica boa parte da coragem dos principais líderes e do estresse apresentado pelos empregados. Os líderes esperam que seus subordinados demonstrem a mesma positividade sob pressão que eles naturalmente possuem. Por sorte, essa é uma habilidade que pode ser aprendida. Descobrimos não somente que o quociente de adversidade pode ser medido, como pode ser melhorado em caráter permanente. Depois que centenas de milhares de pessoas passaram por nossos vários programas de desenvolvimento do

Quociente de Adversidade, o quociente médio de cada grupo subiu. Alguns significativamente. Depois de acompanhar algumas dessas pessoas por mais de uma década, descobrimos que o quociente de adversidade, uma vez desenvolvido, nunca baixa ao nível anterior. Medir e melhorar o Quociente de Adversidade vem sendo a parte mais agradável do nosso trabalho há muitos anos. À medida que a ciência evolui, nossos instrumentos de trabalho com o quociente de adversidade também se aprimoram. Para obter um cálculo prévio de seu quociente de adversidade atual, consulte www.aq-snapshot.com.

SUA POSTURA DIANTE DA ADVERSIDADE

Agora que você sabe que tem um Quociente de Adversidade e que ele pode ser um indicador mais robusto do seu sucesso que o quociente de inteligência, pode estar se perguntando de onde se originam o Quociente de Adversidade e o CRAD. São algo com que você simplesmente nasce, como os dedos, ou se assemelham mais à postura, que você pode conscientemente melhorar quando a percebe?

De fato, a postura é uma analogia adequada para o Quociente de Adversidade, porque, embora pareça herança genética, o mais provável é que você posicione o corpo de maneira assombrosamente semelhante à de um de seus genitores ou de algum outro parente. Talvez sua família inteira apresente uma postura corporal característica – que todos os seus amigos instantaneamente reconhecem de longe, ainda que apenas pela silhueta.

O fato é que, apesar de ser influenciada pela genética, a atitude corporal é determinada em grande parte pelos modelos que você recebeu e pelas coisas que aprendeu a fazer. Provavelmente você aprendeu tudo isso de forma inconsciente. Os bebês são muito observadores. Ainda criança, você viu como as pessoas à sua volta se posicionavam de pé, caminhando, sentadas ou realizando as tarefas da vida diária e, com toda a naturalidade, começou a imitar essas posturas. Quanto maior a influência de uma pessoa sobre você, tanto mais você a imitava. Assim, no final da infância, você já havia moldado a sua postura, que se tornou tão natural que você nem sequer a questionou – a não ser que alguém tenha mais tarde apontado alguma falha na sua postura habitual, apresentado uma razão muito boa para você corrigir o problema e ensinado exatamente a fazê-lo.

O Quociente de Adversidade não é muito diferente da postura. Talvez seja a que você assumiu diante da adversidade. Até o presente, nossa melhor hipótese é a de que o QA é aproximadamente dez por cento genético, mas determinado predominantemente por aquilo que você aprendeu ou lhe foi transmitido durante a infância. Observando a maneira pela qual as pessoas influentes na sua vida respondem à adversidade, você começou a adotar e experimentar diferentes aspectos desses padrões de resposta, sem selecionar conscientemente os que eram melhores ou piores para você mesmo.

As pesquisas sobre o Quociente de Adversidade e os padrões de resposta a elas relacionados começaram há mais de trinta e cinco anos e foram iniciadas pelo Dr. Martin Seligman, da Universidade da Pensilvânia, e por um quadro de pesquisadores internacionais de várias outras áreas científicas. De modo geral, essas pesquisas indicaram que, por volta dos 12 anos de idade, seu quociente de adversidade está em grande parte estabelecido. Por volta dos 16 anos, ou logo depois dessa idade, já está sedimentado para o resto da sua vida, a não ser que você tome consciência dele e se decida a modificá-lo. É por esse motivo que Erik e eu desejamos ajudar você a identificá-lo; apresentar-lhe boas razões para modificá-lo; e, partilhando com você as atitudes das pessoas com QA mais elevado, auxiliar a melhorá-lo, de tal modo que você não somente consiga enfrentar, mas também dominar a adversidade.

POR DENTRO DO QUOCIENTE DE ADVERSIDADE – CONHEÇA O SEU CRAD

O seu CRAD – que reside no centro do seu Quociente de Adversidade – é a única coisa que você pode levar consigo em todas as suas batalhas. Em última análise, é ele que determina se você vai ganhar ou perder, seja agora ou a longo prazo. O CRAD é composto por *Controle*, *Responsabilização*, *Alcance* e *Duração*.

Controle

Um dos mais antigos problemas que confrontam as pessoas, desde os principais líderes empresariais até os idosos em casas de repouso, é o *controle*. Tenhamos ou não a prerrogativa de escolher como passar o tempo, como fazer nosso trabalho, onde morar ou o que comer, todos queremos ter algum tipo de controle. Todavia, o controle é um conceito carregado de conotações emocionais. Grandes males foram desencadeados pelas tentativas de assumir o controle de pessoas, propriedades, sistemas de crenças ou recursos naturais. As mais horríveis figuras de autoridade são pessoas que abusam de seu controle. Em completo contraste com isso, encontramos a Prece da Serenidade, atribuída em sua forma integral e mais longa a Reinhold Niebuhr:

> Deus, me dê serenidade
> para aceitar as coisas que não posso modificar,
> coragem para mudar as coisas que posso mudar
> e sabedoria para distinguir entre uma e outra.

O aspecto mais importante do controle é a *influência*. A questão principal não é se você tem o controle de tudo. A pergunta realmente vital é: quando a adversidade surge, *até que ponto você percebe que pode influenciar o que acontecerá a seguir?*

A comovente beleza, força e verdade da Prece da Serenidade são inegáveis. Assim como sua utilidade como um teste para medir o seu Quociente de Adversidade. É o seu QA que determina a sua percepção de controle. Pessoas com alto QA percebem que sempre é possível influenciar alguma coisa, porque mesmo nas mais terríveis circunstâncias podem, no mínimo, influenciar suas próprias respostas.

Quando Erik cruzou a Cascata de Gelo de Khumbu, ele não pôde influenciar a paisagem hostil que o rodeava, tampouco sua cegueira. Mas pôde influenciar sua própria mente – sua concentração e sua energia – e, assim, conseguiu atravessar os obstáculos e repetir a façanha muitas outras vezes.

Quanto mais baixo for o quociente de adversidade de alguém, menos controle ele percebe ter. Pense em diversas pessoas enfrentando a mesma adversidade. As que tiverem baixo quociente lerão a Prece da Serenidade e interpretarão a adversidade como algo que está além do seu controle e que devem, portanto, aceitar como "coisas que não posso modificar". Ao contrário, as pessoas com um quociente de adversidade elevado, em uma situação idêntica, provavelmente encontrarão um bom número de fatores que elas podem influenciar positivamente, derivando daí a esperança e a energia necessárias para enfrentar a situação.

Imagine se Erik tivesse um Quociente de Adversidade baixo. Pense em como seria diferente sua forma de lidar com a cegueira, sua percepção daquilo que ele pode controlar. O Everest é dotado de forças épicas incontroláveis. A velocidade do vento no topo pode chegar a 320 quilômetros por hora durante o inverno, e as avalanches esmagam tudo o que encontram no caminho. De fato, enquanto Erik e sua equipe aguardavam no Acampamento Dois pelo momento da arrancada final até o cume, podiam escutar os ventos lá em cima "rugindo como um aspirador de pó defeituoso". Tiveram de esperar uma semana inteira pelo intervalo de um ou dois dias em maio em que a ventania se acalma. Justamente quando se aprontavam para sair em busca do pico, nevou durante duas semanas na face do monte Lhotse, tornando as encostas íngremes intransponíveis por, pelo menos, mais uma semana, o que forçou a equipe a descer de novo a montanha e cruzar, pela oitava vez, a Cascata de Gelo, numa excruciante e potencialmente desanimadora jornada. Qualquer um que tivesse um quociente de adversidade mais baixo teria desistido, alegando ter sido rejeitado pela montanha. Mas Erik concentrou-se nas coisas que ele podia controlar, como sua forma física, seus suprimentos, sua estratégia e sua atitude, a fim de se preparar para a próxima tentativa assim que se apresentasse uma oportunidade.

Talvez seja por isso que, dentre todas as quatro dimensões do CRAD, o Controle é o indicador mais robusto de saúde e até mesmo de longevidade. Um estudo britânico, realizado há cerca de quinze anos, revelou que as pessoas que sentiam ter pouco controle sobre sua maneira de realizar suas tarefas morriam em média cinco anos antes daqueles com altos níveis de percepção de controle. Recentemente, um estudo semelhante revelou que a diferença quase dobrou para 9,8 anos, um número bastante intrigante. Assim, as pessoas que percebem ter maior controle sobre sua maneira de lidar com as situações podem viver quase uma década a mais que aquelas que "aceitam" sua sorte na vida[2].

Ao acionar seu CRAD, pergunte-se, com respeito ao Controle: *"Quais são os aspectos desta situação ou adversidade que posso potencialmente influenciar?"* – em comparação com aqueles que você talvez considere fora do seu controle. Mesmo nas piores circunstâncias, sempre existe alguma coisa que você pode influenciar, ainda que seja somente sua própria resposta. A maior parte das pessoas subestima terrivelmente o que podem influenciar quando atingidas pela adversidade, e é isso que mata a maioria das possibilidades. Por outro lado, empenhar-se naquilo que você *pode* influenciar abrirá mundos de oportunidades que os outros simplesmente não enxergam. Para uma empresa, isso cria vantagem competitiva; para o indivíduo, significa energia e comprometimento!...

Assim como o Controle é importante para determinar sua atitude perante a adversidade, é quando você se responsabiliza e assume a *Responsabilização* que a ação realmente se inicia.

---

2. Este e outros estudos relacionados podem ser encontrados na página Global Resilience Project, em www.peaklearning.com.

Responsabilização

Responsabilizar-se significa perguntar-se: "Que disposição tenho para me antecipar ou fazer alguma coisa para melhorar a situação, mesmo que isso não faça parte das minhas atribuições?" Responsabilizar-se não significa colocar a carga inteira sobre seus ombros ou despender energia preciosa tentando achar um culpado. Ao contrário, trata-se da energizante tendência de fazer algo, por menor que seja, para melhorar as coisas.

Quando duas pessoas estão caminhando juntas e encontram lixo pelo caminho, aposto que aquela que se inclina para recolhê-lo do chão é a que se sente melhor nesse momento – ainda que limpar o caminho não faça parte do seu trabalho. Assim também é para o passageiro que se aproxima para ajudar um casal de idosos a colocar suas maletas no compartimento de bagagens do avião. Ganhamos energia e adquirimos maior Controle quando demonstramos capacidade de Responsabilização.

Como você já deve ter antecipado, quanto mais elevado o Quociente de Adversidade de uma pessoa, tanto maior é a probabilidade de que ela se antecipe e assuma uma tarefa. Quanto menor o Quociente de Adversidade, tanto maior a probabilidade de que ela recue e evite se envolver, uma vez que já se sente sobrecarregada!

No mundo empresarial, a capacidade de Responsabilização é o atributo que mais chama a atenção dos líderes. Por quê? Porque, à medida que o mundo se torna mais exigente, caótico, complexo, incerto e veloz, mais as pessoas se concentram naquilo que precisam fazer para sobreviver, em vez de precipitarem a próxima mudança ou inovarem para alcançar um nível superior. A falta de Responsabilização implica não atender a prioridades importantes por considerar que as tarefas-chave são atribuição de outra pessoa. Quanto menos Controle você reconhece em si mesmo e quanto menos Responsabilização demonstra, mais exausto se sente e menos propenso estará a tomar a dianteira da próxima vez que surgir um desafio ou uma oportunidade.

A Responsabilização é, sem dúvida, um dos pilares que compõem a grandeza de todos os dias. Dispor-se a ajudar a melhorar as coisas eleva não somente você como todos ao seu redor. Pergunta: *Quando é que você deve se dispor?* Resposta: *Justamente quando sentir menos vontade.* É isso que lhe dá Empuxo e Controle.

Algumas vezes, Responsabilização requer ir além dos limites estritos de suas funções ou responsabilidades diárias, mesmo quando você está extremamente atarefado. Michele Burkholder é diretora de Planejamento, Análise e Controle do ING Retail Annuity Business Group. Note que o título do seu cargo não inclui treinamento, desenvolvimento de lideranças ou gestão de talentos. De fato, como a maioria dos líderes, seus dias (e, às vezes, noites também) são totalmente tomados por suas responsabilidades normais. Não obstante, quando Harry Stout assumiu a presidência do grupo, ele rapidamente identificou a necessidade de desenvolver mais lideranças. Michele, que responde diretamente a Harry como chefe do *staff*, percebeu os desafios que seus colegas teriam de enfrentar para pôr a companhia para andar. Ela se ofereceu para ajudar a criar um programa de desenvolvimento de liderança, em meio a toda a complexidade do dia-a-dia de uma das maiores companhias do mundo. Com isso ela elevou não somente a si própria como a empresa inteira. Responsabilizar-se significa fazer a coisa certa, mesmo quando não se é solicitado a fazê-la e mesmo que não seja sua atribuição.

Ao acionar seu CRAD, pergunte-se, agora com respeito à Responsabilização: *"O que posso fazer para produzir um efeito imediato e positivo sobre esta situação ou adversidade?"*, em vez de se preocupar com quem causou o problema ou quem é o responsável por resolvê-lo. Não desperdice sua preciosa energia e impulso esperando pelos outros. Focalize o *seu* âmbito, a *sua* Responsabilização, e verá que os outros se sentirão inspirados a fazer o mesmo.

Alcance

Você conhece alguém que sofre de "derrames" emocionais? É o tipo de pessoa que acha que o dia inteiro foi arruinado quando uma única coisa não dá certo, ou põe um projeto todo a perder por causa de um pequeno erro. Os psicólogos denominam essa reação à adversidade *catastrofização*. Você sabe do que estou falando. A pesquisa sobre o quociente de adversidade revela que o *Alcance*, isto é, a percepção que se tem da extensão da adversidade, exerce um papel central. Quanto mais baixo o QA de uma pessoa, tanto mais provável que ela perceba um pequeno percalço como um obstáculo imenso, maciço e devastador. Quanto mais alto o QA de alguém, tanto mais naturalmente ele consegue conter as conseqüências, sem deixar que se tornem maiores do que o necessário. *"Essa reunião foi difícil"* ou *"Puxa, minhas notas baixaram este bimestre"* são afirmações muito diferentes de *"Perdemos nosso melhor cliente – estamos arruinados!"* ou *"Já perdi o ano!…"*

O Alcance influencia a carga que você transporta ao longo da vida. Quanto maior é sua habilidade de conter as dificuldades, tanto mais leve você se sente. Quanto maiores e piores parecem os problemas, mais sufocante se torna a vida – você se sente oprimido e tem dificuldade para manter-se em pé. Quando melhora seu Alcance, você reduz os efeitos colaterais, limita os prejuízos e amplia os aspectos positivos, liberando energia e possibilidades inéditas.

Como vice-presidente executiva de Recursos Humanos e Comunicação da DIRECTV, Leigh Anne Nanci percebeu, depois de ter medido seu quociente de adversidade e seu CRAD, que seu ponto fraco era o Alcance. Apesar do seu alto QA, ela sofria desnecessariamente por atribuir aos eventos uma dimensão e um alcance maiores do que de fato tinham. O resultado disso é que Leigh Anne retornava para casa mais fatigada e mais preocupada que o necessário. Quando ela começou a melhorar o seu CRAD, empregando os princípios apresentados neste livro, logo percebeu uma diferença significativa. Toda vez que se via diante de uma adversidade, aprendeu a fazer as perguntas do CRAD que se relacionavam com seu Alcance: "Como posso conter esta adversidade? Como posso minimizar seus aspectos negativos? O que posso fazer para otimizar os aspectos positivos potenciais?" Certo dia, alguém da sua equipe liberou prematuramente um anúncio comunicando a toda a empresa que haveria uma reformulação geral no quadro de funcionários, provocando assim uma onda de medo, cólera e confusão. Foi o caos. Entretanto, em vez de se deixar abater pelo desastre, Leigh Anne e seus chefes de equipe fizeram uma pausa e imediatamente deram início ao processo CRAD, fazendo uma lista de idéias para conter os efeitos negativos e também tentando descobrir se existiam aspectos positivos nessa adversidade. A situação, apesar de difícil, esfriou com relativa rapidez, e Leigh Anne, de fato, achou que o processo inteiro tinha sido muito revigorante.

Erik precisa focalizar seu Alcance praticamente a cada momento de suas escaladas. No Everest e no decorrer da sua vida, um dos maiores desafios foi não permitir que o medo, a dúvida e a incerteza começassem a minar sua resolução. No Everest, são essas as forças que contribuem para grande parte do fascínio exercido pela montanha. No dia anterior à subida de Erik do Acampamento Dois para o Acampamento Três, um rapaz de 20 anos escorregou pela face lisa do paredão de Lhotse – uma encosta de gelo particularmente íngreme. Ele passou a maior parte do restante do dia caído na neve, abandonado como se tivesse morrido, antes que outro alpinista conseguisse resgatá-lo. Depois disso, um dia antes da arrancada final em direção ao pico, um alpinista suíço prendeu a argola de seu arganéu no cabo errado, escorregou e morreu. Se Erik tivesse permitido que esses acontecimentos se estranhassem e tomassem conta de sua psique, eles poderiam facilmente ter comprometido ou até mesmo interrompido sua escalada. Mas ele conseguiu conter os eventos e, bem ao contrário, utilizou-os como um lembrete poderoso de que deveria permanecer totalmente concentrado durante todo o caminho até o topo.

Acione seu CRAD para limitar o âmbito, o tamanho e as conseqüências de sua adversidade, indagando sobre o Alcance: "O que posso fazer para minimizar ou conter os aspectos negativos desta situação?" e "O que posso fazer para otimizar os aspectos positivos potenciais desta situação?" A segunda questão pode até soar forçada ou estranha. Mas uma das descobertas mais empolgantes da nossa pesquisa sobre o quociente de adversidade é que, quanto mais elevado for o seu QA, tanto mais possibilidades favoráveis você perceberá e tanto mais aspectos positivos poderá encontrar, mesmo em meio às situações mais trágicas.

Quando Erik monta uma equipe de alpinistas, ele absolutamente evita qualquer otimista e sonhador. Eles são perigosos. Ele acredita que seus companheiros de "corda" devem padecer de uma "esquizofrenia saudável" – a capacidade de ter fé e esperar pelo melhor, mas ao mesmo tempo ser obcecado e duramente realista com respeito ao pior e preparar-se para ele.

Essa é a diferença entre o otimismo comprometido e o descomprometido. Os otimistas descomprometidos se refugiam em suas esperanças, abrindo mão da Responsabilização e do Controle e fazendo muito pouco para influenciar a Duração da adversidade. Os otimistas comprometidos têm a esperança de que seus esforços incessantes e estrategicamente concentrados aumentem as chances de que as coisas melhorem com o tempo. É especialmente nas situações mais árduas que você tem de acionar o seu CRAD.

Duração

Quando as coisas se complicam, até onde você e as pessoas ao seu redor mantêm a esperança? A dimensão final do CRAD se refere ao tempo, ou seja, à Duração. Ela tanto pode nutrir como matar a esperança. Quando sobrevier a adversidade, indague sobre sua Duração: *"Por quanto tempo prevejo que isto vai durar ou persistir?"* As pessoas com QA mais alto permanecem esperançosas e otimistas. Elas enxergam além das circunstâncias mais difíceis. As pessoas com QA baixo tendem a encarar os obstáculos como algo duradouro ou até permanente. Essa percepção pode aniquilar qualquer possibilidade de encontrar uma saída, sem falar na chance de tirar algum proveito da adversidade.

A Duração influencia muito as mudanças. As pessoas que encaram determinada mudança como algo temporário, no qual elas podem se empenhar para acelerar a transição, tendem a se energizar com as mudanças. Mas aquelas que vêem as mudanças como um processo penoso, horrível e arrastado geralmente sucumbem ao seu peso.

Quando Erik enfrentou o monte Everest, ele sabia que os três meses de esforços incessantes cobrariam seu preço. Ele e sua equipe não subiriam a montanha de uma vez só: teriam de subir e descer diversas vezes, para se aclimatarem e abastecerem os acampamentos superiores. Cruzariam múltiplas vezes a Cascata de Gelo de Khumbu. Esperariam pelo fim de inúmeras tempestades. A comida local dos xerpas, que não era refrigerada, continuaria a provocar disenteria na equipe. Refletir sobre todos os aspectos da expedição era intimidador demais.

Para permanecer concentrado e mentalmente saudável, Erik dividiu a expedição em jornadas e estabeleceu linhas de chegada parciais. Ele se concentrava somente em chegar até o próximo acampamento, onde podia descansar e recuperar as energias físicas. Durante os longos dias, seus companheiros de "corda" o ajudariam a imaginar a próxima parada, dizendo coisas como: "Daqui a uns 300 metros, descansaremos no alto do Esporão de Genebra." Sua estratégia era primeiro imaginar e depois se esforçar para alcançar o final da próxima jornada. Você também pode criar pequenas linhas de chegada quando a tarefa que estiver enfrentando parecer particularmente assustadora.

Ao acionar seu CRAD, pergunte-se com respeito à Duração: *"Como posso passar por isso o mais depressa possível?"* Lide diretamente com a Duração utilizando essa pergunta para dissipar a pressuposição de que certa dificuldade possa se prolongar indefinidamente.

▶

O JOGO DO PICO

Um dos meus artifícios favoritos para atravessar os momentos mais duros de um determinado desafio – aquelas ocasiões em que a maioria das pessoas desiste – é brincar com o Jogo do Pico. É um jogo baseado no elemento Duração do CRAD. Veja como funciona.

Quando estou sendo golpeado por rajadas de vento, derrotado pela fadiga, aguilhoado pelo frio e bloqueado por fissuras incontáveis, simplesmente me ponho a imaginar como será quando eu e meus companheiros de "corda" estivermos em pé sobre o pico. Imagino vividamente que estamos no cume da montanha, pinto a cena em detalhes e com todas as cores. Cruzo as etapas finais, vejo a chegada, escuto os gritos de triunfo, os cumprimentos, as fotografias, os risos, os abraços e a comemoração – imagino até mesmo a comunicação pelo rádio com minha família para dizer que cheguei lá. E, quanto mais vividamente consigo visualizar o momento da vitória, tanto mais energia sinto percorrer meu corpo.

Paul denomina esse princípio "Empréstimo de Energia". É quando você empresta ou toma emprestada a energia de um evento futuro a fim de se fortalecer na situação presente. Mas não é a mesma coisa que pedir um empréstimo sobre seu fundo de aposentadoria para comprar um carro. Sempre que você empresta a si mesmo a energia proveniente de um evento ainda no futuro, não registra um débito, apenas créditos. De acordo com as pesquisas de Paul, a ciência apóia esse fenômeno. A imaginação vívida de um momento de exultação futuro, como vencer, atingir seu objetivo ou chegar ao alto de uma montanha, pode liberar no corpo os mesmos neuropeptídeos que o evento real desencadearia. E, quanto mais fundo você for na imaginação e na fantasia, mais energia, mais química positiva e mais benefícios desfrutará.

A FANTASIA DO FRACASSO

Uma vez que tanto o prazer quanto a dor são profundamente motivadores, o inverso do Jogo do Pico – a Fantasia do Fracasso – é outra das minhas brincadeiras favoritas, igualmente fundamentada pelas pesquisas de Paul sobre o CRAD. No início, o Alcance de uma determinada adversidade pode parecer tão amplo que nos sentimos inclinados a considerá-la insuperável. Através da Fantasia do Fracasso, você permite que o cenário vívido e terrível da derrota se desenrole em sua tela de cinema interna. Tudo o que você precisa fazer é mergulhar na dolorosa fantasia de não conseguir atingir seu objetivo e, assim, permitir-se uma experiência prévia de todas as conseqüências desse fracasso. A maior parte das pessoas nem sequer suporta pensar em tais momentos, mas esse exercício pode ser bastante motivador. O desapontamento, a frustração, o arrependimento, a vergonha e a angústia são emoções que causam dor. Dependendo do objetivo, se forem dolorosas o bastante, a simples idéia de ter de viver com o fracasso pode ser o impulso de que você precisa para se recompor e redobrar seus esforços.

COMO CONSTRUIR SEU CRAD

Segundo indicam nossas pesquisas, uma coisa é certa – você pode começar a dar passos gratificantes para melhorar sua maneira de lidar com a adversidade *hoje mesmo*. Considerando o número de adversidades que nos assaltam a cada dia, não faltarão oportunidades para você exercitar a construção e o fortalecimento de seu CRAD.

Descobri que a maneira mais prática de construir o CRAD é expandir a consciência, de preferência com base em *feedback* recebido de múltiplas fontes. Uma das melhores formas é adotar uma perspectiva panorâmica, de 360 graus, que permite um *feedback* útil e significativo – quando se derrama luz sobre seus pontos cegos, você se torna mais forte. Os líderes se beneficiam particularmente dessa abordagem. As soluções abrangem desde uma instrumentação extremamente rigorosa e formal até um método mais básico, apoiado no bom senso.

Aplique você mesmo o Panorama CRAD

Derivado do instrumento panorâmico QA-360 desenvolvido por minha equipe e eu, que pode ser encontrado na internet, o primeiro passo para ampliar sua consciência e obter *feedback* consiste em listar as pessoas mais prováveis e presenciar suas respostas à adversidade no dia-a-dia. Os membros da sua equipe CRAD podem incluir pessoas do seu trabalho – colegas, chefe, clientes, membros da equipe ou do *staff* –, qualquer um que costume vê-lo em ação. Ou podem ser pessoas fora do seu ambiente profissional – filhos, parceiros, cônjuges, amigos, pais ou irmãos –, que estejam em contato freqüente ou diário com você e tenham a oportunidade de observar como você reage às inesperadas reviravoltas da vida.

A seguir, faça a essas pessoas algumas perguntas simples. A conversa descrita no Panorama CRAD pode começar com o seguinte comentário: "Estava lendo este livro sobre como as pessoas respondem à adversidade e percebi que esta é uma coisa que eu gostaria de melhorar." Continue definindo o que é *adversidade* e depois faça as perguntas do quadro da página seguinte.

Uma outra forma de conseguir o *feedback* do Panorama CRAD é mencionar as quatro dimensões do CRAD (conforme listadas e descritas acima), explicar o que representa cada uma e, então, pedir às pessoas que, em particular, assinalem com um círculo aquela em que você se sai melhor e com um tique aquela em que você se sai pior – ou então lhe digam claramente quais são suas impressões.

Aplique você mesmo o Panorama CRAD

Para conseguir uma visão panorâmica do seu CRAD, faça as seguintes perguntas a pessoas que possam dar a você o retorno mais honesto, preciso e confiável possível:

1. Em uma escala de um a dez (sendo dez o valor mais elevado), como você classifica minha eficiência em responder à adversidade?
2. Sou mais eficiente com certos tipos de adversidade do que com outros? Em caso afirmativo, em quais deles me saio melhor ou pior? Enfrento melhor as grandes adversidades ou os pequenos contratempos do dia-a-dia? Algum exemplo?
3. Há épocas em que lido melhor com a adversidade? Em caso positivo, quando? O que você observou?
4. Qual o exemplo mais positivo ou mais negativo que você recorda de como lido com a adversidade?
5. Numa escala que vai de "impotente" até "no controle", que posição costumo ocupar quando ocorre alguma adversidade?
6. Diante de um problema, qual a probabilidade de que eu tome a iniciativa de fazer alguma coisa, por menor que seja, para melhorar a situação?
7. Até que ponto você acha que mantenho a adversidade dentro dos seus limites? Consigo contê-la ou deixo-a contaminar tudo ao redor?
8. Sendo 1 "acabou" e 10 "não vai acabar nunca", quanto tempo deixo que as adversidades durem para mim? Em que ponto dessa escala costumam se encaixar minhas reações?
9. O que você mais aprecia na minha maneira de lidar com a adversidade? O que você menos aprecia? Por quê?
10. Pode me dar um exemplo de ocasiões em que fiz justamente o que você descreveu?
11. Se você estivesse me treinando para lidar com a adversidade de um jeito mais eficaz, que tipo de coisa gostaria que eu fizesse mais, menos ou de outra maneira?

A chave aqui é estar aberto e receptivo ao *feedback* das pessoas. Você pode pedir respostas orais ou por escrito. O importante é adotar o método que mais favoreça o *feedback*.

Reflita sobre o seu CRAD

"Qual é o meu CRAD?" pode se tornar seu instrumento instantâneo para avaliar sua situação quando for atingido pela adversidade. A maneira mais simples, mas possivelmente a mais profunda, de construir o seu CRAD é prestar aguçada atenção aos pensamentos, às palavras, emoções e ações que se acendem dentro de você no momento em que se vê diante de algum tipo de adversidade.

C = Quanto controle estou sentindo ou demonstrando ter agora? *(Controle)*.

R = Até que ponto estou avançando ou recuando diante da situação? *(Responsabilização)*.

A = Que dimensão estou dando a isso? Até onde estou deixando que chegue? *(Alcance)*.

D = Quanto tempo acho que vai levar? Até que ponto estou deixando que a adversidade se arraste? *(Duração)*.

Sempre fico impressionado com as histórias que as pessoas me contam sobre a enorme diferença que fez em suas vidas poderem sintonizar seu CRAD, mesmo anos depois de terem participado de um programa sobre as vantagens da adversidade. Seja nos relacionamentos pessoais, no trabalho, na saúde ou em qualquer outro aspecto da sua vida, não perca a oportunidade de construir seu CRAD toda vez que um desafio aparecer em seu caminho.

Reconheça seu CRAD

Uma outra forma de construir o CRAD expandindo sua consciência é utilizar o seu filtro de CRAD. Seja qual for a situação – em cada conversa que escutar, a cada filme que assistir, cada livro que ler, cada noticiário que ouvir ou cada conferência que lhe agradar –, preste atenção aos elementos do CRAD.

Imediatamente, você identificará as facetas do *Controle* quando ouvir pessoas dizendo: "Não há razão para não fazermos isso. Já vencemos coisas piores antes." Ou: "Bem, está fora de nossas mãos. Não há nada que possamos fazer agora. É tarde demais."

Você vai ver as pessoas recuarem ou avançarem, demonstrando a importância vital da *Responsabilização* na realização de qualquer coisa ou na resolução de qualquer problema. Você a identificará quando ouvir declarações do tipo: "Bem, espero que eles encontrem alguma solução" ou: "Não sei todas as respostas, mas prometo que voltarei com algumas em breve."

Você sentirá o *Alcance* na resposta das pessoas quando elas disserem frases clássicas como: "É um desastre total. Justamente quando nossa nova linha de produtos está sendo lançada, o fornecedor de matéria-prima nos corta. Estamos perdidos." Ou então: "Foi um golpe pesado, mas, se agirmos rapidamente, poderemos nos recuperar antes do fim do ano. E até vai ser bom diversificar a carteira de fornecedores. Já não era sem tempo."

Você poderá se sentir desanimado ou inspirado pela *Duração* quando ouvir pessoas bem-intencionadas dizerem coisas como: "Nunca vamos conseguir sair dessa. Bons tempos aqueles..." Ou então: "É só uma fase difícil. Se tomarmos uma ação decisiva agora, não haverá razão para prolongá-la mais que o necessário."

Empregue a Estratégia CRAD

Agora podemos empregar a experiência que você adquiriu com o CRAD para colocar em uso como a ferramenta CRAD mais robusta que desenvolvemos até o presente. É uma extensão de tudo o que você aprendeu até agora neste Pico, por isso encontrará algumas das mesmas questões anteriores, só que aplicadas em uma estrutura mais completa. Chamo isso de Estratégia CRAD.

Centenas de organizações e milhares de indivíduos vêm nos procurar na PEAK Learning em busca de orientação para criar planos de resposta a crises, executar planos estratégicos já existentes, lidar com as flutuações do mercado, otimizar uma oportunidade em potencial ou simplesmente trabalhar para sair de uma situação difícil. A Estratégia CRAD é o instrumento que ensinamos as empresas e os indivíduos a usar para responder melhor e mais rápido que seus competidores, ou simplesmente para maximizar as vantagens potenciais de qualquer adversidade específica. Essa estratégia é construída sobre as perguntas do CRAD, seguindo uma seqüência lógica. Veja como funciona.

Comece com um desafio ou um objetivo particularmente difícil. Pode ser pessoal ou profissional, organizacional ou privado. Recomendo que aqui você comece com seu Desafio Máximo. Pegue uma folha de papel em branco e descreva o seu desafio, para trabalhar com ele empregando esse instrumento breve mas muito eficaz. Aqui vai uma dica. A Estratégia CRAD gera uma porção de idéias. Entretanto, à medida que as idéias vão surgindo, não as questione, não as examine nem as julgue. Simplesmente *liste-as*. Deixe a análise para mais tarde.

A seguir, escreva suas respostas para cada uma das perguntas abaixo. Observe que elas podem ser apresentadas tanto a um indivíduo como a um grupo. Podem ser para "você" ou para "nós".

C = Controle

- Que coisas estão fora de seu controle? Que coisas a maioria das pessoas considera que estão além do seu controle? (Liste todas elas.)
- De todas essas coisas, quais se encontram totalmente fora da sua *influência*?
- Das coisas que posso influenciar nessa situação, quais são as duas mais importantes? (Circule-as.)

R = Responsabilização

- Onde e como posso me antecipar para gerar uma mudança positiva e imediata nessa situação? (Liste suas respostas.)

A = Alcance

- Qual é a *pior* coisa que poderia acontecer?
- Pensando de maneira mais ousada, qual é a *melhor* coisa que poderia acontecer?
- O que posso fazer para minimizar as possíveis conseqüências negativas desta situação? (Faça uma lista.)
- O que posso fazer para maximizar as possíveis conseqüências positivas desta situação? (Faça uma lista.)

Dica: Só de pensar em levantar os aspectos positivos de uma adversidade, você provavelmente já estará muito à frente de qualquer outra pessoa!

D = Duração

- Que efeito eu *quero* que esta adversidade tenha sobre minha vida no futuro? (Descreva em detalhe.)

▶ O que posso fazer para obter esse resultado da maneira mais rápida e completa possível? (Faça uma lista.)

O Funil da Ação

A etapa final da Estratégia CRAD consiste em empregar o Funil da Ação para desenhar um plano de ação específico, à prova de adversidade, que possa lhe dar empuxo imediato. Coloque bem à vista a lista de ações potenciais que você criou com a Estratégia CRAD.

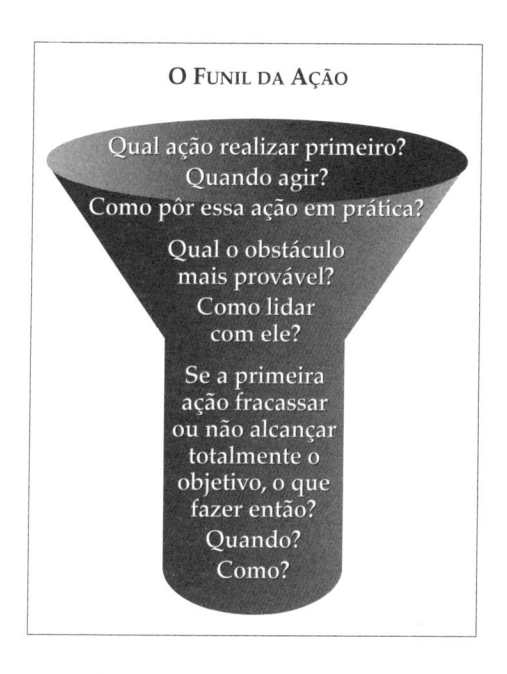

```
O FUNIL DA AÇÃO

Qual ação realizar primeiro?
Quando agir?
Como pôr essa ação em prática?

Qual o obstáculo
mais provável?
Como lidar
com ele?

Se a primeira
ação fracassar
ou não alcançar
totalmente o
objetivo, o que
fazer então?
Quando?
Como?
```

Mais uma vez, aqui o melhor é registrar suas respostas, especialmente quando há muitas pessoas envolvidas. Você saberá que teve sucesso quando todos tiverem adquirido um senso claro do que devem fazer, quando e como. Ninguém deve se retirar de mãos vazias.

Abaixo, você encontrará dois modelos de Estratégias CRAD. Um se refere a um homem cujo avô acabou de sofrer um pequeno derrame e, ao voltar a si, teve a idéia de fazer uma coisa que há 25 anos pensava em fazer, mas nunca levara a cabo – reunir todos os membros de sua extensa família. Foi este o seu Desafio Máximo. A segunda Estratégia CRAD é a de Erik, que se aplica exatamente a seu Desafio Máximo.

Estratégia CRAD

O Desafio Máximo – Reunir toda a minha grande família uma última vez.

C = Controle
- ▶ Que coisas estão fora do meu controle?
  - *A vida das pessoas.*
  - *As condições climáticas.*
  - *Seu desejo de participar.*
  - *A história da família.*
- ▶ Dessas coisas, quais estão totalmente fora da minha *influência*?
  - *As condições climáticas (mesmo assim, posso exercer alguma influência sobre o clima se escolher datas em que o tempo geralmente é melhor.)*
- ▶ Das coisas que posso influenciar nesta situação (incluindo as da lista anterior e as outras), quais são as duas mais importantes?
  - *O desejo das pessoas de participar.*
  - *A experiência inteira (como vai se desenrolar).*

R = Responsabilização
- ▶ Onde e como posso me antecipar para gerar uma mudança positiva e imediata nesta situação?
  - *Começar a entrar em contato com as pessoas imediatamente.*
  - *Levantar quais são seus verdadeiros problemas e obstáculos.*
  - *Fazer reservas em um ou dois lugares possíveis para a reunião.*
  - *Fazer uma pesquisa por e-mail com todos da minha lista de convidados... (e outras coisas mais).*

A = Alcance
- ▶ Qual é a *pior* coisa que poderia acontecer?
  - *Ninguém vir à reunião.*
- ▶ Pensando de maneira mais ousada, qual é a *melhor* coisa que poderia acontecer?
  - *Tornar-se uma das melhores recordações na vida de todas essas pessoas.*
- ▶ O que posso fazer para minimizar as possíveis conseqüências negativas desta situação?
  - *Conseguir que se comprometam com antecedência.*
  - *Obter a colaboração de algumas pessoas que se disponham a gastar dinheiro na preparação junto comigo.*
  - *Fazer uma campanha de marketing.*

▸ O que posso fazer para maximizar as possíveis conseqüências positivas desta situação?
  • *Escolher um lugar épico que todos queiram conhecer e apreciar.*
  • *Pesquisar o que outras pessoas já fizeram em situações semelhantes que tenha funcionado às mil maravilhas.*

D = DURAÇÃO
▸ Que efeito eu *quero* que esta adversidade tenha sobre minha vida no futuro?
  • *Pelo resto da minha vida e da vida deles, quero que todos os que participaram digam que este foi um dos melhores momentos da sua existência, que ficaram muito contentes por ter vindo e desejam repetir a experiência.*
▸ O que posso fazer para obter esse resultado da maneira mais rápida e completa possível?
  • *Perguntar às pessoas o que seria necessário para que isso acontecesse... (e outras coisas mais).*

O FUNIL DA AÇÃO
▸ Com que ação quero me comprometer primeiro?
  • *Entrar em contato com as seis pessoas mais francas e influentes da lista e ouvir suas opiniões e preocupações. Obter seu apoio.*
▸ Quando vou fazer isso?
  • *Vou telefonar para essas seis pessoas até o final desta semana. Completar os contatos com todos da lista até o final do mês.*

A ESTRATÉGIA CRAD DE ERIK

O Desafio Máximo – Ajudar o maior número de pessoas possível a fortalecer sua maneira de lidar com a adversidade.

C = CONTROLE
▸ Que coisas estão fora do meu controle?
  • *Aquilo em que as pessoas decidem se concentrar.*
  • *Se as pessoas vão comprar e ler meu livro ou não.*
  • *Se as pessoas vão ou não aplicar minhas idéias e modificar suas vidas.*
  • *Todos os problemas que surgirem no caminho... (e outras coisas mais).*
▸ Dessas coisas, quais estão totalmente fora da minha *influência*?
  • *Nenhuma.*
▸ Das coisas que posso influenciar nesta situação, quais são as duas mais importantes?

- *A qualidade e a integridade da mensagem que quero transmitir.*
- *Trabalhar com a Fireside/Simon & Schuster para realizar uma fantástica campanha de* marketing.
- *Ser positivo na condução da minha vida de forma a inspirar os outros.*

R = RESPONSABILIZAÇÃO
- ▶ Onde e como posso me antecipar para gerar uma mudança positiva e mais imediata nesta situação?
  - *Escrever este livro.*
  - *Continuar a fazer palestras em empresas e escolas.*
  - *Desenvolver vídeos de treinamento que reforcem a mensagem.*

A = ALCANCE
- ▶ Qual é a *pior* coisa que poderia acontecer?
  - *Que o livro recebesse terríveis críticas nem chegasse a ser lido.*
- ▶ Pensando de maneira mais ousada, qual é a *melhor* coisa que poderia acontecer?
  - *Que este livro se tornasse um* best-seller *global, colocando Paul e eu em posição de difundir e desenvolver nossa mensagem por anos a fio.*
- ▶ O que posso fazer para minimizar as possíveis conseqüências negativas desta situação?
  - *Fazer o melhor possível ao escrever e promover o livro.*
  - *Fazer com que meus temas principais correspondam ao conteúdo do livro.*
  - *Criar oportunidades nos meios de comunicação para compartilhar minhas idéias.*
- ▶ O que posso fazer para maximizar as possíveis conseqüências positivas desta situação?
  - *O mesmo que acima.*
  - *Lançar o livro em festivais de cinema e nas outras atividades de alta visibilidade de que participo.*
  - *Enviar exemplares do livro para as pessoas certas.*
  - *Pedir que Stephen Covey contribua com este livro escrevendo o Prefácio.*

D = DURAÇÃO
- ▶ Que efeito eu *quero* que a adversidade envolvida no processo de escrever este livro tenha sobre minha vida no futuro?
  - *Que este livro se transforme em um* best-seller *e seja considerado um clássico, algo que permaneça nas prateleiras das livrarias durante anos e anos: e que Paul e eu continuemos a colaborar tanto em nossas missões como em suas abordagens.*

▶ Que mais posso fazer para obter esse resultado da maneira mais rápida e completa possível?
 • *Trabalhar próximo à editora Simon & Schuster, para ajudá-los a criar o melhor produto final possível dentro do prazo.*

O Funil da Ação
▶ Com que ações quero me comprometer no início?
 • *Organizar-me para escrever e entregar o original na data combinada.*

(E assim por diante.)

Pense nas possibilidades. Enquanto você está imaginando e traçando os passos que pretende dar para superar uma determinada dificuldade, outros estão ainda dando voltas no mesmo lugar. Enquanto você gera esperança, outros estão atolados no desespero. A sua energia se expande, enquanto a dos outros continua diminuindo. É isso que o coloca na posição ideal tanto para alcançar o triunfo pessoal como para ajudar os outros que participam da sua vida a acionar cada um o seu CRAD e também vencer.

A indústria de colchões Sealy acabara de lançar uma nova linha de produtos, estava prestes a abrir seu capital e tinha metas de crescimento agressivas para atingir quando um grande tufão destruiu as instalações da fábrica que produzia TDI, o ingrediente químico utilizado para produzir a espuma empregada nos seus colchões. Quando seu principal fornecedor telefonou para informar à diretoria da Sealy que eles receberiam, na melhor das hipóteses, somente cinqüenta por cento de suas encomendas de espuma durante os próximos noventa dias, talvez mais, a Sealy percebeu que um ano inteiro de produção estava em perigo, sem mencionar a oferta pública de suas ações e seu relacionamento com os distribuidores. A boa notícia era que seus concorrentes estavam passando pela mesma adversidade.

Assim, o presidente da Sealy, Dave McIlquham, reuniu todos os seus principais gestores para uma reunião emergencial, aplicou a Estratégia CRAD para descobrir como lidar com a crise e converteu-a em uma vantagem imediata. Os gestores da empresa elaboraram um plano que incluía comprar material da Coréia do Sul, obter um material um pouco mais bruto da América do Sul e se preparar para *mais* vendas do que haviam previsto originalmente. Sabiam que não era possível controlar o clima, mas podiam *influenciar* todos os fatores necessários para impulsionar o crescimento da indústria, melhorar seus relacionamentos comerciais e terminar o ano com um resultado recorde. Enquanto trabalhavam para aumentar suas vantagens competitivas, todos os concorrentes estavam atolados nas conseqüências negativas. Enquanto a Sealy era a primeira a entrar em contato com seus distribuidores e informá-los da crise que se anunciava e da estratégia que a empresa adotara para contorná-la, seus concorrentes continuavam a negar a existência de qualquer crise e acabaram desacreditados. Enquanto a Sealy trabalhava para fazer o material um pouco inferior funcionar da maneira desejada, seus concorrentes estavam a ver navios.

Al Boulden, vice-presidente sênior do setor de vendas a varejo simplesmente brilhava de entusiasmo ao explicar: "Imagine só como foi entrar em contato com todos os nossos distribuidores uma segunda vez, algumas semanas depois que a crise já assumira dimensão nacional, e nos desculpar porque só podíamos atender a pedidos vinte por cento *superiores* às suas encomendas normais!" A Sealy utilizou a Estratégia CRAD para realizar sua própria alquimia – converter a adversidade de um desastre nacional em uma genuína vantagem. E seus clientes e fornecedores ficaram extremamente satisfeitos com os resultados. Imagine o valor financeiro a longo prazo de uma única aplicação da Estratégia CRAD!...

Compreender, desenvolver e acionar o seu CRAD equipará você com a capacidade de realizar sua própria forma de alquimia. Um tornado devastador se torna uma oportunidade genuína para reconstruir, reiniciar e restabelecer o que é mais importante. Uma queda do mercado se torna uma oportunidade para corrigir o foco, se reposicionar e reinvestir, de tal modo que você inverte a situação melhor e mais depressa que os seus concorrentes. Um divórcio doloroso é uma tremenda oportunidade para a introspecção, o crescimento e o auto-aprimoramento. Um projeto escolar que não deu certo se transforma no evento que o inspira a dar o melhor de si e seguir em frente. Uma falência abre caminho para você reinventar sua própria vida. Embora algumas pessoas consigam no fim se beneficiar de suas adversidades, com o CRAD você pode determinar quanto se beneficiará, quando chegarão os benefícios e se passará ou não por sofrimentos desnecessários enquanto isso, mesmo nas circunstâncias mais extremas.

🚩

Na minha opinião, não há melhor exemplo de superação da adversidade com o CRAD do que a história do meu herói, Sir Ernest Shackleton. Essa história já foi relatada muitas vezes e se

tornou um exemplo comum no ensino da liderança e do trabalho de equipe, mas sempre a contemplei de forma diferente.

Para mim, os reveses e o sofrimento vividos por Shackleton e a tripulação do *Endurance* quando ficaram encalhados próximo da Antártida desafiam a compreensão humana. Durante quase dois anos, enfrentando as condições mais brutais que um ser humano pode encontrar, Shackleton conseguiu manter seus homens motivados, confiantes e vivos. Ele encarou a situação diretamente, convocou as forças mais cruciais da equipe e construiu uma Estratégia CRAD.

O alvo inicial de Shackleton era realizar uma travessia completa da Antártida. Ele saiu da ilha da Geórgia do Sul no princípio de dezembro de 1914, passou pelo arquipélago de Sandwich do Sul e abriu caminho em direção ao sul por 1.600 quilômetros de águas pontilhadas de blocos de gelo. Depois de um mês de viagem, todavia, o *Endurance* encontrou uma queda de temperatura inesperada que congelou todas as passagens e ficou encalhado em uma plataforma de gelo polar. Nesse momento, seus homens se achavam somente a um dia de viagem de seu destino programado, Vahsel Bay, já no continente antártico. Contudo, Shackleton e sua tripulação ficaram presos no gelo, a mais de 1.920 quilômetros da base habitada mais próxima, e tiveram de contar exclusivamente uns com os outros para sua sobrevivência.

Ao longo dos meses que se seguiram, havia pouca coisa que pudessem fazer para melhorar sua situação, a não ser esperar pelo degelo da primavera. Por diversas vezes tiveram a impressão de que se abriria uma passagem nas águas e se veriam livres, mas sempre em vão. Durante dez meses, o movimento do gelo foi arrastando consigo o navio, acabando por destruir o casco. Conseguiram salvar somente os itens necessários para sua sobrevivência, mais um banjo e os diários pessoais dos vinte e sete membros da expedição. Foram mais cinco meses acampados sobre o gelo flutuante, vivendo no interior de tendas frágeis, obrigados a racionar ainda mais sua alimentação já escassa, mas sempre otimistas e cheios de energia. Freqüentemente jogavam futebol, tocavam música e dançavam nas banquisas vazias.

Finalmente, quando o gelo começou a rachar, a tripulação lançou-se ao mar em três pequenos botes salva-vidas, com a esperança de encontrar algum dos navios baleeiros que percorriam a ponta setentrional do continente. Em vez disso, as correntes marinhas os arrastaram para a Ilha do Elefante, onde deram à praia para encontrar uma terra estéril e castigada por freqüentes tempestades. Porém, estavam em terra firme. Logo após o desembarque, Shackleton, com oito de seus homens, embarcou em um dos pequenos botes salva-vidas e velejou cerca de 1.250 quilômetros, até que, miraculosamente, chegou à ilha de Geórgia do Sul, no final de abril de 1918.

Chegando à terra que tão bem conheciam, sofreram ainda um golpe final. Haviam desembarcado no lado oposto e desabitado da ilha e, depois de tudo por que haviam passado, tiveram de caminhar durante uma semana por um terreno montanhoso e irregular, até finalmente atingirem uma minúscula base de baleeiros. Para muitas pessoas, bastaria esse último obstáculo para que abandonassem a busca e aceitassem o fracasso; mas, para Shackleton, foi simplesmente mais uma adversidade que ele precisava enfrentar. Finalmente, quando a expedição de resgate retornou para buscar os homens na Ilha do Elefante, encontraram a tripulação desnutrida, mas, espantosamente, todos ainda estavam vivos. Shackleton não perdera um único homem.

O que eu acho mais notável nessa história é que, durante esses dois anos de provação, ainda que essa adversidade possa ter tido para eles um alcance enorme e uma duração infinita, Shackleton nunca parou de tentar influenciar os resultados. Os homens nunca abriram mão do controle de seu próprio destino. Continuaram a agir proativamente, demonstrando extrema responsabilidade, lealdade mútua e iniciativa para manter a equipe inteira viva. Um dos membros da expedição, Frank Hurley, escreveu mais tarde: "Eu sempre notava que Shackleton dava o melhor de si e inspirava mais confiança quando as coisas não podiam ficar piores."

Na minha opinião, embora Shackleton tenha falhado no seu objetivo original, obteve sucesso em algo ainda mais inimaginável. Contra todas as probabilidades, ele infundiu em seus homens a crença de que tinham a capacidade de prevalecer sobre elas. Como declarou o próprio Shackleton: "É pela persistência que conquistamos."

Muitos anos depois de sobreviver a essa expedição, um dos membros da tripulação declarou que se tornara uma pessoa melhor depois de ter passado por aquela provação. Quanto a mim, não sei quem seria hoje se não tivesse enfrentado todas as minhas adversidades. Embora não deseje nada parecido a ninguém, sou grato porque elas me tornaram uma pessoa melhor, mais forte e mais cheia de vida.

Agora percebo que aciono meu CRAD toda vez que enfrento um desafio, seja nas montanhas, seja na vida. Ao me concentrar naquilo que posso influenciar, ao agir para obter os melhores resultados das piores situações, ao trabalhar para minimizar os efeitos negativos e maximizar as conseqüências positivas, enquanto me esforço sem pausa para atravessar o sofrimento, consigo desafiar meus próprios conceitos do que é ou não possível.

Espero que você agora seja capaz de empregar as mesmas estratégias que me impeliram até o topo do Everest e impulsionaram a tripulação de Shackleton a perseverar. Ao fazê-lo, você avançará muito além do que poderia ter sido e começará a abrir novas possibilidades, liberando enorme energia e oportunidades ao longo da sua jornada. No Quarto Pico, você aprenderá a se tornar um Explorador das Possibilidades.

Terceiro Pico • Acione o CRAD

Princípio norteador
Para transformar a adversidade em vantagem, você precisa compreender, construir e acionar o seu CRAD. Você pode empregar o CRAD em qualquer situação e para enfrentar qualquer desafio, revés ou oportunidade. Importantes líderes assim como pessoas de vários estilos de vida utilizam as ferramentas CRAD para responder melhor e mais depressa aos eventos adversos.

Compreenda o Quoficiente de Adversidade e o CRAD
O seu Quociente de Adversidade é o padrão de resposta à adversidade que você estabeleceu. Como a postura corporal, ele pode parecer genético, mas é aprendido e pode ser melhorado em caráter permanente. As quatro dimensões do CRAD são o Controle, a Responsabilização, o Alcance e a Duração, e são elas que compõem o seu QA.

Construa seu CRAD
1. As perguntas do CRAD podem ser apresentadas em qualquer ordem, em qualquer situação e a qualquer pessoa, a fim de ajudá-lo a repensar e fortalecer suas respostas perante a adversidade.
2. O Jogo do Pico e a Fantasia do Fracasso são métodos baseados na utilização do CRAD para tomar energia emprestada do seu futuro a fim de fortalecê-lo no momento presente.

Acione o CRAD
Empresas líderes e pessoas do mundo todo utilizam a Estratégia CRAD para encarar qualquer desafio, desde elaborar planos para enfrentar um desastre e otimizar as oportunidades até superar os obstáculos do dia-a-dia.

QUARTO PICO

POSSIBILIDADES PIONEIRAS

Monte Elbro
Acampamento-base: 2.700 metros de altura
Cume: 5.642 metros – o pico mais elevado da Europa

Sonho com coisas que nunca existiram
e me pergunto: por que não?
George Bernard Shaw

Quantas vezes, no transcurso da sua vida, alguém lhe disse que alguma coisa que você queria fazer era impossível? Já reparou que são geralmente os seus companheiros de trabalho, amigos e entes queridos que tentam "pôr algum juízo na sua cabeça" cada vez que você inventa "um esquema maluco" para experimentar algo novo ou assumir algum risco que eles consideram uma insensatez? Sinta-se agradecido porque essas pessoas se preocupam com você e por isso tentam dissuadi-lo. Elas pensam que lhe estão fazendo um favor e talvez até estejam. Mas, e se...?

E se essas pessoas que gostam de você estiverem erradas? E se essa coisa que você sempre sonhou fazer for realmente possível? O que você sentiria se fosse o primeiro a realizá-la? E se, ao tornar possível o impossível, você abrisse um mundo de oportunidades inteiramente novo, tanto para você como para sua empresa e as pessoas à sua volta?

Quando observei, nas pesquisas de Paul, que as pessoas com quociente de adversidade mais alto eram as mais capazes, estatisticamente, de maiores inovações, entendi perfeitamente por quê. Sempre que as pessoas criam um sistema inédito ou fazem algo inovador, que tenha conseqüências reais, em geral, elas têm de enfrentar uma boa dose de adversidade. Portanto, quase todos os que efetivamente se empenham em vencer as grandes adversidades serão provavelmente pioneiros. A adversidade simplesmente gera inovação.

Quando uma pessoa emprega sua engenhosidade e tenacidade para fazer alguma coisa diferente e melhor do que as demais, Paul e eu denominamos isso "pioneirismo de possibilidades". O dicionário diz que "pioneiro" é "aquele que faz uma coisa inédita pela primeira vez ou é precursor na criação ou no desenvolvimento de algo novo". Quem não se empolgaria com isso?

Muitas pessoas me dizem que os dias do pioneirismo já acabaram, que todas as grandes descobertas possíveis sobre a face da Terra já foram feitas, mas essa perspectiva é terrivelmente limitada. Pense em tudo o que há ainda para ser descoberto na ciência, na tecnologia e na própria sociedade. Só quando enfrentamos os desafios pessoais com espírito pioneiro somos capazes de impulsionar nossa vida ou moldar o destino da nossa empresa, da nossa comunidade e da sociedade em geral.

Ser impulsionado por seu próprio senso de pioneirismo não significa que você tenha de ser o primeiro a escalar um pico assustador ou descobrir a cura do câncer. Significa ser motivado de dentro para fora. Perante grandes desafios, significa indagar: "Como posso fazer o que desejo com os recursos de que disponho ou que posso obter ao meu redor?" A resposta a essa pergunta pode exigir que você se expanda muito além do que julgava ser capaz.

O que dizer de todos os pais, amigos, professores e profissionais – pessoas do nosso dia-a-dia – que, diante de prazos, dilemas e limitações reais, descobrem novas maneiras de fazer o que pretendiam? Pense em todas as empresas que perduram ou desaparecem em função da habilidade de abrir novas possibilidades.

Como você pode empregar suas adversidades cotidianas para tornar possível o impossível, para abrir novas possibilidades, de modo que continue crescendo e florescendo?

A primeira etapa consiste em escolher um desafio digno e cheio de adversidades que, se alcançado, expanda você em novas direções e represente novas possibilidades. Deve ser alguma coisa que envolva algum tipo de risco ou resistência, e que só de pensar em realizá-la você se encha de entusiasmo.

A segunda etapa consiste em criar um plano e então montar os sistemas que lhe darão a chave para auxiliá-lo a chegar lá.

A terceira etapa é "praticar até atingir a perfeição", de modo que faça esses sistemas funcionarem quando forem mais necessários.

Quando decidi escalar o monte Elbro, já havia galgado o Everest no ano anterior, cujo cume tem 3.300 metros mais de altura e é muito mais difícil de alcançar. Minha equipe e eu poderíamos ter abordado o Elbro como mais um dos Sete Picos a incluir em nossa lista de conquistas, mas, em vez disso, o que mais nos interessava – meu parceiro de montanhismo, Eric Alexander, e eu – era descobrir "como poderíamos fazer para tornar essa escalada mais excitante e significativa".

Decidimos que um desafio mais atraente seria não somente chegar ao topo da montanha mas esquiar de volta os 3.000 metros que separavam o cume do acampamento-base. Nenhuma pessoa cega jamais descera de esquis uma das principais montanhas do mundo. Atravessar toda aquela neve, gelo e rochas íngremes carregando os nove quilos a mais do equipamento de esqui e então deslizar de volta pelo terreno acidentado e impiedoso introduziria uma série de problemas inteiramente nova. Mas isso, na verdade, fazia parte do encanto – criar um novo plano, enfrentar um processo repleto de dificuldades e ver o que seria possível realizar.

Eric e eu teríamos de aplicar toda nossa engenhosidade para superar alguns obstáculos particularmente difíceis. Isso às vezes requer empregar métodos já conhecidos de maneiras diferentes. Outras vezes, o desafio requer uma abordagem inteiramente nova. Para ter sucesso em nossa missão, teríamos de inventar novos sistemas de comunicação e de navegação para poder funcionar como unidade coesa.

Treinamos durante um ano inteiro, projetando novos meios de nos comunicar, enquanto descíamos velozmente uma montanha, separados apenas pela distância de um esqui. Cada palavra que saísse da boca de Eric tinha de ser traduzida em uma ação precisa e previsível da minha parte. Para fazer uma curva com esqui são necessárias três etapas seqüenciais – primeiro, virar os esquis com as lâminas de lado para iniciar a curva, depois colocá-los em posição alinhados com a descida e então aproximá-los para o final. Assim, Eric aprendeu a me avisar das curvas em três palavras: "Gire à esquerda!", ou: "Gire à direita!" Ao escutar cada palavra, eu sabia exatamente que parte da manobra deveria executar. Ele podia também alongar ou encurtar as palavras, a fim de indicar o tamanho da curva que eu deveria fazer. Uma curva gradual soaria mais ou menos como: "Giiiiiiiiiire-àààààà-esqueeeeeeerda!…" Quando o ângulo era muito fechado e eu tinha de girar os esquis rapidamente, ele gritava: "Esquerda total!"

Uma das coisas mais excitantes, ou assustadoras, de esquiar às cegas é que você somente é capaz de reagir a variáveis, como uma descida súbita, quando sente a queda já começando por baixo dos esquis. Desse modo, para facilitar as transições, Eric aprendeu a gritar: "Mais íngreme!" ou: "Mais plano!..." Nos trechos mais estreitos do caminho, por onde queríamos simplesmente deslizar, Eric me estendia um bastão para que eu acompanhasse seus movimentos a cada curva. Chegamos até a praticar com um novo rádio de alta tecnologia, que permitia avisar das curvas quando os ventos sopravam com a força de vendavais.

A velocidade mais a falta de visão não nos deixam margem de erro. O meu pior pesadelo era tropeçar e cair no vazio ou bater a cinqüenta quilômetros por hora numa pedra. Praticamos sem descanso, até assimilar totalmente os novos sistemas e saber que poderíamos contar com eles em quaisquer condições.

Quando o dia da subida final até o cume finalmente chegou, precisei de todas as minhas energias para chegar até o topo. Sentia-me totalmente exaurido e minhas pernas pareciam feitas de borracha, devido ao peso de todo o equipamento extra. Voltei-me para Eric e admiti: "Não sei se vou conseguir." Ele fez uma pausa, me deu um beijo na têmpora e respondeu: "Faz um ano que estamos treinando. Nós vamos esquiar esta montanha!..." Assim, meio cambaleando, engatei os esquis nas botas e – com as pernas bambas e tudo – me joguei ladeira abaixo.

O medo de me pendurar com as pontas dos dedos na face de um penhasco não é nada em comparação com zunir cegamente pelas encostas de um pico elevadíssimo. As condições do terreno mudavam instantaneamente da neve em pó e fofa para a neve dura como pedra, encrespada pelo vento. Embora Eric tenha feito de tudo para evitar declives íngremes, fui surpreendido por eles muitas vezes. A cada cinco curvas abruptas, eu me debruçava nos bastões de esqui, resfolegando.

Nos trechos de travessia longos, Eric segurou um dos meus bastões e esquiamos lado a lado, nossos esquis a somente uns quinze centímetros de distância. Mais tarde, ele se colocou bem atrás de mim, orientando nossa navegação por entre fendas geladas, orlas de penhasco e rochedos. Quando os ventos da tarde aumentaram de intensidade, nossos rádios já estavam prontos para funcionar.

Em um ponto mais baixo da descida, Eric e eu ficamos imersos numa zona de branco total. Nessas condições, é difícil para quem enxerga distinguir entre o solo e o céu, porque todos os contrastes se perdem. Vindo atrás de mim, Eric não se perdeu nenhuma vez enquanto me avisava das curvas, porém, mais tarde, admitiu que tinha se orientado pelo contraste vermelho do meu casaco de neve para saber onde ficavam os declives. Há coisas que só se aprendem com a experiência.

Quando estávamos a uns 900 metros acima do acampamento, já passados os trechos mais difíceis, Eric disse: "Agora está totalmente aberto à sua frente – não vai conseguir bater em nada, nem que você tente." Então firmei o corpo e me inclinei para a frente. A força das minhas pernas redobrou quando peguei velocidade. Com o vento no rosto e a pulsação do sangue nos ouvidos, comecei a perder a sensação de neve fofa por baixo dos esquis. Era fácil imaginar que Eric e eu havíamos alçado vôo, deixado a terra para trás, e esquiávamos pelas nuvens.

Quase um ano mais tarde, ficamos sabendo que nosso sistema oral de comandos para esquiar não era realmente uma coisa nova: era o mesmo sistema que os Anjos Azuis, a Esquadrilha da Fumaça americana, utilizam para pilotar seus F-18 Hornets em sua famosa formação em delta de seis jatos, a uma distância de apenas sessenta centímetros entre as pontas das asas. Se eu soubesse então, teria dito que, se o sistema funcionava com eles, funcionaria conosco também. De fato, em alguns pontos da descida, tive a impressão de quase atingir a velocidade do som.

Um pioneiro pega as crenças de outras pessoas a respeito do que é ou não possível e as pulveriza. Cada vez que se reconstituem, essas percepções se tornam maiores e mais amplas. Assim, você tem a oportunidade rara de superar as barreiras e expandir oportunidades para os que vêm atrás.

Não há nada nesta minha narrativa de como esquiei às cegas pelas encostas do Elbro que você não possa reproduzir na sua abordagem criativa e corajosa dos seus próprios desafios. Complete o Quarto Pico e você aprenderá a empregar a adversidade para abrir novas possibilidades.

O QUE É SER PIONEIRO?

Enquanto pensávamos sobre como compartilhar nossas idéias sobre o pioneirismo com você, Erik e eu também aprendemos uma coisa. Uma vez que o Quarto Pico se refere a *criar sistemas* e *desenvolver novas maneiras de cumprir tarefas*, percebemos que as experiências pessoais de

Erik com a criação de sistemas seriam mais instrutivas e surtiriam mais efeito do que um monte de dados trazidos das minhas pesquisas. Por isso, este Pico terá um formato e um tom um pouco diferentes dos anteriores. Erik vai compartilhar com você seus exemplos de pioneirismo até o final do capítulo, enquanto descrevo alguns protagonizados por outras pessoas, a fim de comunicar esses princípios da forma mais eficaz que conhecemos – por meio de experiências da vida real.

Ao longo da sua vida e da sua carreira, a sua percepção do que é possível aumentou ou encolheu? Em outras palavras, hoje em dia, comparado com anos atrás, você tende a achar que as coisas são mais ou menos possíveis? Você geralmente faz aquilo que já experimentou e sabe que dá certo, ou está o tempo todo inventando novas maneiras de fazer as coisas? O que você e seus colegas respondem quando alguém aparece com a pergunta: "E se...?"

Platão disse: "O verdadeiro criador é a necessidade, a mãe das invenções." Eu modificaria esse aforisma para acrescentar: *"A adversidade é a mãe das possibilidades."* A engenhosidade natural do ser humano pode aparecer das maneiras mais básicas. Quantos carros enguiçados na estrada chegaram chacoalhando até a oficina mecânica graças a um conserto improvisado com fita adesiva, linha de pesca ou goma de mascar? Quantos restaurantes inventaram uma especialidade da casa quando faltou matéria-prima para oferecer os itens do cardápio? Quantas empresas fizeram avanços importantes quando se viram às voltas com a falta de suprimentos, o excesso de estoque ou a perspectiva de falência? Quantas pessoas se tornaram empresários porque queriam tentar novas formas de equilibrar as exigências da família e do trabalho ou em resposta a algo que consideravam ultrajantemente inaceitável? Quantas vezes você mesmo descobriu um jeito de sair de uma situação sem saída?

Chega de espirrar:
Victoria Knight-McDowell, da Airborne, Inc.

Victoria Knight-McDowell era uma professora de ensino médio que vivia pegando resfriado dos alunos. Em vez de aceitar esses resfriados constantes como "ossos do ofício", ela inventou o seu próprio remédio preventivo (incluindo vitaminas A, C e E, diversos extratos de ervas, antioxidantes, eletrólitos e aminoácidos), que batizou de Airborne. Esse medicamento agora rende mais de 100 milhões de dólares por ano. Ela parou de lecionar e dirige a companhia juntamente com Rider, seu marido, e encontra tempo para tomar conta do filho Errol.

"A fórmula que preparei funcionava com meu marido, comigo e alguns amigos que também eram professores. Uma noite, Rider e eu conversávamos durante o jantar quando surgiu a idéia: 'Vamos tentar comercializar e ver o que acontece.' Acho que a coisa mais importante que fizemos foi pesquisar um jeito de fazer com que efervescesse em menos de dois minutos, pois os americanos gostam de coisas rápidas. Então, preparamos 12.000 tubos [as embalagens das pastilhas]. Colocamos os rótulos manualmente e comecei a vender nas farmácias locais depois das aulas."

Os amigos de Victoria diziam que era loucura, que ela e Rider deviam usar o dinheiro que haviam economizado para comprar uma casa. O casal teve de ignorar as opiniões negativas, e as estantes cheias de produtos concorrentes dos mercados e farmácias, e abrir uma nova possibilidade para eles[3].

No Quarto Pico, você aprenderá a criar suas próprias possibilidades, tanto no trabalho como na vida pessoal, à medida que cumpre as três etapas que Erik usou para explorar novas possibilidades no monte Elbro:

1. Escolha um Objetivo de Valor.
2. Projete Sistemas Personalizados.
3. Pratique até alcançar a Perfeição.

A fim de sobreviver, qualquer empresa deve inovar. A relação entre a adversidade e a inovação foi comprovada por meio das pesquisas pioneiras realizadas pelo Dr. Gideon Markman[4], professor assistente de estratégia, inovação e empreendedorismo na Universidade da Geórgia. Markman descobriu que as pessoas que reagiam positivamente à adversidade, conforme determinado por seu Quociente de Adversidade (QA), eram as que geravam a maior parte das inovações. Aqueles que registravam os quocientes mais baixos tendiam a ser menos inovadores.

Desde o estudo de Markman, minha equipe e eu vimos a adversidade gerar inúmeras inovações. Vimos organizações sem fins lucrativos iniciarem novas abordagens para angariar fundos ao enfrentarem orçamentos reduzidos. Vimos equipes de venda reavaliarem o pacote de valores que oferecem aos clientes em períodos de depressão econômica. Vimos trabalhadores assumirem a frente dos novos desafios que

---

3. Joni Evans e Nicole Keeter, "Your First Million", *O, The Oprah Magazine*, setembro de 2005.
4. Este e outros estudos relacionados encontram-se na página do Global Resilience Project em www.peaklearning.com.

precisam encarar para que suas companhias primeiro sobrevivam – antes mesmo de pensar em triunfar. De fato, constantemente redescobrimos que, sem a adversidade, a maior parte das possibilidades permaneceria, por assim dizer, impossível.

Produzir mais com menos

Hoje em dia, é fácil encontrar à nossa volta exemplos dessa relação entre a adversidade e a inovação. John Suranyi, presidente da divisão de Vendas e Serviços da DIRECTV, apresenta o perfil clássico de um líder com alto QA. Em uma escala de quarenta a duzentos, ele alcançou 190 *antes* de passar pelo treinamento do QA – resultado que o colocou entre os dois por cento superiores. Ele possui um otimismo natural e nunca se amedronta perante desafios. De fato, quanto mais difícil se torna a situação, tanto mais John se entusiasma para enfrentá-la. Ele é um alquimista natural. Dá para ver em seu olhar. Ele honestamente considera que as más notícias são boas notícias, porque conhece o segredo das vantagens da adversidade – os que enfrentam e convertem melhor suas adversidades são os que vencem mais depressa!

Assim, todos os dias John acorda, faz seus exercícios físicos antes do romper da aurora e reflete sobre maneiras de sua equipe empregar a engenhosidade para tornar a DIRECTV não somente a melhor no seu ramo de negócios, mas a melhor do mundo em questões de inovação, conteúdo e serviços aos clientes. Esse é o Objetivo de Valor da DIRECTV. Um clássico comentário de John é: "Naturalmente, somos bons, mas ainda não chegamos lá. *Temos de* ser os melhores!..." Ele é incansável, nunca usa a palavra *se* e sempre pergunta "como". Você pode imaginar o efeito que o enfoque e a capacidade de liderança de John têm sobre a equipe. Mudar o foco da questão é um dos Sistemas Personalizados que John projetou para desafiar e liderar sua equipe. É uma coisa que ele pratica diariamente. Ele exerce uma constante "pressão positiva" para que seus executivos se aprimorem. Vamos dizer que a vida deles não é nunca, mas nunca mesmo, aborrecida.

Scott Brown, vice-presidente sênior da DIRECTV, está subordinado diretamente a John e supervisiona um mundo de 20.000 "técnicos" que instalam e fazem a manutenção da televisão via satélite em milhões de residências todos os anos. Para aumentar mais ainda a complexidade, os instaladores são empregados das várias companhias independentes terceirizadas pela DIRECTV para realizar o trabalho. Scott percebeu que a competição com as companhias de televisão a cabo e com as concessionárias de telefonia estava pegando fogo. A fim de permanecer competitivo, ele precisou reduzir o custo de instalação – a quantia paga às companhias instaladoras terceirizadas – e, ao mesmo tempo, aumentar a satisfação dos clientes. Com o preço dos combustíveis nas alturas e recentemente tendo de absorver o custo dos novos veículos e uniformes exigidos pela DIRECTV, as instaladoras terceirizadas não estavam dispostas a efetuar nenhum corte nos seus preços. Alguns dos principais parceiros de Scott disseram sem rodeios: "É impossível." Ele escutou a mesma frase repetidas vezes. Eles estavam inflexíveis, e a pressão era imensa.

Assim, Scott reuniu sua equipe e os gestores das companhias instaladoras para um simpósio de quatro dias que denominamos "Possibilidades da Parceria". Ele indagou: "*E se fosse* possível? Como é que nós faríamos?" Ele literalmente se sentou à mesa com esses adversários potenciais e, numa sessão de trabalhos cuidadosamente elaborada, utilizando alguns dos mesmos princípios apresentados neste Pico, eles trabalharam juntos até descobrir soluções para os cortes propostos, juntamente com um plano para melhorar a qualidade dos serviços e fortalecer seus negócios durante o processo. Tornou-se claro que a redução das visitas de manutenção perdidas e um treinamento melhor para os técnicos, para que fizessem tudo certo já na primeira vez, atenderiam a todos os três objetivos. De fato, quando se despediram, acabaram por agradecer a Scott e sua equipe, com comentários do gênero: "Cheguei aqui me perguntando se ainda queria trabalhar com a DIRECTV, mas estou indo embora com a sensação de que nosso relacionamento está mais forte do que nunca!"

A adversidade *é* a mãe das possibilidades. No trabalho, quando os orçamentos são apertados e os objetivos aumentam, o que é que *você* faz? Levanta as mãos para o alto e protesta: "Mas isto é impossível!...", ou se esforça para encontrar um meio de tornar possível o impossível? Adivinhe que abordagem acaba lhe valendo uma promoção. Quando surgem demandas conflitantes mas igualmente importantes, e "simplesmente não há como" atender a todas, como você responde? Fica paralisado ou estressado e recua, ou rearranja as peças de tal modo que as coisas acontecem de um jeito ainda melhor do que se esperava? Quando recebe um diagnóstico horrível do seu médico, ou enfrenta os percalços de ter de criar os filhos sozinho, ou o funcionário em que você mais confia deixa a empresa por uma oportunidade melhor, você se entrega ao destino ou concentra suas melhores energias para se reorganizar em torno de um Objetivo de Valor, planejar e aperfeiçoar alguns Sistemas Personalizados para ganhar empuxo e descobrir uma maneira de tornar possível o impossível?

A bagagem rolante deixa as mãos livres

Quando vai a um aeroporto, o que você vê? Por toda parte há rios de pessoas puxando malas rolantes de um lugar para outro. Um problema permanece, no entanto: quando você está atravessando os saguões, tem só uma das mãos livre, o que pode ser extremamente limitador. E, como os massagistas lhe dirão, puxar bagagem só com uma das mãos por longas distâncias é bom para os negócios – os negócios *deles*, é claro. Tenho certeza de que não sou o único viajante que adoraria ficar com as duas mãos livres para poder usar o celular, pegar um lanche ou fazer outras coisas.

Semana passada, vi uma mulher jovem, com jeito de profissional liberal, por volta dos 30 anos, utilizando as duas mãos para trabalhar no seu PDA sem fio enquanto caminhava puxando sua bagagem. Como? Ela criara um sistema simples, com um cabo preso ao cinto por um gancho, que lhe permitia puxar tranqüilamente sua mala de rodinhas sem usar as mãos, como se fosse um riquixá. Era uma coisa muito simples. Todos os que arrastavam malas pesadas ficaram admirados e com inveja.

Sua fórmula alquímica era clara. Ela (1) tinha um objetivo ou um desafio; (2) criara o que Erik e eu chamamos de Sistema Personalizado – um meio original e sob medida para colocá-lo em prática – e então (3) praticara até a perfeição, para que funcionasse quando fosse a hora.

Imagine aplicar esse mesmo tipo de engenho a alguma coisa realmente importante para você, algo que sempre quis fazer mas nunca achou que fosse possível.

Pais estressados se tornam extremamente hábeis em abrir novas possibilidades. Um desafio para muitos pais de hoje é fazer com que os filhos se interessem por ler e aprender, com tantas distrações – como os *videogames* e outras – seduzindo a atenção das crianças. Quando nossos meninos eram mais novos, minha esposa, Ronda, concebeu um método engenhoso para torná-los ávidos leitores. Esse era o Objetivo de Valor. Compreendendo a realidade à sua volta, Ronda decidiu tornar a leitura uma coisa divertida e inventou um jogo chamado "Leia e Coma". Originalmente, era muito básico, e as primeiras tentativas tiveram um sucesso apenas parcial. Mas ela foi melhorando o esquema, até que todos aprendemos perfeitamente o novo sistema. Tornou-se um evento entre nós.

Funcionava assim: se os meninos completassem suas tarefas escolares e os pequenos serviços domésticos que lhes tinham sido atribuídos, ganhavam o direito de jogar Leia e Coma em uma das noites do fim de semana. Ou seja, eles podiam ler qualquer coisa que quisessem, incluindo revistas em quadrinhos (autorizadas pelos pais, é claro), até a hora que quisessem. Fazia parte dos preparativos que eles ajudassem a comprar as coisas que queriam comer enquanto liam. Preparávamos para cada um deles uma tigela grande e personalizada com seus petiscos preferidos e a deixávamos nos lugares que tinham escolhido para ler. Nunca vou me esquecer do sorriso no rosto deles – "Vamos comer o que realmente gostamos, sem que ninguém nos diga nada..." – quando se aninhavam em suas trincheiras de leitura, cada um com a sua tigela de guloseimas. Os meninos começaram a se tornar realmente inventivos na preparação do ambiente, ajustando as luzes, arrumando as almofadas etc. de modo que construíssem pequenas cavernas ou alcovas. Estamos convencidos de que a paixão pelos livros que eles têm hoje começou com o jogo do Leia e Coma.

UM OBJETIVO DE VALOR

Quase todos, bem lá no fundo, queremos ir além do que somos ou do que fazemos. Em todo o mundo, ouvimos pessoas expressar esse senso de destino pessoal, ao declarar: "Sinto que nasci para fazer alguma coisa grande, alguma coisa importante." Todos compartilhamos do desejo de demonstrar um certo grau de grandeza, por menor que seja, durante o nosso tempo por aqui.

Assim, a primeira etapa que você precisa realizar para abrir novas possibilidades é escolher um Objetivo de Valor. Isso parece simples, mas pode ser um enorme desafio. Vamos trabalhar aqui com o seu Desafio Máximo. O Objetivo de Valor em geral aparece como resposta à pergunta: "E se...?" Foram essas as palavras que inspiraram Erik a enfrentar o desafio que ele descreveu no começo deste Quarto Pico.

🚩

Quando estabeleci para mim mesmo o objetivo de subir o monte Elbro, Eric e eu nos perguntamos: "E se nós tentássemos fazer alguma coisa que nunca foi feita antes por ninguém...?"

🚩

Ao escolher este Objetivo de Valor, Erik incluiu alguns fatores sutis, que você poderá explorar indagando o seguinte:

1. *Motivação:* Por que você quer fazer isso? Está ligado a um propósito mais elevado e mais digno ou é puramente para seu divertimento? Você pode fazer com que atenda a um propósito e seja prazeroso ao mesmo tempo? Você está sendo movido por emoções negativas, do tipo "Ah, é assim? Pois vou lhe mostrar!...", para provar alguma coisa a alguém? Ou está sendo motivado por razões mais nobres, positivas? Sua motivação é reduzir uma dor existente ou tornar algo ainda mais agradável? Ou ambos?

   Quando conduzo programas com duração de um dia em diferentes cantos do globo, a viagem pode tornar-se árdua, e cada sessão requer uma tremenda energia. Percebo que, para as pessoas que se acham ali naquele dia, é a primeira sessão, e elas merecem absolutamente o melhor de mim. Todavia, no final de um dia de trabalho intenso, quando é comum me perguntarem "Não é cansativo?" ou "Você nunca se cansa disso tudo?", sempre respondo mais ou menos da mesma maneira: "Mas é claro, algumas vezes me sinto exausto; viajar pode se tornar aborrecido; mas, falando com toda a franqueza, produzir esse tipo de efeito na vida das pessoas e nos negócios de nossos clientes é tão importante e me dá tanta energia que nunca poderia me cansar daquilo que faço."

   O *porquê* que discutimos no Segundo Pico e agora retomamos aqui é um excelente combustível para tudo o que faço. Espero que seja assim para você também.

2. *Forças:* Lembre-se da Fórmula da Força: **Vontade + Habilidade ⇨ Forças**. Até que ponto esse objetivo vai alavancar as forças que você já tem ou exigir forças inteiramente novas? Você tem a vontade necessária para atingir esse objetivo?

3. *Entusiasmo:* Em que ponto da sua escala de entusiasmo se localiza a idéia de atingir esse objetivo? Faz você "tremer de excitação"?

A idéia de esquiar pelo Elbro depois de uma árdua ascensão, sentindo o vento no rosto e a velocidade sob os pés, era exultante. Conquistar novos espaços sempre é divertido. Mas cutucar as pessoas para fazê-las repensar o que é possível também é imensamente gratificante. Esquiar as encostas do Elbro, meu Objetivo de Valor, encaixou-se perfeitamente nos três critérios de Paul – motivação, forças e entusiasmo.

Observe o que *não* se encontra na lista. Não relacionamos a maior parte dos critérios clássicos para o estabelecimento de objetivos – algo específico, realista, que possa ser alcançado e medido, que se possa atingir dentro de um prazo estabelecido. Esses são critérios excelentes para os objetivos da vida diária. Todavia, apesar de importantes, sozinhos eles não são suficientes para ajudá-lo a definir seu *Objetivo de Valor* – a abrir novas possibilidades. São restritivos demais. Foi por isso que iniciamos com o seu Desafio Máximo.

Se, em vez dele, você escolher desafios a curto prazo, realistas, específicos e possíveis de alcançar, provavelmente já terá eliminado, desde o começo, as cinco possibilidades mais empolgantes em que poderia ser o pioneiro. Há sempre alguém que considera os grandes alvos impossíveis, inatingíveis, verdadeiros castelos nas nuvens. Pergunte a John Suranyi, a Scott Brown ou ao resto da equipe da DIRECTV. Eles vêem esse tipo de reação todos os dias. Enquanto todos ficam sentados conversando sobre o que não pode ser feito, alguém está lá fora fazendo exatamente isso. Essas são as pessoas que fazem. Não costumamos associar a palavra *pioneiro* a tarefas mundanas, que qualquer um pode realizar.

Lembre-se da viajante que andava com as mãos livres. Imagine como ela conseguiu trabalhar bem com os motivadores de sempre – dor e prazer. Podemos tentar adivinhar algumas coisas a seu respeito. Provavelmente, ela viajava com freqüência e sofria o habitual incômodo de transportar sua bagagem de um lugar para outro. Aí se encontrava a dor. O prazer pode ter sido a visão encantadora de andar pelo saguão do aeroporto com as mãos livres ou de um dia ver uma idéia sua transformar a vida das pessoas que viajam!

Entre as forças que ela já tinha e precisou convocar poderiam estar a aptidão mecânica, a criatividade e a tenacidade para seguir trabalhando na sua solução até fazê-la funcionar. As forças que ela precisou desenvolver poderiam incluir o tino financeiro para calcular de que modo tornar sua invenção uma possível fonte de renda.

Também é provável que tenha encontrado uma porção de críticos negativos que lhe deram todas as explicações de ordem prática de por que seu acessório semelhante a um riquixá nunca iria funcionar ou nunca se tornaria popular, especialmente enquanto ela se achava na fase de concepção. Dá até para escutar o que lhe diziam: "Vai ficar batendo nos calcanhares. Não é nada elegante. Ninguém vai querer ficar puxando bagagem como um boi puxa o arado! Como você vai fazer para parar sem que a mala bata em você? A última coisa que alguém vai querer é usar um cinto que parece de palhaço!" E assim por diante.

Todavia, o entusiasmo gerado pela perspectiva de tornar os trajetos pelos aeroportos mais fáceis e eficientes, e de ao mesmo tempo criar alguma coisa genuinamente nova, que transformasse o conceito de viagem, deve ter sido imenso. E era fácil notar que a atenção positiva que seu engenhoso dispositivo despertava nos espectadores admirados (e, quem sabe, até invejosos) alimentava ainda mais seu entusiasmo.

POSSIBILIDADES PIONEIRAS

PRIMEIRA ETAPA – ESCOLHA UM OBJETIVO DE VALOR:
Para abrir novas possibilidades, você precisa primeiro escolher um Objetivo de Valor. Neste exercício, você começará com o seu Desafio Máximo. Em seguida, fará uma lista de outras opções para praticar a criação de Objetivos de Valor no seu trabalho e na sua vida.

Em uma folha de papel, escreva o seu Desafio Máximo e, abaixo dele, liste três outros objetivos – três coisas que você sempre teve vontade de fazer mas nunca achou que fosse possível – que, a seu ver, envolveriam altos índices de motivação, força e entusiasmo.

Vá além das tradicionais resoluções de ano-novo – escolha objetivos que o deixem entusiasmado só de pensar em realizá-los, mas sempre lhe pareceram fantasiosos.
1. "E se eu pudesse…?"
2. "E se eu tentasse…?"
3. "E se eu…?"

PROJETE SISTEMAS PERSONALIZADOS

Uma vez que você ou sua organização tenham decidido o que realizar – seu Desafio Máximo –, a próxima questão é como realizá-lo. É aqui que você vai realmente precisar apelar para seu espírito criativo, porque para abrir novas possibilidades você talvez tenha de inventar novas maneiras de fazer determinada coisa, meios adequados a seu estilo ou suas necessidades. A boa notícia é que você não precisa ser um gênio criativo para entrar nesse

Se a necessidade é a mãe da invenção, a adversidade é a mãe das possibilidades.

jogo. Se o seu objetivo, como seu Desafio Máximo, tiver mérito, e se você realmente quiser alcançá-lo, as soluções surgirão.

A essas soluções sob medida, Paul e eu damos o nome de Sistema Personalizado. Como sua assinatura, trata-se de algo exclusivamente seu, e as pessoas o associam a você quando o vêem implementado.

Escalada às cegas

Um pioneiro procura soluções para cada situação e tenta tirar proveito de cada pequeno potencial ainda não formalizado. Mas não me vejo como um Evel Knievel amalucado, que assume uma imensa quantidade de riscos para alcançar o objetivo de realizar algo miraculoso e torce para sair vivo da experiência. Ser cego é uma coisa, mas ser cego e estúpido é uma combinação fatal. Corro riscos calculados – o que faço, na verdade, é buscar soluções – e sou um inovador que tenta descobrir um jeito de realizar coisas que o mundo considera impossíveis.

Um cego se torna muito eficiente em desenvolver estratégias individualizadas, instrumentos e sistemas que o ajudem a realizar coisas simples, que uma pessoa que enxerga realiza sem pensar. Separo minhas meias por cor prendendo-as com alfinetes de segurança: nas pontas, se as meias forem pretas; nos calcanhares, se forem azuis; e, no cano, se forem marrons. Calculo o tamanho de um aposento pelo eco, pelo modo como as vibrações sonoras batem nas paredes e no teto. Quando era calouro na universidade, as garotas muitas vezes me diziam: "Eu me sinto muito à vontade com você, porque não me julga por minha beleza superficial. Você consegue ver a minha beleza interior." O que elas não sabiam era que eu tinha inventado um código de apertos de mão secretos com alguns amigos. Dependendo de como eles apertavam minha mão, eu sabia qual era o aspecto da garota e se ela era uma pessoa que, na opinião deles, eu gostaria.

Para subir uma grande montanha ou escalar um paredão, é essencial criar e aperfeiçoar novas estratégias, instrumentos e sistemas. São esses Sistemas Personalizados que dão à equipe maior segurança e a tornam mais produtiva e mais eficiente – muitas vezes, essa é a diferença entre o sucesso e o fracasso. Há um tipo de nó para cada situação; há uma maneira específica de colocar os crampons para você não tropeçar numa correia solta e rolar montanha abaixo; escolher o sistema de agasalho adequado à meia-noite, quando você está espremido numa tenda minúscula, determina se você vai ficar hipotérmico depois de vinte horas de escalada; e a maneira como você organiza o equipamento dentro da mochila, de modo que encontre o que precisa rapidamente, faz a diferença entre se dar bem e ficar com os dedos ulcerados pelo frio.

Na vida diária, também, sempre há soluções – só é preciso criá-las. Algumas vezes, basta ler um livro, aplicar um procedimento que já existe ou seguir um manual. Mas, em geral, contamos mesmo é conosco. Quantas vezes descartamos uma coisa por considerá-la impossível, sem nem sequer dedicar um pouco de tempo, sem passar pelo processo da dor e do fracasso, para descobrir o caminho? Quando não existe livro, nem procedimento, nem manual e nós mesmos temos de inventar estratégias, instrumentos e sistemas, desde o começo, é nisso que está a aventura.

Quando pensei em fazer alpinismo no gelo – galgar cachoeiras congeladas, por exemplo –, muitos especialistas me disseram que não era uma boa idéia. "Não é a mesma coisa que subir pelas rochas", alguém comentou. "O gelo é instável. Você tem nas mãos ferramentas de metal grandes, pesadas e pontudas e precisa saber exatamente onde golpear. Se bater no lugar errado, vai quebrar um enorme pedaço de gelo, do tamanho de uma geladeira... Ele vai cair e esmagá-lo ou, pior ainda, o seu parceiro." Isso pareceu bem ruim.

Sabia que não podia ascender da mesma forma que os alpinistas em geral, golpeando o gelo azul, saudável, e evitando o gelo branco, frágil. Assim, aprendi a escalar de outra maneira. Usando a audição no lugar da visão, aprendi a utilizar as ferramentas para gelo como se fossem extensões das minhas mãos e a sentir com a ponta delas. Quando percebo um ponto fraco no gelo ou uma superfície côncava acima de uma saliência, bato de leve com as ferramentas, sentindo a vibração através do gelo e escutando o timbre das pancadinhas. Se eu escuto um "dongue!" – o som produzido por um grande sino –, isso significa que um grande pedaço de gelo pode se desprender e cair em cima de mim: não se pendure nesse lugar!... Se escuto um som metálico, como o produzido em um prato por uma colher, significa que uma porção de fragmentos pequenos e afiados pode explodir no meu rosto. O som que procuro é rico e profundo, um som parecido com o de um malho batendo em manteiga congelada. Quando escuto esse tipo de som, sei que posso me pendurar ali porque vai suportar o meu peso.

Dados esses exemplos, que características comuns dos Sistemas Personalizados você pode aplicar em seus desafios e objetivos? Os pioneiros levam consigo um bom equipamento de apoio, o seu PROPS*.
As melhores soluções geralmente são:

1. **P**ortáteis. A maioria dos Sistemas Personalizados pode ser levada de um lugar para outro.
2. **R**eproduzíveis, **R**eaplicáveis, ou ambos. Podem ser facilmente reconstituídas, reutilizadas ou repetidas.
3. **O**riginais. Tendem a ser inteligentes e únicas.
4. **P**essoais. São adequadas e adaptadas a você – a seu estilo e suas necessidades.
5. **S**imples. Envolvem o mínimo de etapas, dificuldades e recursos. Não são cheias de complexidades que servem apenas para originar erros. Nem sempre é fácil criar algo simples.

A estratégia de Erik para subir por paredes de gelo é portátil, reaplicável e reproduzível: ele pode levar seu sistema consigo para qualquer paredão de gelo; qualquer pessoa cega que tenha adquirido as habilidades necessárias pode aprendê-la; e ele pode usar a técnica repetidas vezes. Também é original e pessoal. Ele mesmo a inventou e é adequada tanto a suas necessidades como a seu estilo particular. Para completar, é um sistema simples. Requer somente movimento e som. Um bom PROPS. E, quando você está tentando desenvolver agilidade, simplicidade e eficácia, os PROPS podem realmente ajudá-lo.

A nossa viajante de mãos livres desenvolveu um ótimo PROPS. Seu sistema era portátil; ela podia desenganchar o artefato da mala, guardá-lo na bolsa na maleta e levar para qualquer lugar. Era fácil de reproduzir com peças similares. Era inteiramente original e pessoal e muito simples. Foi por isso que obteve admiração instantânea. Um grande Sistema Personalizado.

PRATIQUE ATÉ ALCANÇAR A PERFEIÇÃO

Observe que os Sistemas Personalizados dos exemplos acima não foram aperfeiçoados instantaneamente, nem sequer nas primeiras tentativas. De fato, muitos iniciaram como protótipos, bastante rudimentares e precisando de um bom refinamento. Lembre-se: aquilo que parece uma resposta é geralmente o começo de uma veloz estrada de descobertas, que pode acabar por conduzi-lo a um lugar inteiramente novo.

---

* Propósito em inglês coloquial. (N. da R. T.)

Não desanime. Pode parecer que as pessoas citadas nesses exemplos tiveram um lampejo de genialidade que resultou numa solução elegantemente projetada que funcionou instantaneamente. É exatamente o contrário. A maioria dos Sistemas Personalizados é tanto o resultado da tenacidade e do empenho quanto da inteligência. Foi assim que aconteceu com o primeiro aeroplano dos Irmãos Wright: a maioria dos pioneiros tem depósitos secretos abarrotados de versões que fracassaram. Os líderes têm de reconhecer isso e apoiar as experiências estratégicas e seus fracassos iniciais, se esperam algum dia desenvolver o tipo de Sistema Personalizado que estabeleça o diferencial da sua empresa no mercado.

Possibilidades Pioneiras

Segunda Etapa – Projete Sistemas Personalizados:
Comece com seu Desafio Máximo, seu primeiro Objetivo de Valor. Depois, faça as seguintes perguntas para aguçar seu raciocínio e liste *todas* as soluções possíveis.

1. Como posso atingir este objetivo? De que *outras maneiras*? (Repita até obter uma lista de todas as idéias que lhe venham à cabeça.)
2. Qual é a melhor maneira de fazer isto acontecer, dados os recursos de que já disponho?
3. Como a pessoa mais criativa que conheço enfrentaria este desafio?
4. Que soluções criativas encontrei em situações totalmente diferentes desta, mas poderiam ser modificadas para se encaixar neste objetivo?
5. Que sistema ou método poderia projetar para atingir este objetivo que fosse um bom PROPS?
   - **P**ortátil
   - **R**eaplicável ou **R**eproduzível
   - **O**riginal
   - **P**essoal
   - **S**imples
6. De todas as idéias que listei, qual é a mais viável ou tem maior probabilidade de vir a funcionar?
7. De todas as idéias que listei, quais me entusiasmam mais a examinar e possivelmente desenvolver?
8. Qual delas teria mais chances de ser endossada por um especialista na área?
9. Qual delas tenho vontade de perseguir até ver funcionar?

Voar às cegas

Quando decidi experimentar o vôo livre em parapente, imediatamente me deram a conhecer todas as razões pelas quais isso era impossível para um cego. Porém o meu instrutor, Bill, pensava de maneira diferente. Ele me disse: "Não sei exatamente como você vai fazer isso, mas aposto que existe um jeito. Se estiver disposto a tentar, eu o ajudo."

Assim que começamos a treinar, descobrimos que várias partes do vôo com parapente eram táteis, não visuais. Aprendi a conhecer de memória cada um dos cordões que ligavam o arnês à asa, o que me permitia perceber se algum deles estava emaranhado antes de iniciar o vôo. Para decolar, eu tinha de correr à toda por uma ladeira íngreme, exatamente na direção do vento. Os parapentes utilizam as correntes de ar quente que vêm do solo para subir. Descobri que era capaz de perceber o momento em que entrava em contato com uma dessas correntes, porque a parte frontal da asa se erguia e me inclinava um pouco para trás.

Porém, como Bill sucintamente explicou, os maiores obstáculos para mim seriam definir a direção do vôo e pousar. Para me orientar na direção, Bill se comunicava comigo desde a base da colina por meio de dois rádios pendurados no meu pescoço. Havia dois para o caso de um deles falhar. E, se ambos falhassem, Bill tinha um megafone.

Quando você se aproxima para aterrissar, precisa sinalizar e diminuir consideravelmente a velocidade, movendo os cabos à sua frente. Se não reduzir, você pode se esborrachar no chão a oitenta quilômetros por hora. Bill podia me dizer pelo rádio quando eu deveria reduzir, mas, se houvesse algum problema com ele ou eu tivesse de fazer um pouso de emergência, tinha de ser capaz de fazê-lo sozinho.

Discutimos diversas soluções de alta tecnologia, como um altímetro sonoro, mas esses aparelhos ainda não eram confiáveis nem tinham precisão suficiente. Finalmente, decidimos amarrar uma corda longa pendurada no arnês, com um sino preso na ponta. Se tudo desse certo, o sino soaria quando batesse no chão e me avisaria que era hora de reduzir. Os primeiros pousos foram bastante difíceis, enquanto fazíamos experiências com sinos de diversos tamanhos e com diferentes comprimentos de corda. Os primeiros eram muito pequenos, eu mal conseguia ouvi-los. Assim, prendemos uma campainha grande, dessas que se penduram no pescoço das vacas, que eu não somente podia escutar como sentir, no meu corpo, quando ela batia no solo. Logo aprendi que se desce muito mais depressa quando se atingem elevações mais altas. Por isso, era preciso uma corda mais comprida. Quando o vento sopra na sua direção, você cai mais devagar. Nesse caso, era preciso uma corda mais curta. Com todos esses sistemas funcionando juntos, até mesmo um cego consegue executar uma perfeita aterrissagem em pé de vez em quando.

Assim como acontece com tantas outras tentativas pioneiras, quando Erik teve vontade de voar de parapente e lhe disseram que não poderia, ou não deveria, e mesmo assim ele conseguiu, sua recompensa foi o respeito que, mesmo a contragosto, lhe concederam. Ele não ficou fazendo discursos antes ou depois da sua façanha: "Estão vendo?" ou: "Eu não disse?" Não foi preciso. Ações silenciam muitas palavras. Os resultados gritam, enquanto as palavras sussurram.

Os resultados gritam, enquanto as palavras sussurram.

O ponto-chave aqui é que os sistemas rudimentares que você e sua equipe imaginarem a princípio vão precisar de muito trabalho persistente para se tornar simples, elegantes, confiáveis e perfeitos.

Possibilidades contagiosas

Um dos maiores benefícios do pioneirismo é a rapidez com que ele se espalha pelas várias esferas da sua vida. Minha esposa, Ellen, e eu temos uma linda filha, chamada Emma.

Antes de Emma nascer, uma coisa que me preocupava muito era como eu poderia cuidar de uma criança se não era capaz de pegar uma bola, jogar jogos de tabuleiro nem mesmo trocar fraldas. De fato, com respeito às fraldas, tentei convencer Ellen de que não podia fazer isso, uma vez que era cego. Infelizmente, eu acabara de retornar do monte Everest e ela simplesmente não aceitou essa desculpa.

Seja como for, já que era um Objetivo de Valor – participar totalmente da criação de Emma –, projetei e depois fui praticando alguns Sistemas Personalizados. Um amigo me ajudou a adaptar jogos como *Candy Land* [Terra dos Doces], de modo que identificasse cada casa do caminho que leva ao Castelo dos Doces com quadrados de material tátil. Descobri alguns livros de histórias infantis transcritos para o braile e posso ler para Emma quando ela vai dormir. Comprei bolas grandes de plástico inflável que podemos jogar um para o outro e não machucam quando ela me acerta na cabeça. Instalei um grande colchão de luta livre no porão da casa, em que Emma e eu podemos brincar e rolar sem nos machucar. Ellie e eu inventamos um sistema para localizá-la quando está por perto. A regra é que, toda vez que eu perguntar "Onde você está?", ela tem de responder: "Bem aqui, papai" imediatamente. Ficar escondida ou em silêncio é proibido.

Ao longo dos anos, refinamos esses sistemas, e agora me sinto razoavelmente confiante na minha função paterna. O fato é que eu gosto tanto de ser pai que Ellen e eu decidimos enriquecer nossa vida com um desafio ainda maior – e também uma bênção. Decidimos dar um irmão a Emma e adotamos um garotinho da Guatemala, na esperança de lhe dar uma vida melhor. Quando ele chegar, estarei preparado com alguns sistemas novos para enfrentar o caos de lidar com duas crianças.

Possibilidades pioneiras

TERCEIRA ETAPA – PRATIQUE ATÉ ALCANÇAR A PERFEIÇÃO:
Com base nos exemplos anteriores, utilizando seu Objetivo de Valor e suas primeiras tentativas de criar Sistemas Personalizados, o que você precisa fazer agora para praticar e aperfeiçoar seu método até desenvolver um PROPS eficaz?

- *Quais são* os critérios para uma solução ou um Sistema Personalizado eficaz?
- *Onde* e *como* você pode praticar seu novo sistema?
- *O que* vai tentar fazer primeiro?
- *Como* refinar sua solução?
- *Onde* e *como* poderá experimentá-la?
- *Quem* pode lhe dar um *feedback* útil?
- *Quando* poderá começar?
- *De quanto tempo* precisa para desenvolvê-lo?

Agora que você possui um *Objetivo de Valor* – o seu *Desafio Máximo* – e algumas idéias iniciais sobre *Sistemas Personalizados* e como *Praticar até alcançar a perfeição*, está pronto para começar a escrever a primeira versão de sua História Pioneira.

HISTÓRIAS DE PIONEIRISMO

Em todas as esferas da vida, são os pioneiros que têm as histórias mais espantosas, e todas têm o mesmo roteiro. Em primeiro lugar, os pioneiros – sejam indivíduos, sejam empresas – possuem um Objetivo de Valor (motivação, forças, entusiasmo). Os pioneiros enfrentam a adversidade. Em segundo lugar, em vez de desistir, os pioneiros se empenham em descobrir um meio (Sistema Personalizado) de utilizar os recursos disponíveis (PROPS), para avançar e tornar possível o impossível. Em terceiro lugar, os pioneiros praticam seus sistemas até atingirem a perfeição. Se o sistema falha, eles o modificam e então praticam mais, até que a solução funcione e possa ser aplicada com confiança, dando-lhes mais segurança quando tiverem de enfrentar obstáculos no seu caminho.

Dados os componentes do roteiro, como você gostaria que fosse a sua História Pioneira? E não pense que para isso você precisa ser um gênio com poderes super-humanos. Reflita sobre os seguintes exemplos e sobre a narrativa de Erik.

Acalentar a esperança

Durante a última década, devido aos cortes nas verbas escolares e ao declínio das populações locais, muitos sistemas de escolas rurais vêm sendo ameaçados, sucateados e até mesmo fechados. Uma entre milhares, Wray, uma cidadezinha de pouco mais de 2.000 habitantes, localizada no extremo nordeste do estado do Colorado, foi forçada a cortar quase 750.000 dólares do orçamento escolar do Distrito RD-2. Vinte pessoas ficaram sem emprego, e o distrito mergulhou numa verdadeira crise.

Em 2002, desesperado para contrabalançar os contínuos reveses, o superintendente escolar de Wray desafiou seu pessoal a descobrir novas fontes de renda e redefinir sua maneira de administrar a escola. Eles tinham um Objetivo de Valor. O superintendente esperava salvar o sistema da ruína financeira e também melhorar a qualidade da experiência educacional dos 700 alunos matriculados nas doze séries. Apresentando a crise de forma positiva, ele desafiou os funcionários a se tornar pioneiros.

Jay Clapper, professor de tecnologia agrícola e supervisor vocacional da escola de ensino médio de Wray, identificou as vantagens potenciais contidas nessa adversidade – encarou o desafio como um sinal verde para apresentar um projeto que vinha acalentando havia bastante tempo. Para ele, era como se o vento tivesse trazido a resposta. Como se tratava de uma escola localizada em distrito rural, sua idéia representava um verdadeiro Sistema Personalizado. Exigiria usar os recursos do distrito de uma nova maneira para gerar possibilidades e riqueza para a comunidade. Teria de ser uma idéia portátil (algo que ele pudesse oferecer a outros distritos, caso desejasse) e reproduzível, assim como original (nunca realizada antes dessa forma), pessoal (algo que tivesse a ver com sua personalidade e seu estilo) e simples (não no sentido de fácil, mas de elegante e bem-acabada).

Da janela da sua sala de aula, ele avistava uma colina estéril que, a seu ver, seria o local ideal para a instalação de um gerador eólico. Clapper propôs ao superintendente que a escola construísse um naquela colina para reduzir a conta de luz da escola, que era de aproximadamente oitenta mil dólares por ano. Nessa época, ele conhecia apenas os elementos básicos da produção de energia eólica, mas acreditava na sua idéia e teve a determinação e a curiosidade de explorar suas possibilidades. Ele sabia que seria necessário muito trabalho e prática para que a idéia desse certo.

Jay começou a se informar, de todas as maneiras possíveis, sobre a viabilidade do seu projeto. Quando não estava dando aula, passava o tempo pesquisando sistemas de geradores eólicos, fazendo contatos e conquistando aliados para o projeto. Seu primeiro avanço foi quando finalmente obteve o apoio do Sindicato dos Agricultores das Montanhas Rochosas, que concedeu uma subvenção de três mil dólares para ajudá-lo a construir um projeto-piloto. Em seguida, o distrito escolar o ajudou a conseguir um subsídio maior.

Porém, a cada etapa do caminho, Clapper encontrava novas resistências. De fato, mais de uma vez, ele achou que a idéia tinha morrido na casca, mas continuou determinado a ressuscitá-la e levá-la até o fim. Jay Clapper sempre encarou o projeto como algo maior que ele próprio. Não queria passar o resto da vida imaginando o que poderia ter sido. A maioria dos pioneiros enfrenta essa "hora da verdade" – quando surgem os pensamentos de que é melhor desistir –, mas emprega seu Objetivo de Valor e a adversidade que encontra pelo caminho como combustível para redobrar seus esforços e seguir em frente.

Enquanto o projeto progredia e a logística começava a se encaixar, Clapper teve de lidar com a questão de onde ligar o gerador. O lugar mais lógico era justamente o que parecia despertar maior oposição. Ele pensava em ligá-lo na rede municipal e rural, mas se viu diante de regulamentos complicados. "Por que não ligar o gerador primeiro na escola e vender a varejo a energia que sobrar?", ele pensou então. Mas de novo encontrou dificuldades para obter o apoio necessário. A mudança decisiva ocorreu quando Clapper conseguiu o apoio de pessoas de fora da cidade que manifestaram interesse em adquirir a energia produzida pelo gerador. Só assim os pratos da balança se inclinaram a seu favor. A cidade acordou e percebeu o risco real – de que, no final das contas, poderia não se beneficiar do projeto –, e sua atitude com Clapper começou a mudar.

Finalmente, Clapper conseguiu angariar mais de um milhão de dólares para desenvolver e instalar um gerador eólico capaz de produzir 1,5 megawatts, suficiente para suprir um quarto das necessidades de energia elétrica da cidade e gerar cerca de 180.000 dólares por ano em novas receitas para o distrito escolar. Por meio de uma tenacidade incansável e do refinamento progressivo de sua idéia, Clapper realizou o que pretendia, deixando atrás de si a rica tapeçaria de seu legado pioneiro – uma história incluída no saber local. Além dos benefícios econômicos imediatos, os estudantes de Wray assistiram em primeira mão ao que acontece quando um indivíduo abre novas possibilidades ao perseguir um Objetivo de Valor. Durante muitas décadas, os estudantes vão aprender sobre sustentabilidade e energia limpa. E, quando outras comunidades rurais do país tiverem de enfrentar suas próprias adversidades, encontrarão no gerador de Jay Clapper um exemplo do que é possível. Pelo resto da sua vida, Clapper se sentirá profundamente gratificado pela contribuição que fez à sua comunidade[5].

Possibilidades pioneiras

Alguns anos atrás, tive uma oportunidade única na vida de subir por uma torre de 300 metros de altura, em Moab, no estado

---

5. Narrativa adaptada com a permissão de Mike Savicki, o autor do texto original. Fontes de apoio: Colorado Public Radio, entrevista com Jay Clapper, www.cpr.org, "America's Schools Use Wind Energy to Further Their Goals", U. S. Department of Energy, www.eere.energy.gov, "Electricity from the Wind: A New Lesson for Schools", www.windpoweringamerica.gov.

de Utah, ao lado de dois fabulosos pioneiros. Nós três formamos uma equipe inigualável.

Meu primeiro parceiro era Mark Wellman. Quando tinha 19 anos de idade, Mark caiu do alto de um pico na Sierra Nevada e quebrou a coluna. A notícia de que jamais seria capaz de caminhar outra vez sacudiu seu espírito até os alicerces, mas isso não o impediu de atravessar todos os dolorosos exercícios de reabilitação; desenvolver a musculatura dos ombros, das costas e dos braços e, finalmente, aprender a escalar de novo.

Mark inventou um engenhoso sistema de ascensão, utilizando um arnês corporal preso a um jumar, um dispositivo mecânico que morde o cabo como se fossem dentes, tornando possível deslizar cabo acima, mas nunca abaixo. Em cima, ele prendeu ao cabo, também por meio de um jumar, uma barra usada para exercícios. Mark deslizava a barra cabo acima, até onde seu braço alcançava. Quando parava de empurrar, a barra travava e ele se pendurava nela, alçando-se. Ao chegar, descansava um pouco e repetia o processo inteiro. Como o cabo é elástico e a barra oscila, Mark só conseguia subir cerca de vinte centímetros a cada puxada. Cinco anos depois do acidente, usando seu Sistema Personalizado, Mark galgou o perigoso paredão de quase mil metros de altura do monte El Capitán. Calcula-se que ele tenha feito sete mil elevações em sete dias.

Hugh Herr era o nosso outro parceiro. Aos 17 anos de idade, já com a reputação de brilhante alpinista, acostumado a escalar tanto rochas como paredes de gelo, Hugh alcançou o cume do monte Washington durante uma ventania, desorientou-se e acabou caindo em um buraco, onde ficou entalado durante três dias, o suficiente para congelar suas pernas. Após ter as pernas amputadas abaixo do joelho, Hugh foi para a universidade e obteve um doutorado em Engenharia no Instituto de Tecnologia de Massachusetts, onde construiu pernas protéticas extremamente leves, além de um inovador par de pés destacáveis, projetados especialmente para alpinismo. Eram dois tipos de pés, ambos muito menores que os de pessoas adultas, fabricados com a mesma borracha adesiva empregada para fazer sapatos de montanhismo. Um par era preso verticalmente e utilizado para se fincar nas fendas; o outro era horizontal e usado para se firmar em saliências estreitas como a largura de um dedo. Cinco anos após o acidente que sofrera, Hugh era um alpinista melhor do que antes. Durante algum tempo, foi classificado entre os dez melhores montanhistas dos Estados Unidos. As revistas o chamavam de "o homem de seis milhões de dólares". Hugh brincava, atribuindo seu sucesso ao fato de ser dez quilos mais leve do que antes.

Durante a trilha de 3.200 metros até a base onde começava a ascensão, tive o privilégio de carregar Mark nas costas, suas pernas descansando em meus braços dobrados, enquanto me esforçava para enfiar os bastões de caminhada no solo à nossa frente. Com seus 75 quilos nas costas e seus braços musculosos apertados ao redor do meu pescoço, nós dois parecíamos um *videogame* descontrolado. Mark me gritava as direções desesperadamente: "Sulcos profundos na trilha!" Eu dobrava para a esquerda a fim de evitá-los. "Uma rocha à esquerda!" Eu guinava de volta para a direita e saltava pelos sulcos outra vez, aos solavancos.

Hugh liderava a subida quase vertical. Eu vinha em segundo lugar, seguido por Mark. O dia estava ficando mais frio e começava a nevar. Gritei para Mark: "Você não tem outro par de luvas na mochila? Está tão frio que Hugh nem está sentindo mais as pernas." Hugh apenas resmungou. Ao chegarmos ao topo, sentamos juntos. O vento soprava forte e a neve estava ainda mais pesada. Mark finalmente quebrou o silêncio: "Nada mau para três aleijadinhos, hein?"

Foi a partir dessa experiência que Hugh, Mark e eu concebemos a idéia da *No Barriers* [Sem barreiras], uma organização sem fins lucrativos destinada a abrir as portas da oportunidade para deficientes e ajudá-los a alcançar os ásperos, mas lindos espaços abertos do mundo. Cada um de nós tinha desenvolvido um Sistema Personalizado que nos permitia escalar. Era tempo de ir além e ajudar outros a encontrar maneiras de realizar seus próprios sonhos, não importa quais fossem as dificuldades.

Realizamos nosso primeiro festival em Cortina, na Itália, no coração da cordilheira das Dolomitas. Diversas centenas de amputados, paraplégicos e cegos convergiram para lá, onde interagiram com cientistas e pesquisadores que estavam projetando as mais recentes tecnologias de apoio. Os participantes puderam testar as melhores e mais atualizadas cadeiras de rodas disponíveis no mercado, do mesmo modo que pernas protéticas de alta tecnologia, com joelhos computadorizados que permitem a amputados acima dos joelhos caminhar novamente, pela primeira vez desde que perderam as pernas. Um tecnólogo cego conduziu outros cegos em passeios a pé, utilizando somente um GPS com voz para orientá-los na rota.

Atletas como eu fizeram demonstrações de escalada às cegas; Mark dirigiu uma excursão de ciclismo manual para um grupo de paraplégicos. No final do encontro da *No Barriers*, Hugh, Mark e eu completamos outra escalada juntos para demonstrar o que era possível fazer. A televisão italiana denominou nossa equipe de "prodígio dos Alpes". Em junho de 2007, ocorreu nosso terceiro festival em Squaw Valley, na Califórnia.

Não gostaríamos todos de ouvir dentro de nós uma voz profunda e confiante que nos informasse a direção a tomar – qual caminho vale a pena, qual é apenas tolice? Só que isso nunca acontece. Quase sempre sou atraído por um resultado que acredito poder alcançar. Em geral, começa com uma sensação incômoda, que vai ficando mais forte a cada dia que passa. Começo a pensar que, com as condições certas, os sistemas certos e a equipe certa, o projeto pode ser realizado. É empolgante me pôr em movimento e tentar transformar minha crença em realidade.

Uma das formas de adversidade mais comuns é a incerteza inevitável que nos confronta quando tentamos alguma coisa nova, que ainda não foi testada. Dizendo de maneira simples, em nossa condição de pioneiros, estamos sempre escalando às cegas. Venho subindo em rochas há mais de vinte anos e existe uma coisa que não mudou desde a primeira vez. É o desejo de *ir além.*

Como pioneiros, avançamos pelo desconhecido, predizendo, calculando, esperando e orando para encontrar aquilo que procuramos, apesar de saber que não há garantias. Dedicamos a mente e o corpo a essa expansão, mesmo sabendo que é quase impossível reverter o curso. Esse tipo de medo é avassalador – o medo de tropeçar e dar de cara no chão, o medo de fazer papel de bobo perante os amigos e colegas, o medo de descobrir que não somos tão bons quanto pensávamos ou ainda o medo de chegar ao nosso limite e não conseguir avançar mais. Todos esses medos podem conspirar contra nós e nos paralisar, fazendo-nos desistir de ir além ou até mesmo de começar.

Contudo, a vida é um contínuo e interminável processo de avançar pelo desconhecido, sem nunca saber o que vamos encontrar. Estamos sempre tentando alcançar imensas possibilidades. Podem estar invisíveis, porém sentimos sua presença. E é através desse *ir além* que abrimos novas possibilidades e atingimos a grandeza de todos os dias.

Para se preparar para a jornada pioneira que se encontra à sua frente, você terá de "enxugar" sua vida de modo que leve pelo caminho as coisas de que realmente necessita – o que requer escolhas difíceis, porém gratificantes. O Quinto Pico ensinará você a viajar com pouca bagagem, porém a bagagem certa.

Quarto Pico • Possibilidades pioneiras

Princípio norteador
Para transformar a adversidade em vantagem e abrir novas possibilidades, você às vezes precisa ir além dos métodos e soluções-padrão e comprovados. Os que vêem benefícios onde os demais só enxergam prejuízos são geralmente os que conseguem vencer.

Primeira Etapa – Escolha um Objetivo de Valor
- Motivação: *Por que você quer fazer isso?*
- Forças: *Que habilidades são necessárias? E quanta força de vontade?*
- Entusiasmo: *Qual o seu grau de empolgação com isso?*

Segunda Etapa – Projete Sistemas Personalizados utilizando os critérios PROPS
- **P**ortátil ou **P**ortável – Pode ser levado para qualquer lugar.
- **R**eaplicável ou **R**eproduzível – Pode ser recriado, reproduzido, ou ambos.
- **O**riginal – Nunca foi feito antes (exatamente desse jeito).
- **P**essoal – Adequado a você e seu estilo de vida.
- **S**imples – Não é fácil, tampouco apresenta complexidades desnecessárias.

Terceira Etapa – Pratique até alcançar a perfeição
- *Quais são* os critérios para uma solução ou um Sistema Personalizado eficaz?
- *Onde* e *como* você pode praticar com o novo sistema?
- *O que* você vai tentar primeiro?
- *Como* refinar sua solução?
- *Onde* ou *como* você pode experimentar?
- *Quem* pode lhe dar *feedback* útil?
- *Quando* poderá começar?
- *De quanto tempo* precisa para desenvolvê-lo?

Escreva sua história pioneira
- Que Objetivo de Valor – Desafio Máximo – você vai enfrentar a despeito das opiniões negativas, praticando incansavelmente até atingir a perfeição? *Que tipo* de Sistema Personalizado será necessário para alcançá-lo?
- Qual será o legado do seu avanço, depois de você inaugurar essas possibilidades?
- Quem se beneficiará do que você realizou?

QUINTO PICO

CARGA CERTA, CARGA LEVE

Maciço de Vinson
Acampamento-base: 2.100 metros de altura
Cume: 4.897 metros – o pico mais elevado da Antártida

> Não é quanto a vida dura que importa,
> mas a sua profundidade.
> Ralph Waldo Emerson

Nunca escutei ninguém dizer: "Eu me sinto melhor comigo mesmo quando me encolho diante da adversidade." Todavia, já escutei inúmeras pessoas dizendo sinceramente que – se ao menos tivessem mais tempo e energia, menos responsabilidades e obrigações – encarariam a adversidade de maneira mais positiva. São todos esses "se ao menos" que me fazem parar e pensar. Em geral, essas racionalizações têm tudo a ver com os fardos reais da vida. Chega um momento em que até as coisas que possuímos perdem o significado e começam a se tornar um estorvo.

Descobri que fica muito mais difícil subir uma montanha se você levar excesso de carga ou a carga errada. De forma semelhante, é difícil ser ágil e eficaz para lidar com as adversidades do dia-a-dia se você estiver sendo puxado para baixo por todas as diferentes prioridades que disputam sua atenção. Quando isso acontece, as distrações cotidianas enterram o potencial da grandeza diária.

Sempre que me preparo para uma expedição, tenho de enfrentar problemas semelhantes. Tenho de me perguntar o que realmente preciso e o que é desnecessário. Creio que os mesmos princípios se aplicam à vida. Às vezes, as pessoas querem fazer algo realmente importante, mas não sabem o que levar na viagem. Faz sentido: quanto mais alto você sobe, mais estratégico e atento deve ser ao planejar e arrumar a bagagem.

O Quinto Pico equipará você com os princípios e ferramentas necessários para uma carga leve, mas certa, de tal modo que tudo, desde recursos, tempo para realizar o trabalho e até sua saúde, esteja em ordem para que você consiga avançar pelo Ciclo da Adversidade. Através das lições de Paul sobre como se equipar para enfrentar a vida, você saberá como tirar proveito das dificuldades e desenvolver sua alquimia.

Para Chris Morris e eu, chegar na Antártida foi uma lição sobre levar pouca carga e a carga certa. Só existe um velho avião militar de transporte de carga que faz o árduo trajeto de seis horas pelo estreito de Drake, e mesmo assim só quando os ventos antárticos quase constantes se acalmam o suficiente para que ele possa pousar. Como ele precisa carregar o combustível necessário para a viagem de volta, cada quilo faz diferença. O limite de bagagem por passageiro se restringe a 45 quilos, incluindo o equipamento pessoal mais parte do material da equipe. Quarenta e cinco quilos podem parecer o bastante, mas quando você pensa numa expedição que deve durar provavelmente três semanas, durante a qual você queimará umas 5.000 calorias por dia sob temperaturas que chegam a cinqüenta graus abaixo de zero, a tendência é exagerar na bagagem.

Além disso, uma vez que ninguém verifica o peso dos passageiros quando eles entram no avião, alguns alpinistas, procurando um jeito de passar a perna no sistema, descobriram uma saída para o limite de bagagem. Eles embarcam, suando sob o sol chileno, já vestidos com as roupas acolchoadas e as gigantescas botas de plástico, com cafeteiras e celulares enfiados nas pernas das calças. Embora soubesse que o limite de peso era um assunto muito sério, não resisti a enfiar um pacote de dois quilos de M&M de amendoim nas minhas próprias calças. Chris Morris enfiou três salsichas gigantes nas suas. De fato, todos estavam tão pesados que os companheiros de equipe tinham de se ajudar mutuamente para sentar e levantar dos assentos.

Como Chris e eu tivemos de esperar na extremidade meridional da América do Sul por nove dias, até que passasse o mau tempo, chegamos à Antártida com muito atraso em relação à data planejada. O piloto que nos deixou no acampamento-base informou que voltaria para nos buscar dentro de uma semana – mal e mal o tempo necessário para chegar ao cume do monte, sem contar com nenhuma margem de atraso por causa do clima. Teríamos de andar muito depressa. Os alpinistas que sobem o monte Vinson costumam carregar tanto equipamento que são forçados a fazer duas viagens até cada acampamento do trajeto, mas Chris e eu não podíamos nos dar a esse luxo. Teríamos tempo para subir apenas uma vez. Passamos as duas horas seguintes reorganizando e reduzindo as provisões, de modo que pudéssemos transportar tudo geleira acima em uma única escalada.

Ao chegarmos ao Acampamento Um nesse entardecer, montamos a tenda entre as de duas equipes que já estavam descendo a montanha. À nossa direita estava uma equipe americana que não conseguira chegar até o cume. Os três estavam instalados no maior conforto dentro de uma tenda luxuosa construída para cinco, com toldo alto e espaço de sobra para o equipamento. Do outro lado havia cinco poloneses que tinham chegado até o pico. Estavam apertados em uma tenda feita para três. Enquanto os americanos se banqueteavam com iguarias como massa e frango à *parmiggiana*, os poloneses haviam sobrevivido durante semanas comendo purê de batata instantâneo misturado com um cubo de caldo de carne para dar sabor.

Os europeus orientais têm a reputação de ser excelentes alpinistas. Depois que o Muro de Berlim foi derrubado em 1988 e as maiores montanhas do mundo se abriram para os países do antigo bloco soviético, os alpinistas do Leste Europeu começaram a se distinguir dos ocidentais. Durante os dez anos seguintes, eles iniciaram uma série de ascensões dos picos mais elevados do mundo, subindo pelas faces mais difíceis e justamente no meio do inverno. Em seus países, três gerações de uma mesma família podem viver, comer e dormir em um apartamento de um único cômodo, em que o aquecimento só funciona ocasionalmente. Assim, viver em uma tenda na montanha não era para eles uma privação ou um sacrifício, mas uma grande distração – as melhores férias do mundo.

Conversando com nossos vizinhos da Europa oriental, ficamos sabendo que a equipe recentemente tinha realizado a primeira escalada de uma face difícil. Haviam passado uma noite inteira lá em cima, pendurados nos arneses. "Como é que foi?", perguntei a um deles. Ele simplesmente respondeu: "Ah, estava frio, exatamente como o meu apartamento em Varsóvia..." Algumas pessoas ficam maravilhadas com a capacidade desses montanhistas de realizar tanto a despeito de sua falta de riquezas materiais, mas acredito que a disciplina e a perspectiva que eles ganharam em suas vidas diárias foi justamente o que lhes deu os instrumentos para alcançar a grandeza.

Do acampamento-base até o primeiro acampamento, Chris e eu tínhamos carregado mochilas pesadas e puxado grandes trenós; todavia, para atingir o acampamento elevado, seria preciso atravessar uma geleira e depois escalar uma parede de pedra íngreme, por isso teríamos de deixar os trenós para trás. Só poderíamos levar as coisas que conseguíssemos carregar nas costas. Desse modo, quando chegamos ao primeiro acampamento, novamente tive de enfrentar o velho dilema dos alpinistas – decidir entre o que deixar para trás e o que levar. Forcei-me a fazer uma pausa e a me concentrar, considerando cuidadosamente cada peça de equipamento de que poderia vir a precisar. Alguns itens me pareciam essenciais para o avanço final, como dois pares de luvas grossas, para o caso de o vento levar um embora. Na Antártida, se os dedos ficam expostos à fúria dos elementos por um minuto que seja, podem congelar e gangrenar.

Do que poderia me desfazer? Logo pensei na escova de dentes. Já havia quebrado o cabo para economizar peso, mas agora decidi que podia passar com mau hálito durante alguns dias e a descartei. Minhas botinas forradas, um par de meias sobressalente, meu precioso Walkman e até mesmo o M&M foram descartados a seguir. Carreguei a mochila só com o equipamento essencial, levei-a às costas e imediatamente percebi que nunca poderia carregar tudo aquilo montanha acima. Recomecei então o penoso processo de decidir o que ficaria para trás. O estojo de primeiros socorros, originalmente do tamanho de uma caixa de sapatos, foi sendo reduzido até caber em um saco plástico com fechamento zip. A machadinha para gelo poderia substituir a tala no caso de um fêmur quebrado, e um rolo de fita isolante servia tanto para consertar um rasgão na tenda como para fechar um ferimento.

Um problema, no entanto, me roía por dentro. Antes de embarcarmos, um programa de televisão me pedira para levar comigo uma câmera de vídeo e filmar o pico da perspectiva de uma pessoa cega. Mesmo relutante, acabei concordando, e agora me recordava de um parceiro de escalada que certa vez cortara as etiquetas de suas roupas de alpinista, empilhara todas no prato de uma balança e proclamara, muito alegre: "Acabei de me livrar de 110 gramas de peso. Agora dá para levar mais uma barra de cereais." Na ocasião, eu dera risada, mas sabia perfeitamente que, se fosse apanhado por uma terrível tempestade durante uma semana, cento e poucos gramas de comida a mais poderiam significar a diferença entre a vida e a morte. Naquele momento, levar comigo uma câmera de vídeo parecia loucura completa, mas eu não tinha escolha, assumira um compromisso, e então a coloquei de volta na mochila.

Dois dias mais tarde, assim que o tempo esquentou o suficiente para sairmos, deixamos o acampamento elevado rumo ao pico. Na minha mochila só se encontravam as coisas realmente necessárias, com a exceção daquela droga de câmera de vídeo. Com nove quilos, a mochila parecia leve nos ombros, todavia, oito horas mais tarde, já se transformara naquilo que os alpinistas chamam de "porco". Eu estava em ótimas condições físicas, mas o "porco" me fazia arrastar montanha acima. Chris, como de costume, gritava para eu subir mais depressa. "A visibilidade está diminuindo!", ele berrava. "Vem tempestade por aí." Depois de todo o treinamento, todos os sacrifícios e toda a espera, eu mal podia acreditar, mas uma câmera de cinco quilos acabaria me impedindo de chegar até o cume. Assim, arranquei-a da mochila e deixei-a em algum ponto da neve, pretendendo apanhá-la de volta quando descesse.

Cento e cinquenta metros mais acima, ainda avançávamos muito devagar. O vento ganhava velocidade e nos fazia parar para resistir às lufadas. Finalmente, Chris e eu tomamos a decisão de deixar as mochilas para trás na subida até o topo. Enfiei uma barra de cereais, um pouco de água e o par de luvas sobressalente dentro da roupa. Já havíamos subido mais alto e chegado mais perto do nosso objetivo, e agora minha perspectiva das coisas de que realmente necessitava se tornara mais aguçada e estreita – assim como o próprio cume.

Foi logo abaixo do cume que enfrentamos o pior teste, uma estreita crista de rocha. O vento gélido martelava contra nós, enquanto eu tateava lentamente ao longo dela, mas sentia-me seguro e forte, porque estava livre do "porco".

No alto do pico, a temperatura se aproximava de cinquenta graus abaixo de zero. Comecei a sentir câimbras nas pernas, e Chris disse que meus lábios estavam azuis de frio. Acredite se quiser, mas quando fui urinar o líquido congelou antes de atingir o solo. Acabara de formar uma nova definição pessoal do que era frio, e é esta que emprego até hoje.

No dia seguinte, o vento e a neve carregada por ele nas cercanias do cume do Vinson estavam ferozes. Se tivéssemos levado um único dia a mais carregando equipamento supérfluo, jamais teríamos chegado até o alto. Mas, aprendendo a montar e levar só a carga essencial, tínhamos conseguido fincar os pés no topo da Antártida.

Embora os alpinistas que voam até o maciço de Vinson tentem iludir o sistema carregando peso extra dentro das roupas, não há como iludir a vida. Ou fazemos as malas com deliberação, considerando o que é realmente importante para nós, ou somos esmagados por uma série de exigências contraditórias. É significativo que o termo *deliberação* contenha a palavra *liberação*. Se levamos conosco a carga leve e certa, nos mantemos livres e, assim, quando a adversidade se interpõe no caminho do que realmente importa, temos condições de dominar e usar sua tremenda energia.

A lição continuamente reforçada por meus clientes empresariais se aplica a cada um de nós e a tudo o que acumulamos na vida diária: enquanto a energia estiver sendo drenada pelo próprio peso que se carrega, é quase impossível mover-se na direção da grandeza.

Ao enfrentar o Quinto Pico, você vai reavaliar e reacondicionar suas *coisas*, seu *tempo*, seu *trabalho* e até a si mesmo, desfazendo-se de todas as cargas desnecessárias que podem estar drenando suas forças ou diminuindo seu ritmo ou o de sua organização. Em cada seção deste capítulo, vamos incluir um Exame da Mochila a fim de reduzir sua carga. O Quinto Pico culminará com você montando sua própria Lista de Bagagem para tirar Vantagem da Adversidade, reequipando-se assim para otimizar os três As – *alquimia, agilidade* e, naturalmente, *adversidade*.

O Quinto Pico também se baseia nas minhas extensas pesquisas dentro de uma área denominada Economia da Felicidade – o estudo da relação entre finanças e satisfação pessoal. Você aprenderá a diferença entre Valor Líquido e Valor de Vida – a fonte de felicidade permanente. Este Pico ensina você a manter a agilidade, a energia e a concentração para realizar sua própria alquimia. No nível individual, vai ajudá-lo a examinar com objetividade e rigor a maneira como você enquadra sua vida, gasta seus recursos e obtém energia, de tal modo que possa realizar a promessa contida neste livro. Como os demais Picos, o Quinto Pico se dirige a você como indivíduo e também como membro de uma equipe, família, organização e comunidade. Ele começa explorando o nosso relacionamento com as *coisas*.

COISAS

*Você nunca consegue ter o suficiente daquilo
de que não precisa para ser feliz.*
ERIC HOFFER

A grandeza diária requer erguer-se acima da mediocridade, mesmo quando a atração gravitacional é enorme. Significa seguir adiante e para cima quando todos os outros já estão acampando. Algumas vezes, pode até mesmo significar abrir mão do conforto e acolher a adversidade. As pessoas que acampam por diversão podem encher um *trailer* até o teto com as coisas mais extravagantes que se pode imaginar. É claro que todas essas coisas vão diminuir a quantidade de quilômetros por litro de combustível, reduzir sua velocidade nas curvas e ocupar bastante espaço, mas a única coisa que elas querem é chegar na próxima área de acampamento, encontrar uma tomada e passar o tempo. Estão perfeitamente dispostas a sacrificar a agilidade por amor ao conforto. Pode-se dizer que elas estão buscando ficar livres das adversidades – fazer com que sua viagem seja a mais tranqüila possível.

Mas dê uma olhada na sua própria bagagem – naquilo que você anda carregando pela vida. Das coisas que você possui e você faz, quantas são realmente importantes para sua "escalada"? Quantas representam simplesmente um consumo de recursos? Em última análise, até que ponto as coisas que você coloca na mochila da sua vida – os objetos que acumula, as decisões que toma, o trabalho que executa, o modo como investe seu tempo e dinheiro, a forma como trata sua própria saúde – estão pesando nas suas costas ou sendo úteis?

Você gasta tanta energia ganhando dinheiro para ter uma casa maior ou adquirir mais coisas que perdeu a habilidade de converter a adversidade em combustível para uma missão mais elevada? Se alguma vez você perdeu uma ocasião importante para seus filhos ou deixou de se reunir com bons amigos só porque decidiu pegar um trabalho extra para ajudar a pagar as contas que você mesmo arrumou, sabe do que estou falando. Você anda tão sobrecarregado de coisas que considera cada vez menos possível ir em busca de oportunidades valiosas? Se for assim, não se sinta culpado. A maioria das pessoas relata que as coisas que carregam mais pesam do que ajudam. É por isso que "mais" nem sempre significa mais.

É fácil identificar isso. Houve alguma ocasião na sua vida em que você percebeu que "mais" era "menos" – especialmente no que se refere a suas coisas? A bagagem adequada requer clareza e disciplina, principalmente diante da adversidade. As coisas correspondem à maior categoria do Quinto Pico, uma vez que são elas que parecem mais nos desviar do caminho certo. Os objetos materiais e o dinheiro parecem inextricavelmente entrelaçados. Coisas custam dinheiro. Coisas podem acrescentar complexidade. Coisas exigem atenção. Seja no trabalho, seja em casa, o dinheiro gasto em uma coisa significa dinheiro não gasto em outra. A maior parte das pessoas está consideravelmente sobrecarregada pelo peso das coisas erradas.

Por que mais se torna menos

Você não precisa arrastar peso extra subindo uma montanha na Antártida para entender por que "mais" pode ser "menos". Certa vez, enquanto esperava na fila para comprar passagens no aeroporto de San Luis Obispo, iniciei uma conversa com Leo, um dos funcionários encarregados de examinar a bagagem, que usava o uniforme da Associação de Supervisão de Transportes (TSA). Eu lhe disse:

– Aposto que vocês já viram de tudo com respeito às coisas que as pessoas carregam ...

– Ah, sim. É engraçado você falar nisso – respondeu ele. – As pessoas pagam mais só para trazer bolsas repletas das coisas mais surpreendentes. No outro dia, um cara teve de pagar oitenta dólares porque trouxe uma cafeteira de capuccino que fez a bagagem ultrapassar o peso permitido. A única coisa que falta é uma banheira plástica dobrável!... Às vezes as companhias aéreas têm de recusar passageiros porque trazem malas pesadas demais...

Leo sacudiu a cabeça, em sinal de desaprovação.

De acordo com Gregg Easterbrook, autor de *The Progress Paradox*, seja qual for o critério que se empregue, os americanos (e não estamos absolutamente sozinhos nesta situação!) tornaram-se mais ricos, gozam de maior conforto e adquiriram maior quantidade de bens materiais nos últimos cinqüenta anos do que em qualquer outra época da história. Todo o seu livro, com as pesquisas que ele inclui para apoiar suas afirmativas, é dedicado ao tema de que mais bens não significam mais felicidade e, em certos casos, podem até significar menos felicidade.

A classe média de hoje goza de maior luxo e conveniências do que a realeza de um passado não muito distante. Apenas um século atrás, todas essas facilidades que servem para economizar tempo e melhorar o estilo de vida, tais como máquinas de lavar roupa, computadores pessoais, automóveis, telefones, geladeiras, lava-pratos, fogões com forno, cortadores de grama, microondas, sistemas de entretenimento doméstico e até mesmo – para a maior parte das pessoas – água corrente, eram coisas inimagináveis. Durante as últimas décadas, a residência média nos Estados Unidos cresceu de cerca de 110 m^2 para quase 240 m^2, acrescentando mais aposentos para menos pessoas. Mais pessoas têm casa própria, abarrotada de mais objetos comprados a preços mais elevados, que podem pagar porque suas rendas também cresceram. Não obstante, a maioria de nós acha que a qualidade de vida vem piorando. O que rouba das pessoas a felicidade é justamente a percepção de que, a despeito dos ganhos óbvios, as coisas em geral estão decaindo. Mais ganhos materiais não conduzem necessariamente a mais felicidade. E, de fato, pode ser exatamente o contrário.

Com a carga errada, mais pode ser menos. Mais coisas causam mais complicação, o que resulta em menos tempo, menos paz de espírito e menos capacidade de enfrentar os desafios mais importantes. É por isso que, algumas vezes, quanto mais acumulamos, mais fracos nos tornamos. Então, quando a adversidade nos atinge, em vez de "enfrentá-la" rogamos para que "seja afastada de nós".

Erik me convidou para fazer parte da sua equipe de apoio na Primal Quest, a principal corrida de aventuras do mundo. É realizada num terreno muito acidentado, e os participantes têm de remar, andar de bicicleta, correr, escalar e se arrastar pelo percurso de 720 quilômetros, que deve ser feito em dez dias, sem nenhum conforto nem descanso – ou seja, o teste final de resistência e bagagem. Erik contava com os suprimentos da equipe, portanto o problema não era esse. Mas eu precisava transportar os meus e estar preparado para qualquer contingência, incluindo longas esperas. Sem saber o que teríamos de enfrentar, minha grande preocupação era reunir as coisas corretas para a expedição. Algumas vezes, quanto mais você carrega, menos aproveita.

Um dia, meu avô de 92 anos, que viera de sua cidade para me fazer uma visita, vinha caminhando vagarosamente pela sala quando avistou, num canto do aposento, o equipamento que eu cuidadosamente separara para a caminhada de dez dias

– Minha nossa! Pelo que estou vendo, você vai participar de uma grande expedição. Olhe só que beleza!... – disse ele, maravilhado, enquanto examinava os apetrechos.

– Sim, é uma excursão muito séria, e a gente precisa planejar e reunir o material certo para não ter de carregar uma mochila de cinqüenta quilos e, ao mesmo tempo, não se meter em nenhuma dificuldade séria oitenta quilômetros trilha adentro, por ter esquecido alguma coisa. É uma questão de escolher as coisas essenciais – disse eu, com meu melhor tom de especialista.

– Essenciais, sei, naturalmente... Dá para perceber.
Meu avô levantou uma engenhoca pequena, que não pesava quase nada:
– Bem, e o que é isto?
– Ah, pois é, ... uma máquina de café desmontável...
– E este monstrengo aqui?
– Ah, essa é a coisa mais engenhosa que há!... É um assento plástico inflável para sentar à beira da fogueira, que pode ser transformado em um colchão para a gente não se machucar com gravetos e pedrinhas – disse eu, fazendo uma demonstração.
Meu avô sorriu:
– Bem que estou precisando de um troço desses... Suponho que esses tubos vermelhos levam algum tipo de combustível, não é...?
– Sim, são fabulosos! Viu como são leves?
Joguei um para o alto para comprovar o que eu dizia:
– Eles levam todo o combustível necessário para esse incrível aparelhinho aqui – um fogão para altitudes elevadas, que permite aquecer comida e água em poucos minutos!...
– Coisa impressionante... Espantosa a tecnologia de hoje. Só me diga uma coisa, Sr. Especialista em Mochilas, quanto é que pesa tudo isso? – perguntou meu avô, acenando o braço para indicar os apetrechos amontoados na sala.
Cocei a cabeça, inspecionei a sala com os olhos e fiz um cálculo rápido:
– Acho que cada um de nós vai carregar uns vinte e cinco quilos – declarei cheio de orgulho, convencido de que vovô estava impressionado com os engenhosos avanços na tecnologia rural. Mas meu avô sacudiu a cabeça lentamente e soltou um longo assobio:
– Pois é o que eu digo... As coisas certamente mudaram muito desde o tempo em que a gente jogava nos ombros uma mochila de cinco, dez quilos no máximo, com algumas roupas e sobras de comida, e depois desaparecia nas florestas por dias a fio. É espantoso que a gente conseguisse sobreviver sem todos esses incríveis aparelhos – disse ele, enquanto me observava com um brilho característico no olhar.
– Pois é, mas, de algum jeito, a gente se virava... E se divertia à beça também, vou te contar...
Ele sorriu carinhosamente:
– Cara, você nem imagina quantos quilômetros a gente conseguia andar com aquelas mochilas leves... Mas não tenho a menor dúvida de que teria sido mais fácil se a gente tivesse essas coisas todas... Acho que só fazíamos o que era preciso fazer. Ora era o tempo, ora as condições da trilha, a falta de mapas, a necessidade de sair atrás de comida, o

fato é que sempre havia um desafio pela frente e tínhamos de improvisar enquanto seguíamos em frente. Às vezes as coisas ficavam pretas... Mas imagino que teria sido bem mais divertido se a gente tivesse todas essas engenhocas incríveis...

Fiquei em silêncio, vexado, sentindo minhas orelhas queimarem ao perceber que meu sábio avô acabara de me dar uma carinhosa lição sobre as coisas que realmente tinham importância. Invejei a agilidade e a inventividade que ele devia ter naquela época. Percebi que comprar, manejar e carregar todos os meus engenhosos confortos poderia me roubar não só os quilômetros como as aventuras do caminho – impedindo que eu desfrutasse a genuína experiência da vida selvagem que ele havia enfrentado de forma tão mais simples, tão mais ágil e, é claro, gastando muito menos do que eu. Eu tinha muito mais, mas aproveitaria muito menos. Ele tivera menos, mas fora capaz de fazer muito mais. Foi então que entendi que, ao me encher de equipamentos, eu me colocava numa posição muito mais frágil do que ele para responder com rapidez e eficiência aos obstáculos ou às intempéries do caminho. Carregando na sua mochila só as coisas essenciais, ele aprendera a apreciar a adversidade. Boa lição, que sempre vou recordar com carinho até o final da vida.

Foi vovô quem me ensinou que coisas demais ou coisas erradas, ou ambas, podem nos puxar para baixo no Ciclo da Adversidade. Quanto mais objetos levamos conosco, mais temos de manter e administrar e menos ágeis nos tornamos. Desse modo, seja lá o que for que entulhamos na vida de nossos filhos ou na nossa, ou em nossos lares, corpos, carrinhos de supermercado e agendas de compromissos diários, sempre temos de encarar a questão básica: "Quanto é o suficiente?" Ou, melhor ainda: "Quais são as coisas certas?" Nos dias de hoje, com tantas opções à sua escolha, você tem de considerar não apenas se anda carregando coisas demais, mas se está levando as coisas certas – aquelas que, em vez de atrapalhar, contribuem diretamente para a sua grandeza diária e agregam valor à sua vida. De maneira geral, não é assim que somos ensinados a pensar no dinheiro ou nos bens pessoais.

Quais são as coisas certas?

Estou sempre indagando de mim mesmo e perguntando aos outros: "O que é essencial para a escalada?" Em outras palavras, o que é realmente essencial para realizar as coisas mais importantes que pretendemos fazer? E quais são as coisas que apenas desejamos? Querer *versus* precisar... Esse é o xis da questão. E é necessária uma tremenda honestidade, para não dizer coragem, para separar uma coisa da outra. Minha humilde observação é que nós, como sociedade, no momento em que saímos da necessidade genuína para os desejos e expectativas, afundamos na horrível e lamacenta cultura da exigência. A maioria das pessoas que têm dinheiro suficiente para comprar este livro gasta a maior parte de seus recursos em coisas que querem, mas de que não precisam. Comida, água, abrigo e segurança, quem sabe amor também, são requisitos para nossa vida. Tudo o mais se situa em algum ponto do ciclo dos desejos, que vai do "relativamente essencial" ao "completamente frívolo". Quais são as coisas certas? Coisas certas são aquelas que, na maior parte do tempo, facilitam, em vez de atrapalhar, os seus esforços para produzir sua própria versão da grandeza diária – fazer aquilo que você se propôs fazer. Pratique a liberadora disciplina de aplicar à sua vida esse filtro e somente as coisas certas permanecerão.

Quanto é o suficiente?

Essa questão está relacionada com a primeira, na qual se baseia. Uma vez que a maioria de nós vive bem além do "necessitar" e mergulhada no "querer", a maior parte das coisas que temos é, por definição, desnecessária. É duro, mas é verdade. Os prazeres não são maus em si mesmos. Não há a menor necessidade de que eles impeçam você de realizar sua vocação superior. Podem até mesmo melhorar seu desempenho. Os alpinistas precisam descansar e se renovar de vez em quando. Precisam se divertir um pouco, para depois poder se concentrar no próximo trecho de rocha. Mas, no momento em que os prazeres ou desejos obscurecem ou – pior ainda – se *transformam* em sua vocação, você tem um problema. Os desejos devem favorecer e não atrapalhar os seus esforços mais elevados. Esse é o teste para qualquer coisa que você pretenda comprar ou jogar fora.

Recentemente fui ao comovente funeral de Milton Thornton, um afro-americano pertencente a uma família de Nova Orleans que, aos 81 anos, sucumbira aos estragos do tempo. Milton ascendeu das raízes mais humildes e era simplesmente uma dessas pessoas altruístas, tementes a Deus, trabalhadoras, de ânimo resistente, um pai, marido, líder comunitário e cidadão dedicado que inspirava todos a seu redor a se tornar melhores. Ele ajudava seus vizinhos, fundou sua igreja, foi pai de três filhos, orava por todas as coisas e praticamente nunca faltou um dia ao trabalho. Ao longo de anos de declarado racismo, sua grandeza diária criou uma família e uma comunidade fortes, éticas, unidas e baseadas na colaboração. Ao ver a quantidade de pessoas que viera de toda parte para assistir ao funeral, e escutar as histórias sinceras sobre como Milton Thornton havia mudado e melhorado suas vidas, percebi como ele tinha sido rico das coisas que de fato são importantes e imaginei quantos homens com recursos materiais muito mais abundantes não invejariam sua riqueza mais profunda.

Quando fui visitar a casa modesta em que ele e sua esposa, Bárbara, haviam criado os filhos e morado por quase cinqüenta anos, novamente percebi quão pouco uma pessoa precisa para fazer o que precisa fazer. Quando perguntei a Aaron, seu filho mais moço, se os seus pais algumas vezes se haviam sentido injustiçados pela vida – considerando seus sacrifícios, seu carro velho, as férias modestas e sua minúscula residência –, ele abriu os braços, indicando a sala cheia de parentes, e disse: "Meu pai sempre soube o que realmente era importante e esta – esta é sua fortuna. Sempre houve, digamos, *o suficiente*."

Quanto é o suficiente? Exatamente o que é preciso para que você faça aquilo que deve fazer. Além disso, a habilidade de empregar o olhar disciplinado para separar os desejos das necessidades e desfazer-se do desnecessário, juntamente com o uso disciplinado do cartão de crédito para gozar somente os prazeres que realmente favorecem e nunca impedem seu caminho, será exatamente o que é preciso para energizá-lo, deixá-lo ágil e pronto para enfrentar a vida com todas as suas adversidades.

Valor Líquido *versus* Valor de Vida

O custo de uma coisa é a quantidade de… vida que é preciso empenhar para obtê-la, imediatamente ou a longo prazo.
HENRY DAVID THOREAU

Se você tivesse um lucro financeiro súbito e totalmente inesperado, o que faria com ele? Que efeito esse dinheiro e a maneira como você o utilizaria teriam sobre os seus três As – agilidade, alquimia e adversidade? Você usaria o dinheiro para deixar sua mochila mais pesada e cheia das coisas erradas? Ou o utilizaria para tornar sua carga mais leve e melhor? Nesse caso, como faria isso?

Você já deve ter percebido que, toda vez que estamos tendo uma conversa significativa a respeito das coisas, não demora muito para que venha à baila o assunto dinheiro. E você provavelmente já percebeu que as pessoas que demonstram algum tipo de grandeza geralmente fazem coisas diferentes com seu dinheiro. Elas o utilizam para elevar-se, não para acumular. Elas o utilizam para ajudar a financiar grandes desafios, não para se distanciar da possibilidade de enfrentar desafios. O dinheiro tem importância estratégica como meio de financiar o que é mais relevante, e não de demonstrar quem é que tem mais.

Um dos exercícios mais úteis para ajudá-lo a repensar a função do dinheiro na sua vida é o Quadro do Valor Líquido-Valor de Vida que apresentamos abaixo. Primeiro, vou definir os termos. Então você vai preencher o quadro, a fim de alcançar uma nova percepção da sua situação, direção atuais e das suas aspirações na vida. Finalmente, você identificará possíveis maneiras de ajustar o curso dela.

VALOR LÍQUIDO

Valor Líquido é algo que você espera ter na coluna do haver. É simplesmente o que sobra depois que você subtraiu tudo o que deve de tudo o que tem. Desse modo, o Valor Líquido pode ser positivo, se você tem mais do que deve, ou negativo, se o seu débito é maior do que seu crédito – a triste realidade para um número crescente de pessoas ao redor do mundo que se deixaram levar pelo frenesi dos cartões de crédito. Para muitas pessoas, o principal objetivo financeiro é aumentar o máximo possível seu Valor Líquido.

VALOR DE VIDA

Em contraste com o Valor Líquido, o Valor de Vida é aquele que você atribui à vida e obtém dela. É, portanto, um instrumento de medida da sua grandeza diária. Em outras palavras, representa aquilo que sobrou depois que você subtraiu todos os fatores negativos (qualquer coisa que prejudique ou diminua sua qualidade de vida) de todos os fatores positivos (todas as coisas que a enriquecem). É formado de duas partes: aquilo que você dá à vida (amor, energia, filantropia, atenção, bondade etc.) e aquilo que recebe em troca (satisfação, paz e contentamento). Ou, para ser mais simples, é a resposta que você, depois de parar um pouco e refletir, daria à pergunta: "Qual é o valor da sua vida?" Puxa!, que pergunta mais difícil!...

Se você, de alguma maneira, se sentir insatisfeito com a resposta – por exemplo, se o seu primeiro pensamento for "Menos do que deveria ser" –, então este pode ser o momento perfeito para empregar os princípios e instrumentos que este livro lhe oferece. A adversidade, se usada da maneira correta, alimentará o valor da sua vida. Se for mal administrada, diminuirá muito o valor da sua vida. Você tem de ser um alquimista para conseguir maximizar o Valor de Vida.

É o Valor de Vida que define a grandeza diária. Você pode estar no topo de uma montanha de Valor Líquido e mesmo assim se sentir totalmente miserável; mas, se estiver no pico do Valor de Vida, você vai se sentir nada menos do que realizado. Quanto mais você valoriza o Valor de Vida, tanto mais é capaz de dar. E parte da grandeza diária é parar de cuidar de sua própria pele e enriquecer os que se encontram ao seu redor. Quando se trata de carga leve, carga certa, o desafio é utilizar seu lucro líquido, isto é, seu dinheiro, para maximizar o Valor de Vida.

O Quadro do Valor Líquido–Valor de Vida

O Quadro do Valor Líquido–Valor de Vida vai ajudá-lo a entender o lugar em que você se acha agora, aonde pretende ir e a direção que está seguindo. Também vai ajudá-lo a reconhecer o papel que tem a adversidade na realização dos seus objetivos. O eixo vertical representa o Valor Líquido (VL), ou seja, quanto dinheiro você tem, descontadas todas as suas dívidas. Quanto maior o Valor Líquido, mais alta sua posição no eixo; quanto menor, mais embaixo você fica. O eixo horizontal representa o seu Valor de Vida (VV), o valor que você dá à vida e recebe dela. À direita, o Valor de Vida é alto; à esquerda, é baixo.

- ▸ Primeira Etapa – o seu Ideal. Assinale com um X grande e bem visível o ponto do quadro que representa o que você está lutando para conseguir na vida. Em outras palavras, que ponto do quadro melhor indica o equilíbrio de Valor Líquido e Valor de Vida que você gostaria de atingir?

- ▸ Segunda Etapa – a Realidade Atual. Assinale com um ponto visível (•) o local do quadro que indica onde você se encontra agora. Em outras palavras, se as pessoas que o conhecem melhor fossem totalmente honestas e marcassem no quadro o lugar em que você está, baseando-se não em suas palavras ou intenções, mas em suas ações e comportamento reais – naquilo em que você investe tempo e energia –, onde elas indicariam que se encontra seu equilíbrio de VL e VV?

- ▸ Terceira Etapa – a Direção. Acrescente agora a seu ponto uma seta para indicar a direção que você está tomando agora. Esta deve ser baseada nas circunstâncias presentes da sua vida real. Você está se dirigindo para mais Valor Líquido e menos Valor de Vida? Está se deslocando para obter menos ou mais de cada um? (Veja o exemplo abaixo.)

Reflita sobre o quadro que você preencheu: qual é sua combinação ideal de Valor Líquido e Valor de Vida? Você optou por mais Valor de

**QUADRO DO VALOR LÍQUIDO
–VALOR DE VIDA**

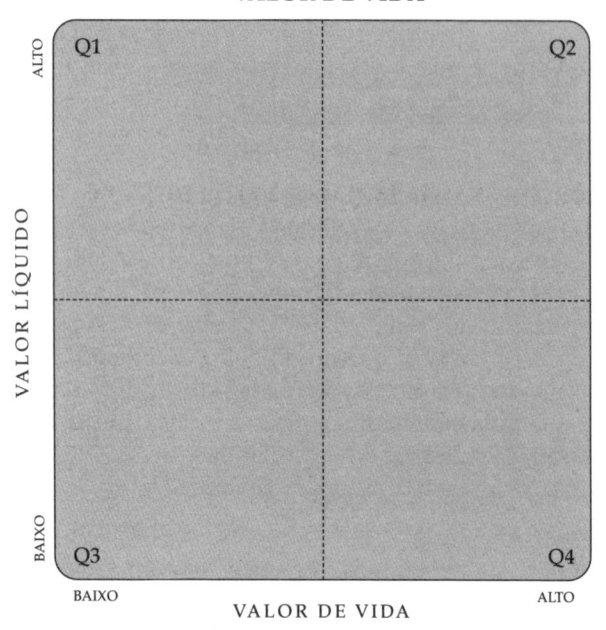

	Q1 (Alto Valor Líquido, Baixo Valor de Vida)	Q2 (Alto Valor Líquido, Alto Valor de Vida)
VALOR LÍQUIDO		
	Q3 (Baixo Valor Líquido, Baixo Valor de Vida)	Q4 (Baixo Valor Líquido, Alto Valor de Vida)

VALOR DE VIDA

Vida ou mais Valor Líquido? Ou marcou o ponto extremo em ambos? Aproximadamente nove em cada dez pessoas escolhem mais Valor de Vida do que Valor Líquido. Algumas escolhem o alvo máximo para ambos. Ainda que muitas pessoas prefiram acumular Valor Líquido à custa do Valor de Vida, é extremamente raro que alguém acabe escolhendo como ideal um Valor Líquido mais alto do que o Valor de Vida. E por que não escolher totalmente o Valor de Vida e nenhum Valor Líquido? Porque a maior parte de nós não está disposta a viver como a Madre Teresa de Calcutá, que provavelmente tinha um Valor de Vida fenomenal, mas, quando morreu, só possuía seu hábito, suas sandálias, uma bíblia e um rosário. Acontece que é necessário possuir um certo grau de Valor Líquido para financiar o Valor de Vida. A boa notícia é que, para atingir a grandeza diária, não é preciso passar por privações materiais.

No meu ramo de atividade, encontro muita gente interessante quando viajo. Em uma tarde tempestuosa, enquanto esperava no Aeroporto Logan, em Boston, por um vôo que fora suspenso temporariamente por causa do tempo, casualmente escutei um cavalheiro que falava ao celular. Seu aspecto indicava que ele descendia de alguma mistura étnica inidentificável da África setentrional, e, a julgar por suas

UM QUADRO SIMPLES DO VALOR LÍQUIDO – VALOR DE VIDA

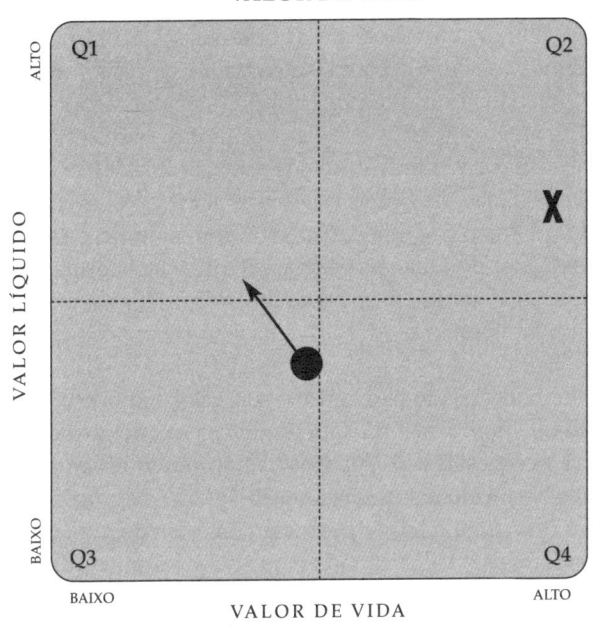

	Q1 ALTO	Q2
VALOR LÍQUIDO		X
	Q3 BAIXO	Q4
	BAIXO	ALTO

VALOR DE VIDA

mangas puídas e pelo estado da bolsa de viagem, ele certamente não era rico. Mas parecia muito entusiasmado e falava de forma bastante enfática a respeito de dinheiro: "Trezentos e vinte e quatro dólares! Está me escutando? É só o que precisamos. Trezentos e vinte e quatro dólares! Cada vez que conseguirmos angariar essa quantia, poderemos comprar mais uma bomba hidráulica e salvar outra aldeia!... Sim?... Eu...? Cansado? Mas como é que eu posso pensar em dormir, sabendo o que trezentos e vinte e quatro dólares podem fazer?" Ele abanava os braços teatralmente para pontuar suas palavras. Chamada após chamada, ele enfatizava a mesma coisa: "Trezentos e vinte e quatro dólares! É só isso que precisamos!..." Finalmente, quando ele parou de falar ao celular e foi encher sua garrafa de água, pulei do meu assento e entrei na fila do bebedouro atrás dele a fim de satisfazer a minha curiosidade, que se achava em ponto de ebulição. Eu lhe perguntei exatamente o que trezentos e vinte e quatro dólares podiam comprar: "Não pude evitar de ouvir o que você dizia..."

Seus olhos se iluminaram e ele se virou de frente para mim: "Compram um instrumento que não tem preço, meu amigo. Por trezentos e vinte e quatro dólares você pode comprar a invenção mais milagrosa do nosso tempo, pode acreditar!... Você pode comprar uma bomba de irrigação movida a pedal e obter água potável totalmente pura! Você sabe do que estou falando, não sabe? Essas bombas são fantásticas!... Você bombeia assim... (ele imitou com os pés o gesto de pisar num pedal)... e consegue mais água do que pode usar!... As plantações crescem, a aldeia se torna auto-suficiente e salvam-se muitas, muitas vidas!" Olhei em volta, meio que esperando que toda aquela multidão ao alcance da sua voz enfiasse a mão em bolsas e carteiras para comprar um pouco de Valor de Vida. Usar o próximo dólar de Valor Líquido para financiar diretamente o Valor de Vida – empregar os frutos das adversidades que você combateu com tanto ardor para construir uma vida mais rica –, é isso que realmente importa.

Até que ponto você está feliz com sua realidade presente, ou seja, com o equilíbrio alcançado hoje entre o seu Valor Líquido e o seu Valor de Vida? Até que ponto está próximo do local em que gostaria de estar a esta altura e neste estágio da sua vida? Você deixa que a busca do conforto seja um obstáculo à sua causa mais elevada – a grandeza diária? Como tantos outros milhões de pessoas, será que você não está sacrificando cada vez mais o Valor de Vida para acumular mais Valor Líquido, na esperança de algum dia, no futuro, poder comprar com ele um pouco de Valor de Vida, quando então sua capacidade de trabalho provavelmente tiver diminuído e seus anos forem marcados por menos adversidade e maior conforto? Ou você está empregando a adversidade, sem se importar muito com o conforto, para aumentar o seu Valor de Vida – talvez sofrendo um pouco, talvez fazendo sacrifícios deliberados e concentrados para desfrutar um bem maior a longo prazo?

O papel da adversidade no Valor de Vida

Durante os dois primeiros anos de casamento, Ronda e eu enfrentamos algumas adversidades inesperadas. Um dia, ela estava em pé na cozinha segurando um pote de morangos em calda, quando simplesmente o recipiente escorregou da sua mão. Foi um incidente estranho, de dar calafrios. Ficamos os dois em silêncio, assustados. Ela, que nunca fora de se queixar à toa, finalmente revelou que vinha sentindo um estranho formigamento na cabeça e que às vezes suas mãos não funcionavam bem. Evitara me contar porque temia estar com um tumor no cérebro, exatamente como uma amiga que acabara de morrer. Ronda simplesmente ficou esperando que a sensação passasse. Imediatamente, telefonamos para o médico e marcamos um *check-up*. Eu me lembro da incrível sensação de intimidade misturada com vulnerabilidade que tive por ela no momento em que observava os resultados da ressonância magnética do seu cérebro. O diagnóstico era irrefutável e foi confirmado por dois médicos. Ela estava sofrendo de esclerose múltipla. O médico explicou, com toda a naturalidade possível, que a esclerose múltipla é progressiva. Pode ser agressiva ou episódica, devastadora ou tolerável, rápida ou lenta. Não era possível saber de qual delas se tratava. Apenas ficamos sabendo que a vida, como a conhecíamos até então, mudara para sempre. Meu avô paterno, que nem cheguei a conhecer, morreu dessa mesma doença quando ainda era jovem. Já ouvira falar que ela podia devastar uma pessoa. Estávamos determinados a fazer tudo o que estivesse a nosso alcance para reduzir as chances de que ela viesse a sofrer um destino tão cruel e terrível.

Meses antes desse evento divisor de águas, um proeminente investidor, muito interessado nas minhas pesquisas e no meu trabalho com o Quociente de Adversidade, convenceu-nos, a mim e minha equipe, de que, "devido à robustez e exclusividade do seu capital intelectual", tínhamos condições de desenvolver uma das maiores firmas de treinamento e consultoria do mundo. É claro que ficamos empolgados com a idéia de causar um impacto de tão grande alcance. Como muitas outras pessoas, esse investidor empreendedor via o imenso potencial de lucro como a medida real do sucesso. Ele adorava dizer: "Lembrem-se de que ser podre de rico não é crime!..."

Só que fazer isso acontecer não seria fácil. Meu novo sócio, com a sabedoria de sua experiência, deixou bem claro que para desenvolver esse tipo de empresa seria necessária uma dedicação incansável e ininterrupta, ao menos durante os primeiros anos. E também provocaria "um estresse sem precedentes". Alguns de nós achavam que ele estava sendo melodramático, mas percebi, pelo meu conhecimento de suas outras iniciativas, que ele estava mais certo do que errado, talvez até mesmo sendo cauteloso em suas estimativas. Senti-me estimulado pelo desafio, pelos riscos potenciais e pelos resultados positivos que eu antevia. Foi assim que começamos a seguir entusiasticamente a senda promissora de transformar minha empresa, a PEAK Learning, em uma usina de energia de caráter global. Alugamos espaços maiores para os escritórios, conquistamos um grupo de investidores de Wall Street e assim por diante. As rodas estavam em movimento. Foi então que Ronda recebeu o diagnóstico de esclerose múltipla.

Assim, estávamos numa encruzilhada crítica de nossas vidas, entre o Valor Líquido e o Valor de Vida. Por um lado, tínhamos dois filhos maravilhosos, Chase e Sean. Como Ronda tinha acabado de receber esse diagnóstico e não havia garantia de que ela poderia caminhar na manhã seguinte, ou mesmo voltar a caminhar algum dia, estar com ela e os meninos, e poder ajudá-los, havia se tornado o aspecto mais importante da minha vida. E ainda é. Por outro lado, eu tinha essa oportunidade, que surge uma única vez na vida, de me tornar o principal executivo de uma grande empresa, talvez até mesmo uma sociedade anônima, e me aposentar cedo, dono de um grande cofre bancário estufado de dinheiro, com o qual poderíamos fazer o que quiséssemos. Comecei até a racionalizar que, se conseguíssemos sair da zona dos sacrifícios incessantes no prazo de cinco anos, poderíamos ter recursos para ajudar a lidar com qualquer coisa que viesse a dar errado. Ainda que erguer essa grande companhia fosse requerer um enorme compromisso e viagens contínuas, essa poderia ser a coisa mais nobre a fazer. Certo?

Escolhas desse tipo são muito pessoais e sei que a minha própria escolha pode não ser a certa para todo o mundo. Mas a idéia de perder os poucos dias bons que nossa família poderia gozar em conjunto – dias ainda livres dos sintomas mais sérios provocados pela esclerose múltipla – era inaceitável. Para mim, nenhuma quantia de dinheiro valeria a venda dos valores da família, do convívio e da liberdade ou agilidade de estar ao lado de Ronda, caso ela viesse a precisar de mim, que compunham o meu Valor de Vida. Hoje em dia, a mesma tensão dinâmica continua, embora de forma diferente. Limito as viagens a vinte e cinco por cento dos meus dias de trabalho, o que significa que tenho de dizer "não" às solicitações dos clientes com a mesma freqüência com que digo "sim". Tive de redirecionar meu foco, da quantidade de dinheiro para a qualidade do impacto. Algumas vezes, isso se torna difícil. Ronda ainda sofre de esclerose múltipla. Mas até hoje, décadas depois do diagnóstico inicial, nos sentimos muito abençoados: por meio de exercícios, alimentação correta, fortalecimento mental e uma vida sensata, ela tem conseguido manter sua enfermidade praticamente sob controle. De fato, se alguma vez você tivesse a oportunidade de participar de um de seus seminários sobre o tema "Só se é jovem duas vezes" ou de uma de suas aulas de ginástica na academia, jamais suspeitaria da batalha que ela trava todos os dias da sua vida.

O fato é que, embora eu fosse capaz de fazer qualquer coisa para livrar Ronda de sua doença e assumi-la eu mesmo, sou imensamente grato a ela por uma razão bem clara – porque ela nos ajudou a reorganizar nossa vida em torno daquilo que é mais importante. Um dos dons da adversidade é seu poder exclusivo de nos fazer revisar tudo aquilo que incluímos na bagagem da nossa vida. Para Ronda, os rapazes e eu, ela nos fez repensar como investimos nosso tempo e nossos recursos. Ronda tem a mais intensa apreciação pela vida. E é um sentimento contagiante. Para você, o dom pode ser alguma coisa bem diferente. Porém, qualquer que seja, se conseguir dominar sua adversidade da maneira adequada, ela poderá se tornar seu elevador pessoal para gozar um nível de Valor de Vida que você jamais teria atingido sem ter passado primeiro por essa dificuldade.

A adversidade é o catalisador do Valor de Vida. É o minério de mais rico teor a partir do qual podemos construir nosso eu. Se for derretido da maneira correta, oferecerá a mais alta concentração de lições e possibilidades de crescer e melhorar que se pode encontrar.

INCLUA O VALOR DE VIDA NA SUA BAGAGEM

Um exercício extremamente catártico e energizante é fazer uma faxina nas coisas que você possui, pensando em termos de Valor de Vida. Isso tornará mais leve sua carga, para você poder enfrentar sua vida e suas adversidades, possivelmente ricas, de forma mais eficaz. Por onde começar?

Só você pode decidir o que é sagrado ou não ao considerar os três As – a agilidade, a alquimia e a adversidade. Seja simples e firme. Se alguma coisa na sua vida melhora sua capacidade de se relacionar com os três As, conserve-a. Se claramente atrapalha sua capacidade de gerenciar esses três itens, porque seu peso o está puxando para baixo, então jogue-a fora. Você pode até mesmo querer eliminar certas coisas que só servem para alimentar a indolência. Já encontrei pessoas que se desfizeram de todos os aparelhos de televisão que tinham na casa, a fim de poder ler mais, jogar mais uns com os outros ou dedicar-se a um passatempo manual. Outros se desfizeram de seus carrinhos de golfe para fazer mais exercício ou arrumar espaço no quintal para plantar uma horta orgânica. Conheço um casal que trocou seu imenso refrigerador comercial por uma pequena geladeira, só para caminhar um quilômetro e meio até o supermercado com mais freqüência.

As coisas que você pode jogar fora durante a faxina incluem desde grandes investimentos – como imóveis de aluguel que requerem tantas despesas de conservação que lhe roubam o Valor de Vida em troca de um Valor Líquido modesto – até todos os livros insignificantes que ocupam espaço nas prateleiras e escondem as obras de real importância. Você pode se livrar do seu segundo carro, que lhe custa tanto em manutenção, para ter o prazer de um saudável passeio a pé ou de bicicleta até o trabalho. Ou pode dar fim a anos de roupas acumuladas para dar lugar só às vestimentas adequadas para aquilo que realmente importa. Como algumas pessoas, se você realmente entrar nessa onda, talvez decida se mudar para uma casa ou um apartamento menor, a fim de aumentar o seu Valor de Vida – e gastar seu tempo e seu dinheiro em coisas mais valiosas, como viagens, cursos, trabalho voluntário ou qualquer outra coisa mais enriquecedora.

VERIFIQUE SUA MOCHILA

Antes de qualquer escalada, Erik examina metodicamente sua mochila para ter certeza de que incluiu tudo o que vai necessitar. A Verificação da Mochila é o desafio que lhe propomos. É uma oportunidade que lhe damos de encarar algumas questões difíceis, desfazer-se dos pesos-mortos auto-impostos que impedem sua grandeza e colocar na mochila da sua vida a carga leve, mas certa. Enquanto estiver examinando o conteúdo da sua mochila, categoria por categoria, encorajamos você a colocar em prática suas conclusões. Se fizer isso, sua vida toda ficará mais leve e mais centrada. Você vai recuperar um pouco da agilidade vital e energia suficiente para executar sua própria alquimia com a adversidade.

VERIFICAÇÃO DA MOCHILA – *COISAS*

Quais são as cinco coisas, grandes ou pequenas, de que você pode se desfazer agora para tornar sua carga bem mais leve, melhorar sua agilidade e fortalecer sua energia? Faça uma pausa e imagine que está se livrando dessas coisas *agora*. E então...? Faça uma lista.
Observação: talvez ajude dividir as coisas em categorias, de acordo com o tamanho (grandes, médias ou pequenas) ou o tipo (recreação, pessoal, trabalho, família etc.).
Em uma escala de um a dez, até que ponto suas coisas afetam sua agilidade, drenam sua energia e favorecem ou prejudicam sua grandeza pessoal? Reflita sobre tudo o que possui. Então faça um círculo ao redor do número que representa sua resposta mais sincera.

Em geral, minhas *coisas*...

prejudicam completamente minha agilidade			nem prejudicam nem atrapalham minha agilidade				favorecem completamente minha agilidade		
1	2	3	4	5	6	7	8	9	10

drenam completamente minha energia			nem prejudicam nem atrapalham minha energia				multiplicam enormemente minha energia		
1	2	3	4	5	6	7	8	9	10

me tornam	não me tornam	me tornam
pior e menor	pior nem menor	melhor e maior
1 2 3	4 5 6 7	8 9 10

sufocam meu	não afetam meu	maximizam
Valor de Vida	Valor de Vida	meu Valor
		de Vida
1 2 3	4. 5 6 7	8 9 10

A principal mudança que farei no uso que dou ao dinheiro, a fim de financiar mais diretamente o meu Valor de Vida, é: _____

O principal desafio ou adversidade que vou enfrentar para aliviar minha carga e aumentar o meu Valor de Vida é: _____

Por enquanto, a lição mais importante que aprendi sobre as *coisas* é:

TEMPO

*Aquilo a que dedicamos os dias é, naturalmente,
aquilo a que dedicamos a vida.*
ANNIE DILLARD

A primeira categoria, as *coisas*, se refere à maneira como você ocupa o seu espaço e gasta o seu dinheiro a fim de facilitar ou dificultar os três As. Esta segunda categoria, o *tempo*, se refere a um recurso muito mais precioso. Examina como você utiliza os dias e gasta o tempo da sua vida. As pessoas capazes de dominar a adversidade sentem uma urgência positiva correndo por suas veias. Revigoradas pelo último desafio, estão ansiosas pela energia liberada pelo próximo desafio, quando este for enfrentado, absorvido e convertido em lições e experiências enriquecedoras. Sentir-se totalmente vivo causa dependência. Do mesmo modo que a indiferença é a inimiga da paixão, o tempo gasto inutilmente é inimigo da grandeza diária e o demônio que solapa qualquer empreendimento. Todavia, a força gravitacional para nos fazer desperdiçar tempo nunca foi tão forte.

Um dos desafios que as pessoas acima do peso enfrentam é que elas não costumam declarar tudo o que comem. Quando fazem uma análise do seu consumo, geralmente ficam chocadas ao perceber a quantidade de calorias inúteis que, de fato, ingerem diariamente. O mesmo se pode dizer daqueles que estão enfraquecendo os seus "músculos da adversidade" através de um tipo similar de ilusão. O que você consome durante as horas do dia ou da semana em que não está trabalhando? Quanto do que você vê na TV, navega na internet, lê ou faz é realmente nutritivo ou enriquecedor? Quanto dessas coisas não passa de guloseimas mentais cintilantes, atraentes e irresistíveis? Quando está na sala de espera de um consultório, você pega a *National Geographic* ou alguma outra revista informativa, a fim de aprender algo novo a respeito do mundo, ou escolhe as revistas de fofocas ou de moda, somente para folhear e "matar o tempo"? Quando viaja, você passa o tempo aprendendo, conversando, jogando, cantando, refletindo, criando? Ou prefere ler folhetins de ficção, assistir a DVDs estúpidos ou manejar os controles de um *videogame* para melhorar seus escores? Quanto mais tempo e esforço você despender em anestesiar sua vida, tanto mais fraco se tornará para enfrentar as adversidades e tanto mais difícil será abraçar a força da adversidade e se beneficiar do seu combustível vital.

Erik não treina para escalar montanhas caminhando em uma esteira elétrica dentro de uma academia climatizada, enquanto assiste a um programa de televisão. Ele treina ao ar livre, correndo, pedalando e galgando trilhas e rochedos, freqüentemente em condições difíceis, para se manter em perfeitas condições físicas. Tal como demonstraram os alpinistas da Europa oriental que Erik encontrou no monte Vinson, você não pode procurar conforto e esperar atingir a grandeza. Há ocasiões em que é preciso passar por coisas desagradáveis. William James disse: "Todo dia, ou a cada dois, faça alguma coisa pela simples razão de preferir não fazê-la." Todos temos de treinar para alcançar a vida que queremos levar.

Steve Jobs, o lendário presidente da Apple Computer, advertiu os formandos ao discursar numa cerimônia de colação de grau: "O tempo de que vocês dispõem é limitado, portanto não o desperdicem vivendo a vida de outras pessoas." A cada dia, de acordo com seu próprio relato, Steve Jobs se levanta, se olha no espelho do banheiro e se pergunta como se sentiria a respeito do dia que tem pela frente caso soubesse que seria o último da sua vida. Se sua resposta for insatisfatória, ele modifica sua agenda. É ele que impulsiona o seu próprio Valor de Vida. A grandeza diária é uma coisa pela qual você tem de lutar todos os dias.

Então, de que maneira você preenche seu tempo com Valor de Vida? Você é o "mártir das obrigações" – enche sua vida com tantas responsabilidades que elas drenam sua força vital e seu Valor de Vida? Comece com sua agenda particular. Enquanto examina a lista de coisas que marcou para o próximo mês, pegue uma folha de papel e responda às perguntas do seguinte desafio.

O DESAFIO DO TEMPO

NÍVEL UM – BÁSICO
- Quais itens da sua agenda são os mais necessários para sua escalada? Por quê?
- Quais itens da sua agenda são os menos enriquecedores? Por quê?
- Que duas ou três coisas você poderia descartar da sua agenda semanal, por marcarem poucos pontos na escala do Valor de Vida, em troca de algo que marque mais pontos? Faça uma lista.

NÍVEL DOIS – AVANÇADO
1. Pegue uma folha de papel em branco. Coloque-a ao lado da sua agenda e, do lado esquerdo, liste todas as funções diferentes que você exerce na vida (mãe, filha, irmã, chefe, colega de trabalho, estudante, membro da comunidade, voluntária, professora...) Deixe espaço entre elas para escrever.
2. Ao lado de cada função, anote o compromisso que já marcou para a próxima semana que mais vai favorecer o seu Valor de Vida. Pode ser que alguns espaços fiquem em branco.
3. Agora, para cada função, escreva um desafio ou uma adversidade que você gostaria de enfrentar para se aprimorar nessa função.
4. Ao lado de cada função, assinale algo simples que você se comprometerá a fazer na próxima semana para enriquecer o seu Valor de Vida.

Do mesmo modo que as pessoas em dieta não incluem comidas calóricas no seu cardápio de refeições, a maior parte de nós não marca compromisso com a mediocridade intencionalmente. Como bem descreveu um líder estudantil: "Eu simplesmente amo este tipo de desafio, porque faz com que uma semana sem vida se encha do Valor de

Vida!..." Assuma objetivos nobres, enfrente desafios dignos e você enriquecerá o seu Valor de Vida e os três As.

Verificação da Mochila – *Tempo*

Que obrigações específicas você pode ou deve abandonar para aliviar sua carga, melhorar sua agilidade e aumentar sua energia? Faça uma lista de dois a cinco itens em uma folha de papel separada.

Em uma escala de um a dez, anote até que ponto suas obrigações atuais diminuem sua agilidade, gastam sua energia e ajudam ou prejudicam sua grandeza diária. Reflita sobre o uso que você faz do seu tempo. Então faça um círculo ao redor do número que representar sua resposta mais sincera.

Minhas obrigações e compromissos...

prejudicam completamente minha agilidade	nem prejudicam nem atrapalham minha agilidade	favorecem completamente minha agilidade
1 2 3	4 5 6 7	8 9 10

drenam completamente minha energia	nem prejudicam nem atrapalham minha energia	multiplicam enormemente minha energia
1 2 3	4 5 6 7	8 9 10

prejudicam completamente meu Valor de Vida	nem prejudicam nem atrapalham meu Valor de Vida	favorecem tremendamente meu Valor de Vida
1 2 3	4 5 6 7	8 9 10

me tornam pior e menor	não me tornam pior nem menor	me tornam melhor e maior
1 2 3	4 5 6 7	8 9 10

A principal mudança que farei na forma como gasto meu tempo, a fim de aumentar diretamente o meu Valor de Vida, é: _____

_____

_____

O principal desafio ou adversidade que acrescentarei à minha vida para aumentar o meu Valor de Vida é: _____

_____
_____
_____

Por enquanto, a lição mais importante que aprendi sobre *o uso* que faço do *tempo* é: _____

_____
_____
_____
_____

TRABALHO

Acredito que você é o seu trabalho.
Não troque a coisa mais valiosa da sua vida,
o tempo, somente por dinheiro.
É um péssimo negócio.
RITA MAE BROWN

O trabalho apresenta excelentes oportunidades para aguçar as habilidades necessárias para *tirar proveito da adversidade*. A maior parte das tarefas traz consigo uma certa dose de adversidade, mas também constitui uma importante fonte potencial de Valor de Vida – uma oportunidade de demonstrar grandeza na sua vida cotidiana. Sua maneira de se relacionar com o trabalho pode espelhar, e provavelmente vai influenciar, a maneira como você conduz sua vida fora do ambiente de trabalho.

Sei que certos empregos simplesmente são uma droga. Mas, se você atacar o seu trabalho, seja ele qual for, com resolução e criatividade, vai se energizar e criar um impulso positivo ao se inclinar na direção do vento. Ao contrário, se encarar o trabalho como tempo morto, ou apenas como fonte de renda, você vai desperdiçar uma grande oportunidade de fortalecer seus três As.

Devido a seu enorme potencial de gerar Valor de Vida e também adversidade, o trabalho merece um compartimento próprio na bagagem da sua vida. Se for encarado da maneira errada, o trabalho poderá se tornar um grande dreno do seu Valor de Vida e da sua energia. As incontáveis adversidades que você enfrenta no trabalho poderão consumi-lo a ponto de sufocar sua habilidade de transformar o chumbo da sua vida em ouro. Se for encarado da maneira certa, o seu trabalho se encontrará entre as facetas mais enriquecedoras da sua vida. Porém, a maioria de nós apenas acumula as tarefas, obrigações e responsabilidades que compõem o dia de trabalho de maneira inconsciente, dando pouca ou nenhuma atenção ao Valor de Vida.

As vantagens da adversidade não trata de como atravessar as adversidades do seu dia de trabalho, mas de como utilizar essas adversidades para obter vantagens genuínas. Tampouco se destina a mostrar se determinado emprego é adequado a seu cenário ideal de Valor de Vida. Seu objetivo é ajudá-lo a identificar até que ponto você consegue infundir Valor de Vida a qualquer trabalho que execute, de modo a terminar o dia cheio de energia, ou fatigado, no bom sentido. E isso é importante, uma vez que dedicamos ao trabalho os melhores anos da nossa vida.

Horário nobre – o gabarito da energia humana

Se definirmos *contribuir* como dar mais do que você tira, então podemos indagar: (1) Quais são os anos na vida de uma pessoa contribuinte em que ela está no auge da sua energia? (2) Quais são as horas no dia de uma pessoa contribuinte em que ela está no auge da sua energia? (3) Quais são os dias na semana de uma pessoa contribuinte em que ela está no auge da sua energia?

Minha equipe da PEAK Learning e eu tivemos a oportunidade de apresentar essas três perguntas a mais de 100.000 pessoas de várias áreas empresariais, atividades e culturas ao redor do mundo. Suas respostas? (1) Entre as idades de 25 e 55. (2) Entre as sete da manhã e as três da tarde. (3) De segunda a quinta-feira. Essas respostas correspondem a mais de noventa por cento dos respondentes.

Você está surpreso porque os fins de semana não obtiveram uma avaliação mais alta? Eu fiquei!... Há duas razões principais que as pessoas apresentam para explicar essa peculiaridade. Em primeiro lugar, os fins de semana são considerados períodos para a recuperação de energia pela maioria das pessoas. São os dias em que levantamos o pé do acelerador, deixamos a pista de alta velocidade e estacionamos na primeira parada de descanso disponível. Por exemplo, para as pessoas que praticam algum tipo de religião organizada, a guarda do sétimo dia – tempo para descanso, reflexão e conexão espiritual – constitui já metade do fim de semana. Em segundo lugar, existem pessoas que se revigoram também com a expectativa do trabalho, não só durante ele. O trabalho é uma atividade para a qual se preparam para depositar o melhor de seus dons naturais. Por que o trabalho é uma coisa tão importante?

No conjunto, os dados revelam que a vasta maioria de nós gasta suas melhores horas de energia vital no trabalho.

Os dados revelam que a vasta maioria de nós gasta suas melhores horas de energia vital no trabalho.

Muitos livros já foram escritos sobre esse assunto. Mas existem duas maneiras principais de organizar sua vida de trabalho para torná-la mais leve e melhor. Uma delas é inocular sua atividade presente com Valor de Vida; a outra é escolher uma atividade que seja inerentemente rica de Valor de Vida.

Eleve o trabalho diário

A primeira maneira de carregar corretamente o compartimento do trabalho na sua vida é inocular mais Valor de Vida na sua atividade atual. A maioria dos trabalhos não se encaixa na categoria de missão para salvar o mundo ou transformar a vida humana. Eles são bem mais mundanos. Mas a verdade é que, em muitos aspectos, quanto mais mundano e aparentemente sem valor for o seu trabalho, tanto maiores as oportunidades de enriquecê-lo com Valor de Vida. Assim, embora determinadas atividades naturalmente se cerquem de mais propósito ou finalidade que outras, descobrimos que qualquer tarefa pode adquirir significado se você a abordar com um certo grau de criatividade e a disposição mental correta e se estiver disposto a encarar a si mesmo – e não as circunstâncias externas – como a fonte principal de Valor de Vida. Paul e eu ficamos inspirados cada vez que vemos pessoas que trabalham dando prioridade ao Valor de Vida.

Fico profundamente triste quando encontro pessoas que se sentem presas a um emprego insatisfatório porque este é tudo o que elas conhecem ou porque precisam dele para pagar suas contas. Seus relatos de como desistiram dos seus valores e seu espírito em troca de um contracheque são de partir o coração. Todavia, elas *sabem* que a vida pode ser melhor. Talvez eu pareça idealista, mas creio firmemente que o trabalho deve melhorar e não desgastar o seu Valor de Vida. Trocar de emprego pode parecer a maneira óbvia de elevar significativamente o Valor de Vida que você gera com o trabalho. Porém, em muitos casos, pode ser mais nobre reinventar sua maneira de fazer para criar um Valor de Vida maior.

Acabo de me lembrar do meu vizinho Joe. Ele é um dos caras mais trabalhadores e sérios que conheço. Trabalhou vinte e cinco anos na indústria madeireira do centro da Pensilvânia – um jeito árduo de ganhar um pouco de grana – e muitas vezes foi pago para fazer coisas erradas. Ao longo dos anos, as árvores mais fáceis e mais acessíveis já haviam sido cortadas, ao mesmo tempo que o preço da madeira foi caindo. O aumento dos custos e a baixa dos preços realmente colocaram a empresa familiar de Joe numa situação difícil.

Encontrando pouco trabalho lucrativo no corte comercial de madeira, Joe conheceu pessoas que haviam herdado propriedades rurais cobertas de florestas. Ele começou a ser contratado para limpar as terras, a fim de que os donos pudessem vender a madeira pelo preço que conseguissem. O corte prematuro de árvores jovens destruía a capacidade natural de rejuvenescimento da floresta, mas seus clientes estavam motivados demais pelo dinheiro que iam ganhar para se preocupar com os efeitos a longo prazo. Conforme Joe diz: "Tínhamos contas a pagar. Sabe como é? É o dinheiro que decide." Ele amava as florestas, mas sua profissão o forçava a destruir justamente aquilo que mais valorizava. Joe ficava se remoendo por dentro o tempo todo, porque sabia que havia uma saída melhor.

Cinco anos atrás, ele decidiu mudar sua empresa para o município de Gilpin, no estado do Colorado, onde continua a cortar árvores. Só que, agora, em vez de se submeter, ele orienta e educa as pessoas a fazer o corte da maneira correta. Devido ao desmatamento total, muitas das áreas florestais do Colorado perderam sua diversidade de vida. Alguns tipos de árvores voltaram a crescer em grande quantidade, todas no mesmo período. A tendência é que elas desloquem umas às outras e nenhuma delas obtenha a quantidade de espaço e de luz solar de que realmente precisa. Além disso, devido a sérios períodos de seca nessa região, hectares inteiros de árvores foram fatalmente atingidos pelo escaravelho *Dendroctonus ponderosae*, que perfura buracos profundos nos troncos dos pinheiros das espécies *ponderosa* e *contorta*. Joe me contou que a melhor coisa que pode acontecer para a renovação de uma floresta é um incêndio, porque queima todas as árvores pequenas, fracas e doentes, afetadas pela podridão causada pelos besouros, permitindo que as árvores mais saudáveis sobrevivam e se tornem grandes e altivas. Desse modo, hoje ele se considera um substituto humano do incêndio florestal, removendo certas árvores para que outras possam crescer.

Joe também recupera a diversidade florestal, plantando espécies de árvores diferentes, que contribuirão para a sobrevivência mútua, em vez de tolherem o desenvolvimento umas das outras. Ele também desenvolveu um método especializado de plantar mudas que aumenta as possibilidades de sua sobrevivência durante os primeiros invernos. Com os retalhos da madeira que corta, ele constrói casas para pássaros e as distribui estrategicamente pela floresta a fim de atrair os gaios-azuis da montanha e as tanagras ocidentais, que se alimentam de escaravelhos dos pinheiros.

Joe está milhares de anos à frente do madeireiro tradicional. Ele se considera como parte vital da floresta e não como um predador. Através de sua experiência lidando com a adversidade, ele agora ajuda a natureza a recuperar o delicado equilíbrio que foi prejudicado pelos seres humanos, e o seu exemplo inspira outros a também tratar bem das florestas. Ele cria saúde e sustentabilidade para os bosques e, ao mesmo tempo, proporciona um bom nível de vida à sua família. "Estou tentando tornar a vida um pouco diferente." Vi pessoalmente Joe empregar seu amor e conhecimento das florestas para afetar positivamente as coisas que lhe são importantes. Ele faz o mesmo que fazia antes, só que de maneira totalmente diferente, e seu Valor de Vida melhorou consideravelmente. Algumas vezes, basta que você siga fazendo o que sempre fez, porém de forma um pouco diferente.

Em vez de trabalhar nas majestosas florestas do Colorado, você gostaria de ficar parado ao relento vendendo peixe, no meio do nevoeiro, suportando ventos furiosos? Na costa central da Califórnia, uma doca de pesca local tem duas lojas de frutos do mar que apresentam um contraste marcante entre si. É um ancoradouro destinado exclusivamente ao trabalho da pesca, que se projeta cerca de quilômetro e meio oceano Pacífico adentro, em uma baía grande e protegida. Numa balsa próxima, um bando de focas em algazarra se escarrapacha aqui e ali, enquanto as gaivotas mergulham na esperança de pegar algum bocado casualmente abandonado. Durante o dia inteiro, pequenos barcos de pesca descarregam ali suas cargas modestas, para serem limpas e vendidas.

Na face norte do cais fica uma loja de frutos do mar que tem um sortimento respeitável da pesca do dia. Em um quadro branco colocado do lado de fora da janela através da qual você grita seus pedidos, você lê a lista de preços. Na maior parte das vezes, você tem que repetir para ter certeza de que a pessoa do lado de dentro, que parece visceralmente irritada por ter sido interrompida por um cliente, reconheça sua presença com um grunhido, antes de desaparecer pelos fundos para procurar e embalar o que você pediu. Os frutos do mar são frescos; o atendimento é que é ruim. É mais ou menos o que se pode esperar de um estabelecimento desse tipo. Bons frutos do mar, preços razoáveis, péssimos atendentes. Mas não se pode culpá-los. Quem deseja passar o dia embrulhando peixes fedorentos, embaixo daquele nevoeiro frio e úmido?

Do outro lado do ancoradouro, a uns noventa metros de distância, você encontra o estabelecimento de frutos do mar ao ar livre de Winston Lee. A primeira coisa que se nota é a impecável limpeza de seus tanques, balcões e deque – uma verdadeira façanha para um estabelecimento que se encontra sob o constante assalto do mofo e do corrosivo ar salgado. Não importa qual seja o clima, a quantidade de clientes ou a hora do dia, Winston saúda cada freguês com um grande sorriso cordial e, freqüentemente, uma canção nos lábios. "Eu adoro o que faço", explica Winston. "Bons alimentos marítimos deixam todo mundo feliz e saudável. É a melhor comida que existe e ajuda a viver uma vida longa. Tenho o melhor trabalho do mundo. Todos os dias, até embaixo da chuva, deixo as pessoas felizes com meus frutos do mar, porque vendo os melhores alimentos marítimos das redondezas!" Aparentemente, ele executa o mesmo trabalho e presta os mesmos serviços que seu concorrente. Mas, em vez de se queixar do destino, embrulhando os peixes, de má vontade, em papel de açougueiro e despachando logo os fregueses, Winston honestamente cuida de enriquecer a vida das pessoas com seus frutos do mar. Ele se esforça ao máximo para dar a cada cliente alguma coisa extra, opinando sobre o que está mais fresco, ensinando receitas e combinações, oferecendo pechinchas. Seu orgulho, resistência e sentido de missão são contagiosos e aparentemente muito bons para seus negócios. As pessoas fazem fila diante do humilde galpão de Winston, embora a outra loja freqüentemente ofereça a maior variedade.

Esse é o ponto. Se Winston é capaz de transformar em uma missão o seu trabalho estafante de permanecer em pé o dia inteiro, ao ar livre, em um atracadouro frio e varrido pelos ventos, para vender frutos do mar, então você também pode agregar ao seu trabalho mais Valor de Vida. Quando você faz isso, todo o mundo ganha.

E existe ainda um outro ponto. O trabalho em ambos os estabelecimentos envolve bastante adversidade. O nevoeiro, o frio, fregueses mal-educados, peixes malcheirosos, qualidade irregular do produto, pescadores com os quais nem sempre se pode contar e escassas margens de lucro, tudo isso contribui para um dia bastante difícil. O proprietário de um dos estabelecimentos se encolhe sob os golpes da adversidade, enquanto o outro se sente enobrecido por ela. Um é consumido pela adversidade. O outro consome a adversidade como combustível para o seu dia. Um deles é "realista". Mas o outro é um alquimista.

Do contracheque ao cheque da realidade

A segunda maneira de carregar uma carga leve, mas certa, no seu trabalho, é mais radical e passa pela escolha do emprego. Algumas pessoas utilizam a adversidade para abastecer diretamente seu Valor de Vida, mesmo que isso signifique desistir de um emprego bom e sólido para enfrentar um trabalho que muitos de nós não poderíamos suportar. Para Dan Greer, foi a morte de três membros da sua família que o ajudou a acordar para o Valor de Vida.

Depois de trabalhar durante dez anos como engenheiro de controle de qualidade de *software*, Dan sabia que queria fazer algo diferente, mas não tinha idéia do que poderia ser. Então, sua irmã de 32 anos morreu de um câncer no seio, deixando o marido com dois filhos pequenos. A seguir, morreu a mãe de Dan, também de câncer no seio, e, três meses mais tarde, seu pai sucumbiu de cirrose aguda provocada por alcoolismo. Dan foi a pessoa que mais cuidou dos pais durante seus últimos dias, com o auxílio de uma organização local que presta serviços hospitalares domésticos. "Havia duas mensagens ali", ele comentou. "Em primeiro lugar, você não tem nenhuma garantia de tempo de vida. E se você pensa: 'Meu salário é bom, posso me aposentar com 50 anos', você precisa se perguntar: 'E vou ser feliz enquanto espero esse dia chegar?'" A experiência por que Dan passou enquanto ajudava seus pais ensinou-lhe o poder que existe em fazer algo profundamente importante. Assim, ele e sua esposa concordaram que já era tempo de Dan sair da empresa em que trabalhava para usufruir um maior Valor de Vida trabalhando em tempo integral com o grupo de serviços hospitalares. Agora, a cada semana que passa, ele leva para casa um menor Valor Líquido e um maior Valor de Vida. "Percebi que trabalhar com os Hospice Partners era o lugar certo para mim", disse Dan. "Descobri qual era a minha tribo e a minha missão." A alquimia de Dan está transformando o lado escuro da adversidade em luz.

Outras pessoas, ricas em bens materiais, se tornam opulentas das coisas que realmente importam. Eis um dos exemplos mais extremos e esclarecedores que conheço.

Richard Evanson era um dos magnatas da rede de televisão a cabo, imerso na vida agitada de San Francisco. Ele ganhava literalmente milhões, mas sentia-se miserável, tendo aprendido na prática que o dinheiro não compra significado para a vida. Seus relacionamentos amorosos fracassavam, ele se pôs a beber demais e sua vida começou a decair. Esse não é um tema incomum entre pessoas que confundem Valor Líquido com Valor de Vida. Perder emprego, prestígio e salário? Para elas, é o fim do mundo. Então Evanson ouviu dizer que uma ilha remota e estéril se achava à venda no arquipélago Fiji. Numa extravagância, pagou quinhentos mil dólares pela ilha, mudou-se para lá e passou três anos vivendo como um ermitão e se recompondo. Finalmente, recuperado e reposicionado, ele atingiu o ponto em que estava disposto a compartilhar não somente sua ilha, mas também sua nova visão de como a vida poderia ser.

Hoje em dia, Turtle Island é não somente um dos sítios turísticos mais excepcionais do mundo como também uma sociedade-modelo, planejada desde o solo virgem em todos os seus detalhes a fim de maximizar o Valor de Vida para seus 2.500 cidadãos. Evanson, que é chamado de "Big Papa", já plantou ali mais de um milhão de árvores e tornou a ilha auto-suficiente: produz seu próprio alimento e gera toda a energia de que precisa. Ele até oferece atividades ricas em Valor de Vida a seus hóspedes. A intervalos regulares, Evanson compra e leiloa entre seus hóspedes de Turtle Island todas as tartarugas marinhas capturadas pelos pescadores, que do contrário teriam de matá-las e vender seus cascos valiosos. Depois do leilão, o casco da tartaruga marinha assim resgatada é marcado com tinta indelével – que não prejudica em nada a própria tartaruga, mas torna seu casco inútil para os pescadores. Os fundos assim arrecadados são então divididos entre os residentes nativos da ilha, a fim de financiar projetos importantes para seu bem-estar. A sociedade criada por Evanson se baseia na igualdade, na contribuição social, no amor, na gentileza e na harmonia ambiental. Ele não possui um trono e todos se assentam na mesma mesa.

Para melhorar as condições de vida de todos, ele fundou e financia um centro de aprendizagem, uma escola vocacional, um centro médico e outras instalações para seus compatriotas fijianos, tudo gratuito. Por quê? Quando ele morrer, deseja que seu filho e seus amados ilhéus possam dizer: "Ele realmente gostava de nós." Quando lhe ofereceram cem milhões de dólares pela ilha, Evanson comentou: "Não precisei pensar um só momento antes de responder 'não'. Aprendi que nenhuma quantidade de dinheiro pode comprar esse tipo de felicidade." Hoje em dia, Turtle Island se destaca como uma sociedade quase utópica – um modelo do que é possível fazer quando as pessoas agem sem egoísmo e estão dispostas a abrir novas possibilidades em face da adversidade. Exemplos assim extremos servem para nos despertar para os horizontes da alquimia – a capacidade de transformar adversidades em Valor de Vida.

Pessoas como Dan Greer e Richard Evanson se lançaram intencionalmente na adversidade a fim de multiplicar o seu Valor de Vida. Mais fácil representava menos. Mais difícil significava mais. Quer dentro das restrições do seu trabalho atual, quer na criação de alguma coisa inteiramente nova, o mesmo princípio provavelmente se aplicará a você.

Verificação da Mochila – *Trabalho*

Que tipo de ajuste você poderia fazer no seu trabalho para ampliar seu Valor de Vida, aumentar sua agilidade e fortalecer sua energia? Faça uma lista de dois a cinco itens.

Em uma escala de um a dez, quanto o seu trabalho atual interfere na sua agilidade, afeta sua energia e favorece ou prejudica sua grandeza diária? Reflita sobre como você realiza o seu trabalho. Então faça um círculo ao redor do número que representa sua resposta mais sincera.

Meu trabalho...

prejudica completamente minha agilidade	nem prejudica nem atrapalha minha agilidade	favorece completamente minha agilidade
1 2 3	4 5 6 7	8 9 10
drena completamente minha energia	nem prejudica nem atrapalha minha energia	multiplica enormemente minha energia
1 2 3	4 5 6 7	8 9 10
prejudica completamente meu Valor de Vida	nem prejudica nem atrapalha meu Valor de Vida	favorece tremendamente meu Valor de Vida
1 2 3	4 5 6 7	8 9 10
me torna pior e menor	não me torna pior nem menor	me torna melhor e maior
1 2 3	4 5 6 7	8 9 10

A principal mudança que vou realizar no meu trabalho para aumentar diretamente o meu Valor de Vida é: _____
_____
_____

O principal desafio ou adversidade que vou acrescentar ao meu trabalho para aumentar o meu Valor de Vida é: _____
_____
_____

Por enquanto, a lição mais importante que aprendi sobre meu *trabalho* é: _____
_____
_____

VOCÊ MESMO

*Examine sua saúde e, se ela for boa, agradeça a Deus
e a valorize quase tanto quanto a consciência tranqüila;
porque a saúde é a segunda bênção que a nós, mortais,
é dado desfrutar – uma bênção que o dinheiro não pode comprar.*
IZAAK WALTON

Que velocidade pode atingir seu automóvel se o motor está funcionando com apenas metade dos cilindros? De forma semelhante, até onde você poderá ascender se estiver exausto, fora de forma, espiritualmente vazio e emocionalmente desgastado? O que acontece com os seus três As? Mesmo que na bagagem da sua vida você só coloque carga leve e adequada – coisas, obrigações e trabalho que favoreçam seu Valor de Vida –, ainda é você que tem de enfrentar e percorrer o terreno. A agilidade, a alquimia e a adversidade exigem de você o melhor que tenha para dar. Você tem de se cuidar como se fosse um atleta olímpico, para poder transmitir o melhor de si a todos os demais.

Stephen Covey diz que temos de "afiar o serrote", ou seja, investir tempo em nós mesmos antes que nossa eficiência diminua. Se não tomar cuidado, você pode se tornar um mártir do Valor de Vida, que de tanto ajudar os outros acaba se prejudicando. De acordo com a lei implícita do Valor de Vida, você não pode dar mais do que tem nem melhor do que aquilo que recebeu. Para tirar proveito da adversidade, você necessita de força física, emocional, mental e espiritual. O desenvolvimento e a maximização desses quatro tipos de capacidade são essenciais. É por isso que as pessoas impulsionadas pelo Valor de Vida não hesitam em separar alguns períodos do seu dia para se recarregar e rejuvenescer. Intuitivamente, elas compreendem por que precisam sempre elevar a qualidade do seu próprio jogo, a fim de elevar aqueles que se encontram ao seu redor. Dê uma olhada nas pessoas a quem você mais respeita. Provavelmente uma grande parte delas investe primeiro em si mesma, já que são elas que impulsionam o Valor de Vida para os outros.

As pessoas destituídas do Valor de Vida podem se esforçar para melhorar sua forma física a curto prazo ou por razões vazias como a mera vaidade ou exibicionismo. Em vez de fortalecer seus três As, elas se exercitam somente para escutar os elogios superficiais que recebem dos outros por causa de sua aparência física – porque ficam bem de camiseta ou em traje de banho, ou pela quantidade de peso que podem levantar. Mas demonstrar uma boa aparência não é a mesma coisa que se sentir em ótimas condições. Os alquimistas alimentam suas baterias – dedicando-se aos tipos de aprendizagem, exercício, meditação, relacionamento, nutrição e oração que podem rejuvenescê-los – não somente para sua própria satisfação, mas, primeiro e acima de tudo, para favorecer os outros. Estamos falando de um pai que se levanta às quatro e meia da manhã para nadar diversas voltas na piscina apesar do cansaço, pois ele se sente motivado a dar 110 por cento de si mesmo à sua família; ou da amiga que atravessa a adversidade sofrendo com dignidade, porque sabe que seu exemplo inspira os outros a fazer o mesmo. De Winston Lee, que pedala sua bicicleta até o seu trabalho de vender peixe no ancoradouro, porque quer estar cheio de energia e com a cabeça limpa para enfrentar as adversidades do dia; ou Dan Greer, que faz ioga para ficar centrado e forte o bastante para ajudar os outros a suportar suas dores.

É importante que você, como nosso leitor, saiba como Erik e eu tentamos vivenciar a nossa mensagem. Erik galgou os Sete Picos – as montanhas mais altas de cada um dos sete continentes. Ele já modificou a percepção das pessoas sobre quanto é possível. Você poderia dizer que ele já cumpriu sua tarefa, já atingiu o objetivo da sua vida. E, se ele se aposentar, como um jogador profissional cujo contrato terminou, quem poderia culpá-lo? Alpinismo é dureza. Todavia, para Erik, o alpinismo é apenas uma dentre outras maneiras que ele utiliza para ensinar outras pessoas ao redor do mundo a se tornar maiores e realizar mais.

Em vez de se aposentar, Erik começa muitos de seus dias, quando está em casa, dando um passeio de bicicleta de duas horas pela Lookout

Mountain, com um de seus vizinhos que o encontra na porta da sua casa às cinco e meia da manhã; ou então fazendo uma intensa escalada matutina com um de seus outros amigos, quase sempre um colega da equipe que participou da expedição ao Everest, até o topo de um dos *fourteeners* do Colorado; ou escalando um paredão rochoso nas vizinhanças. Essas atividades mantêm seu corpo e sua mente prontos para o próximo grande desafio. Mais importante ainda, preparam-no para enfrentar o restante do seu dia de trabalho, escrevendo ou aprontando-se para sua próxima palestra ou encontro com algum grupo de escolares. E, mesmo que ele seja um dos melhores oradores do circuito corporativo de palestrantes, Erik sempre pergunta mais do que fala – a marca registrada de alguém disposto a aprender. Ele constantemente expande sua mente por meio da exploração, do mesmo modo que expande sua alma por meio da natureza humilde e enaltecedora da profissão que adotou. Por que Erik é tão incansável em sua evolução? Porque dar menos que o máximo de si a Emma e Ellen, sua filha e sua esposa, do mesmo modo que a seus amigos e clientes, é totalmente inimaginável. E, ao vivenciar seu exemplo em atos e não palavras, Erik inspira todos a se tornar melhores e a crescer.

Eu também, de maneira mais modesta, acordo toda manhã me esforçando para viver de acordo com o que ensino. Alguns dias não consigo. Mas, se pretendo treinar presidentes de grandes empresas a utilizar esses princípios para otimizar suas empresas e suas vidas, então devo fazer tudo quanto estiver a meu alcance para viver de acordo com essas lições – como empresário, pesquisador, marido, pai, filho, membro de uma comunidade etc. Assim, quando estou em casa, começo quase todos os dias indo até a praia para remar ou surfar no oceano. Levo comigo meu filho ou um bom amigo e atiramos ao oceano nosso misto de caiaque e prancha de surfe (meus filhos ainda surfam do "jeito antigo") bem ao raiar do dia; e nos lançamos pelas ondas, pegando tantas quantas for possível durante uma hora inteira de aquecimento aeróbico, belezas naturais de tirar o fôlego e toda a alegria induzida pela adrenalina. Com os remos, podemos pegar dez vezes mais ondas que os surfistas na prancha. Assistimos ao nascer do sol, vemos o nevoeiro se dissipar, enquanto as lontras e focas ficam rindo de nossas brincadeiras. É um rejuvenescimento completo, espiritual, emocional e físico.

Em outras manhãs, corro pelas trilhas junto com meu cão. Procuro realmente transformar em uma experiência total os sons, os cheiros e a beleza do dia. Quando estou em viagem, faço questão de ser o primeiro a entrar na sala de ginástica, antes de iniciar cada um dos meus programas, mesmo que tenha dormido pouco. Sempre dá bom resultado. Nas manhãs em que me sinto exaurido por viagens longas, sou assombrado, no bom sentido, pela lembrança de todas as pessoas que tive o privilégio de influenciar com meu trabalho, de tal modo que arrasto os ossos para fora da cama e faço funcionar o gerador de energia por meio de exercícios físicos, de preferência ao ar livre, para alcançar benefícios espirituais para mim também.

Se pretendo continuar sendo um pesquisador digno desse nome, tenho de alimentar minha mente. Pode até parecer exagero, mas trago sempre comigo uma pilha de artigos e revistas para ler em cada vôo de avião e absorvo tanto quanto me é possível, recortando artigos e tentando renovar minha maneira de pensar. Raramente desperdiço um momento. De forma semelhante, se não estou trabalhando enquanto espero no aeroporto, sempre vou a uma banca de jornais e apanho os livros e revistas mais recentes, a fim de alimentar meu espírito com material nutritivo. No quarto de hotel, mantenho a televisão desligada e leio ou faço pesquisas *on-line*. Sei que poderia fazer muito mais, porém acho que esses hábitos me ajudam a ficar por dentro dos acontecimentos e me mantêm atento.

A vida é curta. Trate de otimizar o seu Valor de Vida.

VERIFICAÇÃO DA MOCHILA – *VOCÊ MESMO*

Que ajustes específicos você poderia realizar na maneira como cuida de si mesmo, a fim de ampliar o seu Valor de Vida, aliviar sua carga, melhorar sua agilidade e fortalecer sua energia? Faça uma lista de dois a cinco itens.

Em uma escala de um a dez, registre até que ponto a maneira como está cuidando de si mesmo interfere na sua agilidade, afeta sua energia e favorece ou prejudica sua grandeza diária. Reflita sobre isso e então faça um círculo ao redor do número que representa sua resposta mais sincera.

A maneira como cuido de mim mesmo...

prejudica completamente minha agilidade	nem prejudica nem atrapalha minha agilidade	favorece completamente minha agilidade
1 2 3	4 5 6 7	8 9 10

drena				nem prejudica				multiplica	
completamente				nem atrapalha				enormemente	
minha energia				minha energia				minha energia	
1	2	3	4	5	6	7	8	9	10

prejudica				nem prejudica				favorece	
completamente				nem atrapalha				tremendamente	
meu Valor				meu Valor				meu Valor	
de Vida				de Vida				de Vida	
1	2	3	4	5	6	7	8	9	10

me torna				não me torna				me torna	
pior e menor				pior nem menor				melhor e maior	
1	2	3	4	5	6	7	8	9	10

A principal mudança que vou realizar em mim mesmo para aumentar diretamente o meu Valor de Vida é: _____

O principal desafio ou adversidade que vou acrescentar na minha semana para energizar e aumentar o meu Valor de Vida é: _____

Por enquanto, a lição mais importante que aprendi sobre a maneira como *cuido de mim mesmo* é: _____

LISTA DE BAGAGEM PARA TIRAR PROVEITO DA ADVERSIDADE

Seria irônico permitir que as adversidades se interpusessem no seu caminho justamente quando você está fazendo alguma coisa para tirar proveito delas! Descobri há muito tempo que é fácil ler um livro, ficar inspirado a agir e, depois de largar o livro, não fazer absolutamente nada! Não que você seja uma pessoa fraca ou de mau caráter, mas porque a vida e suas muitas adversidades se interpõem diretamente no caminho.

Desse modo, gosto de fazer as coisas de maneira simples e prática. Foi por isso que reduzi minha vida a esses quatro compartimentos, cada um encabeçado por um título de uma palavra só. E foi por isso também que criei a Lista de Bagagem para Tirar Proveito da Adversidade.

As questões contidas na Lista de Bagagem são desafiadoras. Exigem que você pense um pouco antes de responder. Foram projetadas para que você primeiro indague a si mesmo e depois aos outros. Você pode usá-las como amigo, pai ou líder, para melhorar sua empresa ou a vida de outras pessoas.

Começando com você mesmo, há três escolhas: (1) você pode dar uma olhadela rápida neste desafio e não fazer absolutamente nada; (2) você pode encará-lo de maneira superficial ou acadêmica, preencher as respostas e depois não fazer mais nada; ou (3) você pode enfrentar o desafio! Nosso conselho é que faça uma pausa, reflita, cave profundamente dentro de si mesmo para desenterrar respostas reais, que enriqueçam sua vida, e a partir das quais você possa tomar medidas para melhorar seus três As e alimentar sua grandeza diária.

LISTA DE BAGAGEM PARA TIRAR PROVEITO DA ADVERSIDADE

O objetivo deste exercício é que você se concentre em alguma coisa que possa fazer agora, e depois dar continuidade, a fim de ajudá-lo a preparar uma bagagem que lhe permita otimizar os três As – agilidade, alquimia e adversidade.

Escolher a carga leve e certa não consiste apenas em descartar o peso desnecessário, embora cada Verificação da Mochila já tenha ajudado você a aliviar sua carga. Preparar a bagagem também significa acrescentar estrategicamente as coisas mais importantes para sua escalada.

Coisas

Pensando em todas as coisas que possui, quais itens você adquiriria ou acrescentaria para melhorar seus três As?

Exemplo: Temos um cliente cujo rosto se ilumina quando ele fala da nova bolsa de viagem dobrável que ele e sua mulher trazem o tempo todo com eles, de modo que, se alguma coisa inesperada acontecer, eles sabem aonde ir e podem sair em questão de minutos. Eles se sentem mais ágeis assim, e, quando todos estão ainda desorientados eles já se puseram a caminho. Também usam essa bolsa para saídas espontâneas. Essa bolsa de viagem simboliza sua agilidade em enfrentar a vida.

Tempo
Que novo compromisso você acrescentaria em sua agenda para melhorar seus três As?
Exemplo: Já faz seis meses que uma amiga muito querida sobe escadas correndo, três vezes por semana (dentro de casa e ao ar livre). Agora, seus filhos (que têm 12 e 14 anos de idade) começaram a correr junto com ela. As corridas não somente melhoram sua forma física e aumentam sua energia, segundo ela diz, como há certos momentos da vida em que correr faz diferença, como para pegar um trem, atravessar a rua antes que mude o semáforo ou fugir de um edifício em chamas. Ela quer garantir que eles o consigam. Para ela, isso faz parte da grandeza diária.

Trabalho
O que você vai adicionar a seu trabalho para torná-lo mais rico em Valor de Vida?
Exemplo: Natalie é estudante e paga seus próprios estudos, trabalhando em dois empregos de meio período para conseguir dar conta do recado. Seus empregos são suficientes para pagar as contas, mas ela descobriu que o ponto mais luminoso da sua semana, que, do contrário, seria uma loucura, era ser a irmã mais velha de uma garotinha de 8 anos. Desse modo, ela começou a levar a irmãzinha para trabalhar com ela no balcão do centro de informações da universidade, quatro horas por semana, onde a menina faz um enorme sucesso entre os estudantes e professores. Sua irmãzinha adora "ir trabalhar".

Você mesmo
O que você acrescentaria na sua vida para otimizar sua energia, sua perspectiva e os três As?
Exemplo: Peter é consultor de projetos, pai de três filhos e trabalha fora de casa. Seu dia começa às quinze para as seis e freqüentemente termina depois das dez e meia da noite. Suas múltiplas funções de marido, profissional, pai, membro da comunidade e filho de um casal de idosos o deixam exausto ao final de cada dia. Como resultado, ele às vezes fica impaciente e mal-humorado. Peter passou agora a colocar o despertador para as cinco e quinze, acrescentando meia hora ao seu dia para poder correr com o cão alguns quilômetros ao redor do parque e pelas ruas do bairro, antes que o resto do mundo acorde. Ele agora começa cada dia cheio de energia e pronto para os embates da vida diária.

"Que bom seria!..." é uma das respostas mais comuns a qualquer prescrição que possa melhorar nossa vida. "Parece ótimo. Eu realmente deveria fazer isso, que bom seria se eu tivesse tempo (energia, capacidade...) para..." "Que bom seria se o meu chefe (marido, mulher, filho, professor, equipe...) me desse permissão e espaço para fazer esse tipo de coisas..."

Eu o encorajo a responder de maneira diferente: "Não vai ser ótimo?" Não vai ser ótimo quando você começar a aplicar esses princípios e práticas na sua própria vida? Não vai ser ótimo ajudar sua organização ou sua equipe a repensar as ferramentas que trazem consigo quando têm de enfrentar alguma coisa difícil ou que valha a pena? Não vai ser ótimo sentir-se mais concentrado e eficiente ao fazer o que é preciso para tornar sua carga mais leve e adequada, a fim de melhorar os seus três As e desenvolver o tipo de grandeza diária que irá enriquecer não somente a si próprio, mas todos ao seu redor e também sua empresa?

⚑

A vida é curta e preciosa demais para ser sobrecarregada com qualquer coisa ou pessoa que drene nosso potencial de crescer e dar o melhor de nós. Como pai, marido, membro de uma comunidade e empresário, reconheço que tenho a obrigação moral de me conservar tão alerta quanto possível, para poder produzir o maior impacto sobre as áreas que realmente são importantes para mim – o que inclui ajudar outras pessoas a aumentar seu próprio Valor de Vida. O sucesso de cada escalada que inicio é, em grande parte, determinado pelo grau de eficiência com que eu e minha equipe arrumamos nossas mochilas; preparo a minha depois de dividi-la nesses mesmos quatro compartimentos da vida: coisas, tempo, trabalho e eu mesmo. Lentamente, aprendendo com os muitos erros que cometi, desenvolvi a capacidade de fazer as difíceis escolhas que são necessárias. Você também pode aprender.

Como alpinista, não vejo outro lugar em que as conseqüências dessas escolhas são tão evidentes quanto nos paredões de rocha ou gelo; e, à medida que vou ganhando mais experiência, é aí que aplico meus esforços cada vez mais. Esses paredões lisos, que só podem ser escalados com bastante técnica, são excitantes e desafiadores. Para que haja alguma chance de sucesso, tudo tem de funcionar perfeitamente: deve haver uma cooperação total e eficaz entre os membros da equipe, o tempo deve se manter estável e cada grama de equipamento precisa ser calculado com precisão e servir a um propósito crítico. Em Vinson, transportávamos as tendas às costas, mas carregar sua casa enquanto está escalando um paredão é uma conquista.

A segunda razão por que esses paredões me atraem tanto agora tem pouco a ver com alpinismo. Como tenho família, não me parece certo ficar longe durante meses, que é o tempo necessário para alcançar os picos de altitude mais elevada. Mas, quando escalo esses paredões íngremes e tecnicamente exigentes, em pontos do Canadá e da Europa, posso voltar para casa dentro de duas semanas. É um bom equilíbrio entre o esporte que amo tanto e as pessoas que amo mais ainda.

Mais ou menos até uns trinta anos atrás, os montanhistas não dispunham do conhecimento e das técnicas necessárias para realizar escaladas rápidas e seguras nessas faces de rocha. Assim, eles se resignavam a um estilo denominado "escalada de assédio", em que se arrastavam centímetro a centímetro paredão acima, ancorando cabos permanentes na muralha, subindo vinte ou trinta centímetros de cada vez, esforço após esforço, até conseguir atingir o topo. No final, havia cabos fixos na rocha da base até a borda superior. Isso lhes permitia ascender até o pico e, ao mesmo tempo, manter uma ligação segura com o solo. O problema é que essas tentativas exigiam meses a fio de esforços constantes, recursos maciços e uma equipe imensa e difícil de deslocar.

Porém, alguns pioneiros, equipados com novas ferramentas e uma nova perspectiva, cansados das restrições das táticas de "assédio", descobriram uma nova maneira de subir, que foi batizada de "escalada alpina". Os alpinistas esperam por um período de tempo bom e, transportando tudo o que necessitam nas costas, se empenham numa escalada direta até o topo. Em poucos dias, uma pequena equipe de alpinistas pode realizar o que antes levava um mês com o apoio de um pequeno exército. Uma a uma, as grandes muralhas de rocha do mundo foram sendo conquistadas no estilo alpino, desafiando a sabedoria convencional e expandindo as expectativas a respeito do que era possível ou não alcançar. Por causa do engajamento maior que ele exige e das difíceis escolhas que os escaladores são forçados a fazer, considero o estilo alpino o mais verdadeiro, o mais puro e, em última análise, o mais gratificante quando se chega ao cume.

No momento, estou de olho na maior das aventuras em estilo alpino, a face norte do monte Eiger, 1.800 metros de ascensão vertical. Essa é uma das escaladas mais significativas de toda a Europa. Para você ter uma idéia, a face norte do Eiger foi escalada menos vezes do que o monte Everest. Para mim, chegar até o topo será levar o conceito de carga leve, carga certa a um patamar bem mais alto.

A escalada em estilo alpino é, sem dúvida, a maneira certa de fazer essa escalada, mas, para que seja realizada com eficiência, é necessário empenho, disciplina e coragem. Assim, a questão final deste capítulo é: Você está disposto, como os outros alquimistas que encontramos, a abrir mão de sua base de segurança e se lançar pela vida em estilo alpino, deixando para trás as coisas que o sobrecarregam e puxam para baixo, de modo a causar o maior impacto possível na sua própria vida e na das pessoas que fazem parte dela? Paul e eu acreditamos que a resposta deva ser um sonoro "sim".

Fazer escolhas difíceis, decidir a direção a tomar, eliminar o supérfluo sempre envolve sacrifícios e sofrimento ao longo do caminho. Entretanto, se acreditar na sua escalada com força suficiente, é possível abraçar as dificuldades e ser fortalecido por elas. É exatamente disso que trata o Sexto Pico, "Sabendo sofrer".

Quinto Pico • Carga certa, carga leve

Princípio norteador

A bagagem que você carrega na sua vida e na sua organização pode favorecer ou dificultar seus três As – alquimia, agilidade e eficácia – perante a adversidade. A fim de tirar vantagem das adversidades que surgem no seu caminho, você tem de aprender a transportar a Carga Certa, Carga Leve.

Coisas

- Temos mais possibilidades de escolhas e mais coisas hoje em dia do que em qualquer outro período da história.
- Mais pode ser menos – quanto mais acumulamos, tanto mais isso pesa sobre nós e nos puxa para baixo, matando nossa agilidade.
- Valor de Vida é aquilo que você dá à vida e recebe dela. A chave para obter felicidade a longo prazo é empregar seu Valor Líquido (dinheiro) para otimizar o seu Valor de Vida.
- Se fizer uma limpeza periódica nas suas coisas para conservar somente o que for "essencial para a escalada", poderá aliviar sua carga e fortalecer seu foco.

Tempo

Muitas pessoas se tornam mártires das suas obrigações, acrescentando tantos "requisitos" à sua vida diária ou à sua agenda mensal que não conseguem mais se concentrar nas coisas que são realmente importantes. Além disso, é fácil ser tentado pelas coisas que provocam excitação imediata, em detrimento do que traz benefícios a longo prazo.

Trabalho

Para a maioria das pessoas, as horas de maior energia são gastas no trabalho. É essencial dedicar algumas dessas horas a algo que enriqueça o Valor de Vida. Você também pode multiplicar o seu Valor de Vida no trabalho se reinventar não somente o que você faz, mas também como o faz.

Você mesmo

As pessoas que permanecem ágeis e eficientes diante da adversidade encontram maneiras criativas de manter em movimento o gerador da sua energia, resistindo à tentação fácil de alimentar o corpo, a mente e a alma com "calorias" inúteis e se concentrando em alimentos nutritivos e enriquecedores. Aqui, pequenos investimentos dão retornos significativos.

SEXTO PICO

SABENDO SOFRER

MONTE KOSCIUSKO
Cume: 2.228 metros – o pico mais elevado da Austrália

Não consigo imaginar um destino mais terrível –
um destino pior que a morte – do que uma vida
transcorrida em perfeita harmonia e equilíbrio.
CARL JUNG

A verdadeira questão da vida não é se você terá de sofrer ou não, mas como vai encarar o sofrimento quando tiver de enfrentá-lo. Você vai lidar bem ou mal com ele? Do mesmo modo que não buscamos as adversidades mais terríveis, ninguém deseja nem se empenha em procurar oportunidades de sofrimento. De fato, a própria idéia de sofrer pode parecer insuportável e fazer com que você tenha vontade de fechar este livro bem depressa.

Todavia, o sofrimento pode ser o combustível mais potente para sua grandeza. Ele tem sido o objeto de atenção de todos os principais filósofos e das maiores religiões. Confúcio, Kant, Nietzsche e Sartre, entre incontáveis outros, teceram a dor e o sofrimento como os fios essenciais da condição humana. A Bíblia, a Torá, o Alcorão e o Livro dos Mórmons estão todos cheios de histórias e lições sobre o sofrimento como meio de atingir um plano mais elevado de consciência e espiritualidade. Os budistas recorrem ao jejum ou negam a seus corpos suas necessidades naturais para abrir um caminho à pureza, à paz e à iluminação maiores.

O sofrimento também é um dos temas principais e mais recorrentes dos grandes livros. Quando eu era professor, discutíamos em aula clássicos como a *Ilíada* e a *Odisséia* de Homero e a *Eneida* de Virgílio. Esses épicos estão cheios de histórias de pessoas heróicas que são forçadas a suportar dores, perdas e desilusões indescritíveis a fim de liderar, superar os desastres e sair vitoriosas. O que é o Livro de Jó, no Velho Testamento, senão um teste de sofrimento? O que saberíamos hoje sobre o espírito humano e sua capacidade de resistência se Miguel de Cervantes Saavedra e William Shakespeare não tivessem escrito tão eloqüentemente a respeito de Dom Quixote e de Hamlet? Que livros ainda seriam tidos como "grandes" se fossem despidos do tema catártico do sofrimento humano como meio de obter clareza, caráter, força, fé e crescimento?

Como um alquimista, você pode converter o sofrimento em significado e beleza, contribuindo para a elevação de todos os que são atingidos por ele. Talvez não haja nenhum exemplo de alquimia diária maior que o parto de uma criança. Antes que minha esposa, Ellie, desse à luz nossa filha, eu mantinha a opinião secreta de que os homens eram realmente o sexo mais forte; mas, depois de observar Ellie suportando horas de trabalho de parto com calma e dignidade, não mais tenho um farrapo de dúvida sobre qual é o sexo mais forte. Suas dores tão demoradas e agonizantes resultaram em um milagre comovente, de encher o coração.

Se você já esteve perto de alguém que realmente sofria, pode até parecer insensível sugerir que existem maneiras boas e más de suportar o sofrimento. Afinal de contas, as pessoas que estão passando pela dificuldade talvez estejam fazendo o melhor que podem. Mas este livro se refere tanto a elas como a você. Nos negócios e em todos os aspectos da vida, são inúmeras as oportunidades de sofrimento. O Sexto Pico enfrentará o difícil tópico do sofrimento e, a partir das minhas experiências e das de Paul, transmitirá a você nossas melhores idéias a respeito do que significa saber sofrer.

Você pode estar imaginando por que escolhi justamente o mais fácil de todos os Sete Picos como abertura deste tema em particular. O esforço real de conquistar montes como o Everest e o McKinley, do mesmo modo que os outros quatro picos, tinha ficado para trás. Para mim, chegar ao pico do Kosciusko era apenas cruzar uma linha de chegada cerimonial. Quando mencionei nossos planos a um morador local, ele respondeu: "Ah, o lindo Kosciusko! Não é de fato uma ascensão, é mais um passeio... No verão passado, subi até lá com o meu cachorro..." Já tínhamos horas de entrevistas planejadas para logo depois que eu completasse a subida, transmitidas via satélite para um programa de notícias irradiado para o mundo inteiro. Tínhamos até trazido uma garrafa de champanhe para fazer um brinde comemorativo lá no alto. Mas parece que, sempre que você baixa a guarda e presume que alguma coisa vai ser fácil, a vida lhe manda um lembrete de que cada momento significa uma nova transformação na adversidade.

Assim que chegamos aos pés do Kosciusko, em plena primavera australiana, uma série de imensos sistemas de baixa pressão, do tamanho da metade do continente, começou a despejar neve sem parar sobre o alto da montanha. Os ventos lá no alto rugiam a cento e trinta quilômetros por hora. Depois de esperar cinco dias para que o tempo melhorasse, sem avistar nenhuma possibilidade de mudança, tomamos a decisão de subir mesmo assim. Que resistência poderia oferecer o pequeno Kosciusko contra montanhistas robustos e experientes, que já haviam vencido as mais altas montanhas do mundo?

Meia hora depois de sairmos da área de estacionamento, com o vento uivando pelas encostas e atirando duros pedaços de gelo diretamente contra o nosso rosto, eu já estava questionando a decisão de prosseguir naquela escalada. Um dos meus companheiros de equipe chegou a ser literalmente erguido pelo vento e jogado para trás, rebolcando uns noventa metros pela neve que recobria a ladeira. Quando nos acenou lá de baixo e soubemos que não estava ferido, começamos todos a rir de alívio.

A impressão que dava é que os ventos tinham focalizado toda a sua atenção em nossa equipe, porque, logo a seguir, eu é que fui atingido por uma tremenda lufada. O vento me atirou contra Eric, que estava logo atrás de mim, e caímos um sobre o outro. Escorregamos uns seis metros ladeira abaixo numa confusão de braços e pernas, rolando sobre a neve socada, até que Eric conseguiu cravar no solo o seu machado de gelo e nós dois paramos. De novo em pé e voltando a subir, estávamos aprendendo uma nova lição sobre o sofrimento, e a prova eram os hematomas e as queimaduras produzidas pelo vento.

Quando ultrapassamos a linha das árvores, deparamos com uma paisagem indistinta, varrida pelos ventos, que a tempestade de neve tornava ainda mais indefinível. Jeff assumiu a liderança e precisou encontrar o caminho por meio de uma bússola; durante três horas, ficamos dando voltas pela paisagem inteiramente branca, tentando encontrar o ponto onde o pico de fato começava.

Finalmente, depois de escalar penosamente uma última face coberta de neve, o vento lutando contra nós a cada passo, Jeff me descreveu um rochedo do tamanho de um caminhão, coberto por camadas de gelo, que significava meu sétimo pico. Foi preciso quatro de nós segurando firme para retirar a bandeira da minha mochila e içá-la para tirar as fotografias no alto do pico, enquanto o vento tentava a todo custo rasgá-la. Depois disso, teimosamente mantendo o plano de celebrar a conquista do pico, espocamos a garrafa de champanhe. A rolha disparou com um zunido, com tal força, pensei, que deve ter atravessado os sete continentes ao descer. No momento em que eu ia tomar um gole, o vento inclinou o gargalo da garrafa para a frente, apoderou-se do líquido e arremessou metade do conteúdo no meu rosto e na roupa de Gore-tex. A ironia era evidente: esse pico, que recebia turistas trajando apenas camisetas e acompanhados de crianças e cães, estava se esforçando ao máximo para nos expulsar. De fato, os ventos brutais do pequeno Kosciusko superaram os de todos os demais picos. Nenhum chegou nem perto.

Analisando agora, sei que, se tivéssemos enfrentado esse tipo de adversidade logo no primeiro pico, ela poderia ter me derrotado e drenado minha força de vontade a um ponto que eu jamais teria tentado os outros picos. Todavia, por ocasião de nossa subida ao Kosciusko, eu já sabia que o sofrimento era não apenas absolutamente inevitável, como também, segundo minha maneira de pensar, necessário. Não que eu seja um masoquista ansioso para ser testado novamente, mas o imenso sofrimento por que passei nas montanhas e além delas foi o equivalente a comer uma refeição bem equilibrada. Um doce pode induzir euforia, mas os brócolis e as cenouras, mesmo que sejam difíceis de engolir, nos fortificam e sustentam. É o sofrimento que empresta profundidade à vida; sem ele, atingir nossos picos pareceria sem sentido. Em Kosciusko, tremendo atrás de um rochedo, a única coisa que podíamos fazer era dar risada. A essa altura, devíamos estar parecendo um bando de loucos, cobertos de champanhe congelada e abraçados uns aos outros para agüentar aquelas rajadas com força de furacão, enquanto uivávamos de tanto rir. O sofrimento, com todo o seu terrível significado, tinha sido vencido no meu léxico da adversidade.

Na subida do Kosciusko, como já ocorrera nos outros picos, o vento tinha sido um impedimento que nos empurrava de volta para baixo; mas, enquanto encaixava meus esquis para fazer a viagem de retorno até a planície, percebi que, em vez de trabalhar contra nós, o vento poderia de fato nos ajudar. A ventania agora soprava em nossas costas, e utilizamos sua energia, como usamos a própria adversidade, para nos propelir para a frente. Foi uma bela corrida.

*O caráter não se desenvolve na tranqüilidade e na quietude.
É somente através da provação e do sofrimento
que se fortalece a alma, se clareia a visão,
se insufla a ambição e se alcança o sucesso.*
HELEN KELLER

No mundo dos negócios, saber sofrer significa enfrentar a mesquinharia da política interna das empresas, os pessimistas que dizem "não" a tudo, as longas horas de trabalho, a rejeição, a incerteza, a limitação de recursos, os retrocessos e as tarefas repetitivas e monótonas, tudo em nome de um ideal maior ou de um avanço significativo. Representa fazer tudo quanto for necessário para consertar as coisas, quando a força gravitacional nos leva a simplesmente ficar olhando, enquanto tudo dá errado. Significa ser apunhalado pelas costas, receber uma saraivada de flechas, agüentar as "vacas sagradas", cumprir tarefas insuportáveis, abraçar prazos impossíveis, suportar reuniões inúteis e sentir-se sufocado em um mar de incompetência, porém sem tirar os olhos da missão pela qual ninguém mais se interessa. Significa pagar um preço que os outros talvez não estejam dispostos a pagar, para alcançar uma meta que eles talvez sejam incapazes de atingir. Significa ainda enfrentar as dificuldades inerentes a qualquer coisa que tenha significado e assumir a tarefa junto com a equipe, não com palavras ocas, como "Boa sorte, equipe!", mas com uma bênção mais enérgica: "Saibam sofrer!" Se você viver de acordo com essas palavras, a grandeza emergirá.

Saber sofrer significa sugar os ricos nutrientes das amargas derrotas da vida e sair delas mais forte, formidável e determinado. Ou, se tiver perdido tudo, usar as privações de sua capacidade reduzida como um impulso para transferir seu foco de si mesmo para aqueles que o rodeiam. Significa banquetear-se com o medo e o fracasso, deixando-os para trás como restos ressequidos de batalhas renhidas, mas vitoriosas. Saber sofrer é aplicar o "pessimismo positivo" para enfrentar até mesmo os dias mais melancólicos e conduzir os outros através de tempos sombrios.

Abraham Lincoln é considerado um dos maiores presidentes americanos, que enfrentou e suportou um dos capítulos mais difíceis da história dos Estados Unidos. Os especialistas e estudiosos da história descrevem com admiração as adversidades e reveses que Lincoln teve de suportar, para alcançar seus objetivos. Todavia, foi provavelmente a guerra interior de Lincoln – seus sofrimentos internos – que alimentou sua grandeza.

Lincoln era corroído por uma ambição poderosa que o tornava um realizador nato e por uma melancolia debilitante que chegava a fazê-lo questionar seu desejo de continuar vivendo. Seu relacionamento com a dor e a tragédia começou na infância e o perseguiu por toda a vida. O pai de Lincoln era um homem cruel, que rejeitava o filho e o submetia a maus-tratos, tratando-o como se fosse propriedade sua. Ele não deixou que Abraham freqüentasse a escola. Os biógrafos descrevem o jovem Lincoln como "alto, esquálido, feio" e "ignorante".

Aos 10 anos de idade, Lincoln já presenciara a morte da mãe, dos avós que o haviam criado e do seu irmão mais moço. Quando ele perdeu seu grande amor, Ann Rutledge, que morreu de tifo, ficou tão deprimido que os amigos o acompanharam constantemente durante dias, para evitar que ele tentasse o suicídio. Ele passou meses mergulhado em profundo desespero.

Como um demônio silencioso, o desespero de Lincoln invadiria seus sonhos e atormentaria sua alma durante todo o período em que foi presidente. Contudo, segundo todos os relatos, foi o sofrimento de Lincoln que alimentou sua profunda empatia e compaixão pelo sofrimento alheio. Seus tormentos pessoais eram tão profundos que ele não conseguia suportar os tormentos impostos injustamente aos demais. Foi essa atitude, provavelmente, que serviu de combustível para sua missão de corrigir os grandes erros que via ao seu redor e inspirar uma história melhor para todos. Seu último discurso advogava o direito de voto para os negros, porque Lincoln possuía uma singular habilidade de entender e, portanto, simpatizar com o sofrimento deles.

Saber sofrer significa utilizar as dificuldades para transcender o ego, de modo que supere sua maneira pessoal de fazer o que precisa ser feito com sua própria vida. Significa refletir corajosamente sobre as oportunidades que perdeu de sofrer com dignidade e pensar proativamente sobre as futuras possibilidades de sofrer com mais coragem da próxima vez. Saber sofrer significa mergulhar na dor em vez de procurar se anestesiar contra ela. Saber sofrer consiste em forjar seu próprio caráter e endurecer sua resolução na chama incandescente, em vez de se escudar do seu calor causticante.

Saber sofrer é tornar-se um alquimista capaz de converter a dor e as privações em impulso e força vital. Saber sofrer significa comprometer-se com o enriquecimento daqueles que se encontram por perto e dar-lhes o minério puro de suas forças mais profundas quando eles mais precisarem. Saber sofrer é destilar e talvez conseguir compartilhar o significado de cada dificuldade que atravessar. Em resumo, saber sofrer é uma das coisas mais nobres e importantes que podemos realizar na vida.

Não basta simplesmente entender o conceito de saber sofrer – dizer: "Tudo bem, já entendi. Quando a vida for brutal comigo, tenho de cintilar de otimismo e força." As palavras são arrebatadas rapidamente pelas rajadas ferozes do vento. E uma mão de tinta superficial de otimismo racha bem depressa sob a pressão da dor. Precisamos é de ferramentas testadas pelo tempo, que possamos agarrar firmemente e utilizar toda vez que as dificuldades nos atingirem. Nesse momento, você vai precisar de:

1. Uma boa definição do que é sofrimento.
2. Uma descrição das Fendas e Brechas Comuns em que as pessoas caem quando sofrem, para poder evitá-las.
3. Uma boa compreensão dos diversos tipos de sofrimento.
4. Sua primeira Verificação do Sofrimento – ou seja, uma forma de avançar tempestade adentro e entender a natureza e a magnitude do seu próprio sofrimento ou do sofrimento alheio.
5. Maneiras de se tornar um pessimista positivo, capaz de misturar o humor e a realidade com eficácia.
6. Uma compreensão nítida das diferenças entre sofrer bem e sofrer mal.
7. Acesso ao Poço do Sofrimento – um instrumento que os mestres do sofrimento podem usar para se tornar alquimistas e transformar a adversidade em vantagens significativas.

DEFINIÇÃO DE SOFRIMENTO

Antes de refletir sobre minhas tendenciosas palavras acerca desse tema tão sério e sensível, considere que, durante esses mais de vinte anos em que andei pelo mundo pesquisando, ensinando e conversando sobre a maneira como as pessoas lidam com a adversidade, ouvi todo tipo de histórias de sofrimento, das mais triviais às mais extraordinárias. Algumas são trágicas. Muitas, como a de Erik, são profundamente inspiradoras. Com o tempo, descobri que alguns temas e lições são comuns a todas.

Sofrer é *suportar algo doloroso*. E, assim como acontece com a adversidade, a dor é maior quando se trata de algo importante para você. O sofrimento também é relativo. Uma mãe solteira que ganha um salário mínimo e tem dois filhos para criar sofre muito quando perde uma nota de 20 dólares, ao passo que um milionário simplesmente sorri quando deixa algumas centenas de dólares numa mesa de pôquer. Uma criança com um espinho na mão grita de dor, enquanto um soldado com estilhaços de granada na perna chora de alívio por ter sobrevivido a um ataque tão próximo. O sofrimento é determinado, às vezes, pela duração. Sofrer geralmente implica um desconforto crônico ou prolongado. Dificilmente usamos a palavra *sofrimento* para nos referir a um acontecimento que, embora terrível, passou rápido. No entanto, ter de suportar uma tempestade de neve por uma semana, sem víveres suficientes, deve ser um verdadeiro sofrimento.

O poder do sofrimento está em nossa habilidade de despir-nos da superficialidade, do ego, das distrações. O acrônimo STRIP resume bem os fatores que compõem o sofrimento:

- **S**everidade – a magnitude da dor.
- **T**empo – a duração da dor.
- **R**elatividade – a intensidade da dor quando você compara sua situação com a das pessoas à sua volta ou com outras dificuldades por que já passou.
- **I**mportância – o significado que tem para você o objeto do seu sofrimento.
- **P**reço – quanto pode lhe custar essa adversidade.

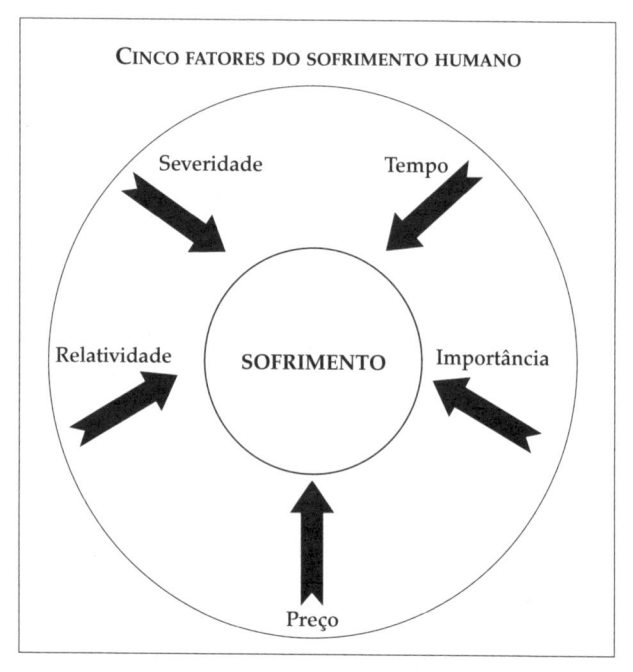

CINCO FATORES DO SOFRIMENTO HUMANO

Severidade, Tempo, Relatividade, Importância, Preço → SOFRIMENTO

O sofrimento tem um jeito especial de deixá-lo nu diante de si mesmo, e isso pode ter um efeito libertador e poderoso. Sofrer pode demandar e, também, gerar energia. Juntos, esses cinco fatores servem para indicar se você está sofrendo ou não e até que ponto.

DEZ FENDAS E BRECHAS COMUNS

Depois de visitar os Estados Unidos, Madre Teresa declarou que "o lugar mais pobre do mundo não é Calcutá, é aqui, pois vocês têm tudo e não têm nada". Você pode não concordar com ela, mas o que Madre Teresa disse faz sentido. Depois de muito viajar, descobri que as pessoas mais pobres, que vivem em constante estado de sofrimento, são muitas vezes as mais generosas e alegres. Conheci pessoas que vivem totalmente protegidas da adversidade e, no entanto, sofrem de uma tal maneira que atrapalham a felicidade de todos ao seu redor. Sofrer pode nos tornar mais ricos. Não saber sofrer pode nos fazer pobres.

Não seria justo falar do sofrimento sem mencionar as fendas e brechas muito comuns em que todos tropeçamos em algum momento, porque somos humanos. Há quem as rotule simplesmente de "mecanismos de defesa". Chame-os como quiser, o fato é que, se forem usados muito bem ou com bastante freqüência, eles tolhem sua capacidade de suportar bem o sofrimento. Além disso, o propósito deste livro não é mimar você, mas *fortalecê-lo*. Assim, reveja esses mecanismos tendo em mente esse propósito.

1. Queixa

Qual foi a última vez que você ouviu alguém dizer: "Sabe, eu gosto muito de tal pessoa; mas ela está sempre se queixando"? A maioria de nós abomina a queixa, especialmente quando ela vem dos outros. As queixas fazem lembrar dessas crianças que, no parque de diversões, ficam puxando os pais exaustos pelo braço, implorando por um doce ou então "Mais uma volta, vai? Por favooooor? Só mais uma? Você *nunca* me deixa dar mais uma volta. Por favooooooooor?"

Por que a queixa é tão irritante? Talvez seja o tom de voz, geralmente débil, lamuriento, alto e patético. Ou talvez a falta de mérito na exigência do queixoso. Se a criança teve um dia cheio de diversão, implorar pateticamente por "mais uma volta" soa como algo egoísta e injusto. Assim, quando os líderes das empresas que são nossos clientes dizem: "É terrível a quantidade de queixas que a gente ouve", estão querendo dizer que, no seu entender, as reclamações dos funcionários não correspondem ao que está sendo pedido a eles. Há uma enorme diferença entre expressar preocupações legítimas e ficar se queixando. A queixa também indica inação. Quando as pessoas se queixam, estão, na melhor das hipóteses, desabafando em vez de agir.

Mas o sofrimento não é a desculpa perfeita para explodir e então se queixar? Com certeza – quem pode culpá-lo por isso? Pense num problemão. Sua adorada esposa acabou de lhe soltar uma bomba ao informar que está tendo um caso com alguém do mesmo sexo, acaba de limpar a conta bancária e está indo embora para sempre. Então o seu melhor amigo de repente chega e pergunta, inocentemente: "O que há com você?" Você provavelmente vai explodir. E há os probleminhas, para os quais as queixas realmente foram feitas. A fila no mercado estava insuportável, o carro enguiçou, você foi multado por estacionar em local proibido, ligou para a companhia telefônica e deixaram você na espera por um tempo interminável. Hora de se queixar. Ou talvez não. Talvez você prefira fazer algo um pouco mais construtivo: reclamar.

2. Reclamação

Reclamar é expressar o seu descontentamento com alguma coisa. Você sabe que reclamar tem má reputação também. Mas dizer que não podemos nunca reclamar é o mesmo que dizer que não devemos ser honestos. Algumas vezes, precisamos expressar nosso descontentamento, a fim de lidar com ele e depois deixá-lo para trás. Desse modo, reclamar tem a sua função, talvez até mesmo alguns aspectos positivos.

O problema com as reclamações é que, quando excessivas, elas nos enfraquecem. Não ajudam em nada para fortalecer nossa determinação. O pior é que reclamar pode ser altamente contagioso. Reclamações geram mais reclamações. Do mesmo modo que uma turma de queixosos se lastimando juntos, os reclamões atraem outros reclamões. Se começar a falar de todas as coisas de que você não gosta na escola, no trabalho ou em casa, você vai convidar todas as pessoas com quem conversa a fazer o mesmo. E dificilmente as pessoas deixam uma sessão de reclamações se sentindo mais energizadas ou mais exuberantes. Ao contrário, elas vão embora deprimidas e esgotadas. Em outras palavras, em vez de utilizar o sofrimento para crescer, as reclamações acabam por nos diminuir. As reclamações são as baratas dos relacionamentos. Elas estão por toda parte, mas ninguém entra em uma sala esperando encontrar uma. Podemos passar dias a fio reclamando disso ou daquilo, mas, se o fizermos, não passará disso, de reclamação.

3. Culpa

Durante décadas, uma linha de pesquisas na área da psicologia divulgou que, para se manter intacto quando alguma coisa ruim acontece, você nunca deve se culpar. Culpe os outros. Quando você deixa os erros do lado de fora, preserva o conceito que tem de si mesmo. Só que existe um pequeno problema aqui... talvez vários. No momento em que transferimos a culpa para outra pessoa, abrimos mão do controle. Se outra pessoa é responsável pelo que nos acontece, então a situação só pode ser resolvida por ela e jamais por nós mesmos.

Quando transferimos a culpa, perdemos também uma peça vital para o nosso próprio desenvolvimento. No meu primeiro livro, tratei do papel da vergonha e da culpa na formação do caráter e na mudança do comportamento. Também expliquei a virtude de assumir a culpa da maneira correta – é assim que se aprende com os próprios erros e se pode seguir em frente. Em resumo, se não assumimos nossas ações, decisões, conseqüências e destino, não podemos fazer nada a seu respeito e furtamos de nós mesmos a sabedoria e humildade necessárias para aprender a sofrer. De fato, é culpa do Erik termos incluído a culpa nesta lista.

4. Identificação

Identificar-se com o sofrimento é tornar-se um com ele, no mau sentido. Como em um relacionamento sadomasoquista, podemos nos tornar tão íntimos do sofrimento que muito dificilmente depois nos apartarmos dele. É isso o que acontece quando um paciente de câncer inconscientemente passa a necessitar do câncer, porque assim passou a receber a atenção e o amor que tanto esperava. É o que ocorre quando criamos rótulos internos associados ao nosso sofrimento: "Sou o cara que faliu", "o ótimo estudante que rodou", "o amigo que não consegue se comprometer com um relacionamento e acaba sempre jantando sozinho", "a mulher sem braço", "o homem com cicatriz no rosto", "o cara que sofre de terríveis enxaquecas", "a mulher que perdeu o filho em um terrível acidente".

A identificação pode partir de nós, dos outros, ou de ambos. Como acabamos de ver, freqüentemente soa como um rótulo: "o viúvo", "o alcoólatra abstêmio", "a maníaco-depressiva" e "a deficiente" são todos identificadores, entre milhares de outros. Esses rótulos podem até ser benéficos: criam uma espécie de taquigrafia para se compreender a condição de outra pessoa; e também conferem um senso de identidade com outros que trazem o mesmo rótulo, como acontece nos grupos de apoio. O problema surge quando os rótulos deixam de ser descrições e se transformam em *definições*. Não tenho a pretensão de conhecer o sofrimento das pessoas. Mas sei que uma antiga parceira de negócios estragou inúmeros relacionamentos que poderiam ter sido maravilhosos porque, toda vez que ia dar uma opinião, começava dizendo. "Como vítima de maus-tratos..." Era a sua identidade. Vi um efeito de distanciamento semelhante com um gerente que se rotulava como "depressivo". Não é interessante observar como isso soa muito mais definitivo do que dizer simplesmente: "Tive episódios de depressão"? Dá para reconhecer o "D", a dimensão da duração no quociente de adversidade dele, trabalhando o tempo todo para prejudicá-lo, porque ele simplesmente adotou essa identidade. Ele me confessou certa vez que adorava o clima das festas de fim de ano da companhia, mas nunca participava porque tinha lido em algum lugar que as "pessoas se sentem pouco à vontade perto de depressivos". Meu coração se encheu de compaixão ao imaginar todas as outras oportunidades que ele se negara por assumir essa identidade.

Definir-se e aos outros por meio de rótulos é extremamente limitador. Por exemplo, definir Erik como "o cego que escalou o Everest" é ignorar completamente o homem, o marido, o pai, o filho, o orador, o líder filantropo e empresário bem-sucedido que, por acaso, é cego.

Quando nos identificamos muito intimamente com o sofrimento e o rótulo que damos, podemos perder a chance de evoluir com ele e, ao mesmo tempo, roubar dos outros essa mesma oportunidade. Toda essa conversa sobre sofrimento deixa a gente meio anestesiado!

5. Anestesia

Uma das fendas mais aceitas socialmente, e na qual muitas vezes tropeçamos ao enfrentar o sofrimento, é a anestesia. A reação de anestesiar-nos contra a dor é imediata, se não constante. É tão instantânea que, às vezes, é como tomar um analgésico. Outras vezes, recorremos a tipos de anestesia insidiosos e complexos.

Uma vida doméstica insuportável ou um divórcio penoso são, com freqüência, consciente ou inconscientemente, anestesiados com longas horas de trabalho. É impressionante o número de executivos que se vale cada vez mais das injeções de adrenalina liberadas pelas preocupações no trabalho para esquecer a difícil realidade do lar.

De forma semelhante, vejo pessoas de todas as idades se anestesiando contra as dificuldades reais e crescentes da escola ou do trabalho por meio de uma variedade de recursos analgésicos facilmente disponíveis. O mercado da anestesia criativa parece não conhecer limites. Esses recursos variam dos técnicos aos químicos e biológicos. A tecnologia oferece sedação imediata por meio da distração oferecida pela televisão, internet, *videogames* e coisas semelhantes. De modo similar, as opções químicas continuam a se expandir. Embora sejam usadas principalmente como válvula de escape (veja o item seis, a seguir), as drogas recreativas, o álcool e os medicamentos são também comumente usados como anestésicos. As pessoas utilizam esses e outros métodos criativos para reduzir ou remover a verdadeira sensação de dor, qualquer que seja a forma em que ela se manifeste. Se não a sentimos, não precisamos lidar com ela. O problema é que, se não lidamos com ela, não podemos utilizá-la para nos aprimorar e aos outros. Se nos anestesiarmos, não aprenderemos a enfrentar bem o sofrimento. Essa é uma realidade a que não podemos escapar.

6. Escapismo

"Você pode correr, mas não pode se esconder" é o rótulo de advertência que deveria acompanhar todo tipo de sofrimento. O sofrimento é como um míssil atraído pelo calor. O ponto é que, não importa quanto você corra nem quanta criatividade você tenha para se esconder da dor, seu impacto e suas lições irão encontrá-lo mais cedo ou mais tarde, freqüentemente quando você menos espera.

O adiamento e sua irmã, a procrastinação, são formas de escapismo. Uma senhora que conhecemos, cuja irmã se afogara em um trágico acidente, descreveu-nos o que aconteceu, algumas semanas após sua perda, com palavras que revelavam uma estranha aceitação. Então um dia, dois anos mais tarde, no meio da seção infantil de uma grande loja de departamentos, ela escutou a canção infantil favorita de sua irmã e subitamente irrompeu em um acesso de soluços violentos. O camarada que se sentou a meu lado em um avião quinze minutos antes de eu escrever este trecho, contou-me que seu chefe havia informado à sua equipe inteira que se preparasse para outra "reorganização" da companhia. Mas ele disse: "Estávamos já tão cansados dessas reorganizações que praticamente desistimos. Acreditávamos que, se fizéssemos bem o nosso trabalho e esperássemos as coisas se acalmarem, escaparíamos do machado. Mas não escapamos, e as pessoas ficaram arrasadas."

Escapamos tentando correr mais do que a adversidade. Conheço empresas que tentam esconder falhas fatais na sua estrutura por meio de um crescimento cada vez mais agressivo, só que a verdade sempre acaba aparecendo. Uma empresa cuja nova "tecnologia de ponta" apresentava falhas significativas, em vez de trabalhar para resolver o problema, investiu em dúzias de mercenários das vendas que eram regiamente pagos para fechar pedidos, deixando que os pesadelos chovessem sobre a equipe de suporte técnico. Observei fascinado enquanto as ações da companhia subiam à estratosfera para depois desabar como uma avalanche represada. Fiquei profundamente entristecido quando ouvi falar de uma executiva de primeiro escalão que, imitando as más escolhas de seus colegas, envolveu-se em uma série de casos extraconjugais para escapar momentaneamente da solidão e de sua vida doméstica que desmoronava.

A verdade é, não faz mal repetir, que você pode correr, mas não se esconder. O escapismo com freqüência induz novos sofrimentos. E a maior parte do sofrimento é desnecessária. Essa é uma coisa que me retorce por dentro. Mas essas são histórias comuns. E é claro que é normal e compreensível que se queira adiar ou escapar das dificuldades. Mas é muito mais forte e corajoso encarar a tempestade, enfrentar as provações e tirar proveito de sua força purificadora. Algumas vezes, temos de deixar que a adversidade dê uma polida na nossa alma.

As pessoas demonstram uma criatividade ilimitada para inventar novas maneiras de se furtar ao sofrimento. Todavia, em vez de permitir que o sofrimento venha ao seu encontro, você ganhará muito mais energia se for ao encontro dele e dominar em seu benefício. Ou, quem sabe, estamos apenas racionalizando...

7. Racionalização

"Quando uma pessoa usa força demais, acaba ficando fraca." Esse é um adágio que se aplica a cada um de nós. A capacidade humana de explicar por que fazemos o que estamos fazendo é quase ilimitada. O lado positivo disso é que é assim que entendemos o mundo. O lado negativo é que, se ficarmos muito eficientes nisso, poderemos explicar ou racionalizar praticamente qualquer coisa, especialmente nossa dificuldade de enfrentar o sofrimento.

Um dos colegas de Erik disse recentemente: "Você deve possuir algum gene sobre-humano que lhe permite enfrentar o sofrimento. Eu com certeza não, porque jamais poderia suportar as dores que você agüenta, nem fazer as coisas que você faz. Você obviamente é uma espécie de anomalia genética" (palavra bonita para "aberração").

Erik respondeu com toda a gentileza: "Na verdade, sou exatamente igual a você. Sinto dor, tenho dúvidas, sofro e até choro. Qualquer capacidade excepcional que você me atribua é, de fato, o resultado a longo prazo de uma série de decisões que tomei no passado e dos desafios que decidi enfrentar. Não há nada que eu faça do meu modo que você também não possa fazer do seu. Esse é o objetivo da minha mensagem, destruir os conceitos que as pessoas têm acerca do que é ou não é possível."

A racionalização é saudável quando nos ajuda a entender nossa vida e explicar por que fizemos certas concessões para chegar em determinado ponto. É doentia quando racionalizamos os motivos por que não nos aplicamos a fazer o que é possível, como empregar a habilidade de utilizar o sofrimento para nos aprimorar e ensinar outros a enfrentá-lo. Admita. Você não pode negar.

8. Negação

Ao contrário da anestesia, que entorpece a dor, a *negação* consiste em recusar-se a reconhecer sua existência. Se nos recusamos a admitir que a adversidade existe, não precisamos lidar com ela. Por isso, a tentação de negar é muito grande. É mais fácil negar que você estourou o cartão de crédito ou gasta muito além do que ganha do que se submeter à disciplina necessária para acertar a situação. É mais divertido se iludir de que seu emprego (vida, casamento, família, saúde) é ótimo do que projetar uma luz brilhante sobre a situação e fazer a obra necessária para fechar as brechas.

A *cultura* exerce grande influência sobre nossa relação com o sofrimento. Em algumas culturas (como a italiana, a judaica e a dos povos do Oriente Médio), as pessoas se sentem à vontade para dar livre curso aos sentimentos, o que outros considerariam uma atitude melodramática. Para elas, isso é perfeitamente normal, honesto e saudável. Outras culturas (como a escandinava e a dos povos da Ásia Oriental) consideram que demonstrar ou mesmo conversar a respeito das próprias dores e sofrimentos é, na melhor das hipóteses, inapropriado e acreditam que devemos sofrer com tranqüila dignidade.

Erramos quando aplicamos nossa lente cultural ao comportamento de outras pessoas. Se vemos pessoas que nunca falam de seus sofrimentos, podemos achar que estão negando que eles existam. Por outro lado, se vemos pessoas que falam aberta e emotivamente do que sentem, podemos achar que estão exagerando para chamar a atenção. Em ambos os casos, podemos facilmente estar errados.

A negação não é um julgamento, é um relacionamento. Acontece quando não aceitamos a magnitude total do nosso sofrimento, as conseqüências que ele acarreta ou a gravidade da sua causa. Embora a negação nos proteja, também nos nega o tremendo poder e oportuni-

dade contidos no sofrimento. A negação se encaixa na categoria "evitar a adversidade" dentro do Ciclo da Adversidade.
Não adianta fingir que a negação não é real.

9. Fingimento

Enquanto a negação é uma recusa em aceitar o que é real, o fingimento consiste em agir como se uma coisa que sabemos perfeitamente ser real de fato não existisse. Fingimento é ação. Implica uma falsidade – isto é, projetamos uma percepção que contraria o que sabemos ser verdadeiro. Como as outras fendas em que caímos quando sofremos, o fingimento pode servir a um propósito positivo. Muitas pesquisas vêm em apoio da noção de que sorrir, mesmo quando não sentimos a menor inclinação para isso, pode originar mudanças positivas no corpo. Somos ensinados a "fingir até que se torne verdade" ou a "não deixar que percebam nossas fraquezas". O que é moral? O que nos ensinam é que, mesmo quando nos sentimos miseráveis, temos de fingir o contrário. *A arte da guerra*, de Sun Tzu, ensina que toda guerra é baseada em logros. Aqueles que conseguem enganar melhor se tornam os vencedores. E a sedução para enganar os outros pode ser enorme. Fingir que determinado projeto "está andando muito bem" para acalmar o patrão, quando de fato você sabe que o projeto tem sérios problemas, pode ser uma estratégia eficaz, diriam alguns. Você ganha tempo e mantém seu chefe a distância. Mas o fingimento, como todas as formas de logro, ainda que seja comum e extremamente humano, acaba gerando desconfiança. O que vai acontecer quando o seu chefe descobrir a verdade? Qual a probabilidade de que ele venha a acreditar no seu próximo relatório de progresso? Se fingir para sua família que sua posição financeira é sólida, quando na verdade não é, quanto tempo você acha que vai levar até que eles descubram, e que tipo de lição você estará ensinando? A grandeza cotidiana implica escolhas difíceis. O fingimento não enobrece ninguém. O que nos eleva é ser alquimistas.

O fingimento mostra sua pior face quando se torna uma barreira entre os outros e o nosso sofrimento. Se aprendemos a fingir bem demais, negamos aos outros as lições e a experiência que nosso sofrimento pode proporcionar. E mantemos a distância as pessoas que amamos justamente quando mais precisamos dessa proximidade e conexão. O fingimento pode ser uma via de mão dupla, e quando os outros passam a fingir que o nosso sofrimento não é real ou não existe são eles que nos negam a oportunidade de aprender a sofrer. Fingir é natural, mas o tiro pode sair pela culatra. É inútil dissimular a verdade.

10. Dissimulação

Quase todos nós, em uma época ou outra, recorremos à forma mais sutil de fingimento – a dissimulação. Embelezar uma coisa é fazê-la parecer melhor do que é. Quando você diz que uma boa escola regional é "uma das dez melhores do estado", está embelezando o fato de que essa escola goza de um ótimo conceito. Hoje em dia, tornou-se tão comum as pessoas embelezarem seus currículos quando se candidatam a um emprego que isso já virou motivo de preocupação.

Quando tentamos fazer uma coisa parecer melhor do que de fato é, dourando um pouco a pílula, estamos dissimulando. A dissimulação pode ser até mesmo comovente. Cada vez que uma mulher exagera na maquiagem quando está se sentindo um pouco para baixo, ela está dissimulando. Quando rapidamente empurro uma sujeira para baixo do tapete antes de a minha noiva entrar em casa, estou dissimulando. De modo semelhante, cada vez que minimizamos ou atenuamos um acontecimento ruim, estamos dissimulando. Pode-se dizer que as relações públicas, o *marketing* e a política são carreiras alicerçadas na habilidade de dissimular. Quando esses serviços são bem feitos, aceitamos e até fazemos uso deles. Há ocasiões em que desejamos ou mesmo precisamos ver o lado bom da situação. Vamos falar com franqueza, dissimular é muito melhor do que fazer de tudo uma catástrofe.

Mas, assim como ocorre com os demais tipos de fendas e brechas, a dissimulação deixa de ser atraente quando esconde as coisas e nos impede de experimentar o que é real. Uma boa amiga, cuja mãe está enfrentando um câncer de mama, explica a sua frustração: "Cada vez que telefono, mamãe diz que está ótima, que tudo está indo bem e que não há motivo para eu me preocupar tanto. Ela nunca me diz se está apavorada ou o que os médicos realmente dizem da sua situação. Percebo que ela está usando pensamento positivo para disfarçar a verdade. Ela está passando pelo maior desafio da sua vida e eu nunca me senti tão distante dela. É como se ela estivesse encobrindo a situação toda. Isso está me deixando louca!"

Ao revisar as dez Fendas e Brechas, tenha em mente estes princípios:

- ▶ Faz parte da natureza humana utilizar esses artifícios.
- ▶ Até certo ponto, a maioria deles pode ser empregada positivamente e servir a bons propósitos.
- ▶ Se usados em excesso, todos se tornam destrutivos.

- Geralmente são empregados com a melhor intenção possível.
- *Todos nós* recorremos a eles.
- Se usados em excesso, podem nos impedir de aprender a sofrer.

TIPOS DE SOFRIMENTO

Como a alegria, a adversidade pode surgir nas mais diferentes formas, tamanhos e durações. Algumas delas, como um acidente de automóvel ou uma queda do mercado de ações, são claramente definidas e seus efeitos podem ser duradouros. Outras, como a perda de um emprego ou de uma pessoa amada, podem ser instantâneas e bastante difíceis. Adversidades como problemas de saúde, amizades que se afastam, o fim de um casamento e um trabalho aborrecido podem ser graduais, amorfas e vagas. O sofrimento ainda pode ser voluntário ou involuntário – uma distinção nem sempre fácil de fazer.

Cada vez que uma pessoa corre uma maratona, assume uma tarefa monumental ou provoca uma mudança importante, ela está *escolhendo* sofrer, seja pela recompensa percebida seja pela alegria do desafio. Dá para ver o misto de euforia e cansaço no rosto do cientista que passou noites sem dormir, trabalhando incansavelmente, para resolver um mistério, ou a gratificação incomparável na expressão dos membros da sua equipe que fizeram um tremendo esforço para produzir um excelente resultado. E você percebe, em cada um dos relatos de Erik, que ele até certo ponto aprecia o sofrimento – se fosse removido de sua vida para sempre, ele experimentaria uma sensação de perda irrecuperável. Talvez a recompensa do sofrimento auto-induzido seja a sensação de estar realmente vivo.

Chega um momento que escrever um livro pode ser uma tarefa exaustiva – quando se está reescrevendo a oitava versão, por exemplo. Todavia, é a terceira noite seguida que estou acordado à uma da manhã, redigindo justamente este parágrafo, e me pergunto por que a maravilhosa compaixão da minha esposa me parece tão estranha. É claro que a fadiga pode nos assaltar em momentos inesperados, e todo desafio que vale a pena envolve verdadeiros sacrifícios, mas por que a comiseração dela me parece tão deslocada? Então a resposta me ilumina. É porque eu *amo* fazer isto. Esse tipo de dificuldade que estende nossa capacidade além dos limites, fazendo-nos emergir melhores e maiores, é energizante. Testar os próprios limites pode originar um prazer excepcional que não encontra nada similar em desafios menores. Também creio que o sofrimento auto-imposto pode ser um campo de treinamento muito útil para enfrentar o sofrimento involuntário.

Você deve recordar que a maior parte de nós responde melhor e com mais eficiência às grandes adversidades do que às pequenas contrariedades, graças ao poderoso mecanismo de lutar ou fugir. Deve se lembrar também que a adversidade surge quando alguma coisa tem ou pode ter um impacto negativo sobre algo ou alguém de quem gostamos. Acredito que sofrer conscientemente pelo prazer de melhorar uma coisa ou ajudar alguém de quem gostamos é uma das tendências enobrecedoras que qualquer um pode adotar prontamente.

Assim como nossas capacidades, o sofrimento, tanto voluntário quanto involuntário, pode ser classificado em quatro áreas principais. Mas, como somos profundamente interligados por dentro, o sofrimento em determinada área muito provavelmente induzirá sofrimento nas demais.

O *sofrimento físico* é o tipo mais óbvio. O corpo nos diz quando alguma coisa está doendo. Se doer com certa intensidade e por certo tempo, é provável que nos faça sofrer. O sofrimento físico é, com freqüência, o tipo do qual falamos mais abertamente e o que evoca a maior compaixão. Ele abrange uma enorme gama de experiências, desde um desconforto leve mas prolongado, como uma dor de cabeça ou ficar horas

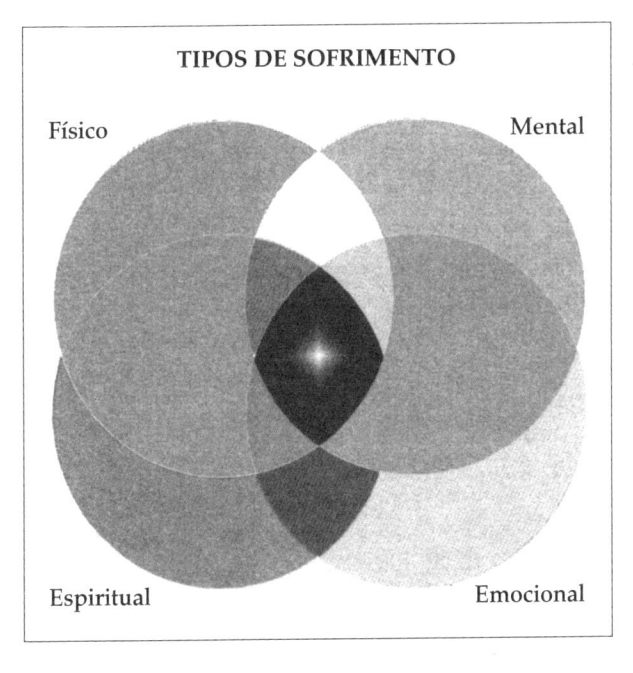

TIPOS DE SOFRIMENTO

Físico — Mental

Espiritual — Emocional

preso no aeroporto, até agonias menos mencionáveis, que nem precisam ser listadas. Certamente, as centenas de milhões de pessoas ao redor do mundo que sofrem de moléstias crônicas ou de inanição sabem muito mais a respeito de sofrimento físico do que seríamos capazes de descrever a partir de nossa boa saúde e vida confortável.

> *A dor é o megafone de Deus.*
> C. S. Lewis

O *sofrimento emocional* é aquele que pode fazer doer o coração, deixar os membros pesados e dar nós no estômago. Preocupações sem resolução à vista, medo, frustrações, cólera, impotência, ressentimento, ódio, ansiedade, inveja, angústia, rancor, desgosto e até mesmo amor são os temas clássicos aos quais os poetas e os dramaturgos recorrem para compor suas criações mais fortes. Descobrimos que, por trás da máscara de alegria e controle, a maioria das pessoas esconde momentos, ou mesmo extensos períodos, de significativa angústia emocional no decurso de uma semana ou mês normal. Novamente, assim como em relação às adversidades, a intensidade do sofrimento é determinada pelos fatores STRIP – *severidade, tempo de duração, relatividade, importância* e *preço a pagar.* Quanto maiores forem esses fatores, tanto mais pronunciada será a dor.

Ao contrário do sofrimento físico, o emocional é relativamente contagioso. As preocupações de uma pessoa podem facilmente passar para outras. Essa transferência pode chegar a um nível profundo, afetando a química e a fisiologia das demais pessoas, como se o sofrimento emocional tivesse se originado dentro delas. Essa é uma das razões por que é tão vital aprender a sofrer – porque reduz a carga que transferimos para os outros. Não vamos conseguir enganar ninguém fingindo que sabemos sofrer – não por muito tempo, pelo menos. Mas não há dúvida de que saber lidar com o sofrimento enobrece.

Os sofrimentos físicos e emocionais diferem um pouco das outras formas de sofrimento. Nossa sociedade criou uma indústria multibilionária dedicada unicamente ao alívio e à mitigação das dores físicas e emocionais com remédios e produtos farmacêuticos. Hoje em dia, todas as pessoas que padecem fisicamente e muitas das que sofrem alguma dor emocional vão em busca de alguma forma de tratamento ou solução. Não obstante, apesar dos grandes avanços científicos, nossa sociedade está em grande parte constituída por pessoas que sofrem cronicamente, com ou sem medicamentos, e, como resultado, sofrem mais do que apenas fisicamente. É por isso que os outros tipos de sofrimento geralmente acabam se manifestando com o decorrer do tempo.

O que causa o *sofrimento mental* é nossa dificuldade de entender ou resolver um assunto de grande importância, como a melhor forma de cuidar de pais idosos quando as escolhas parecem ser muito limitadas; como se formar na universidade antes de perder o crédito educativo quando não se decidiu ainda que aulas freqüentar; ou como completar em tempo um projeto vital, de acordo com as especificações, quando partes essenciais dele ainda estão faltando ou não foram resolvidas.

O sofrimento mental freqüentemente provém de situações insolúveis ou deveres conflitantes – tais como a incapacidade de encontrar a solução melhor, correta ou possível para um problema, quando a necessidade dessa solução é exigida. Pode também ser induzido por confusão ou falta de informação com referência a alguma coisa que você considera vital. É por isso que muitos de nossos clientes sofrem quando ocorre uma reestruturação em suas companhias. Eles sabem que haverá grandes mudanças, mas não sabem cuidar de si mesmos e de seus entes queridos quando seu emprego, suas responsabilidades, sua renda, identidade e posição – tudo o que lhes permite sustentar sua família – estão ameaçados e dependem da decisão de outra pessoa.

Do mesmo modo que ocorre com os sofrimentos físico e emocional, o mental geralmente se deve a um problema ou situação específicos.

Já o *sofrimento espiritual* é de origem muito íntima e oculta. Ocorre quando nos sentimos sem direção na vida, sem fé em nada, sem propósito, sem esperança e sem conexão com o próprio universo. O sofrimento espiritual pode ser crônico e vago, como a sensação angustiante de que alguma coisa está nos faltando; ou pode ser agudo e severo, como quando presenciamos ou, pior ainda, somos vítimas do mal – por exemplo, quando nós ou alguém a quem amamos sofre alguma violência sem sentido. O sofrimento espiritual ocorre quando a alma se acha tumultuada, freqüentemente depois de se debater com grandes questões, provocadas talvez pela perda de um ente amado, por uma experiência de morte iminente ou qualquer outro evento que cause um grande abalo pessoal. O sofrimento espiritual pode surgir quando atravessamos uma crise de fé, ou quando nos sentimos insignificantes e não encontramos sentido na vida.

O sofrimento espiritual vem de percebermos que não estivemos à altura de um assunto de grande importância ou agimos mal em relação a ele. É a dor crônica que sentimos ao reconhecer que o nosso eu inferior supera ao eu superior, levando-nos a perder para sempre uma oportunidade. Muitas vezes é desencadeado também pelos outros três tipos de sofrimento. Talvez seja por isso que tantas pessoas considerem o sofrimento espiritual o mais significativo e o mais dignificante.

> *O sofrimento, quando suportado com alegria,*
> *cessa de ser sofrimento e se transmuta*
> *em uma felicidade inefável.*
>
> MAHATMA GANDHI

É claro que separar dessa maneira as formas de sofrimento pode ser perigoso, tanto quanto estudar os principais sistemas do corpo humano em unidades distintas. Seria fácil tratar os tipos de sofrimento como se eles operassem isoladamente. Mas a realidade é que a maior parte das pessoas que padecem de alguma dessas formas de sofrimento também padecem, até certo ponto, de pelo menos uma outra. Por exemplo, se você fosse despedido por justa causa, apesar dos "seus melhores esforços", poderia ficar bastante abalado emocionalmente. Tentar encontrar emprego num mercado restrito, sem boas referências, poderia fazê-lo sofrer mentalmente, e a tensão resultante provavelmente o levaria a noites insones e fadiga geral. E, é claro, os momentos em que você se sentisse à deriva, "abandonado por Deus", poderiam provocar-lhe sofrimento espiritual. Assim, a maior parte do sofrimento envolve duas ou mais formas e pode até se alternar entre uma e outra.

CHECAGEM DO SOFRIMENTO

Você já teve a experiência de estar num aposento e sentir uma enorme sensação de alívio ao ouvir o motor da geladeira desligar, mesmo que, até então, nem tivesse notado que ele estava funcionando? O sofrimento pode operar de forma semelhante. Ele pode ter um efeito desgastante sobre sua energia, mente e espírito, sem que você nem sequer perceba que ele está lá. Mas, quando ele finalmente cessa, você sente um tremendo alívio. No Primeiro Pico, introduzimos o princípio de encarar a tempestade. Dentro do mesmo espírito, a idéia agora é utilizar os princípios do Sexto Pico para descobrir e enfrentar a fonte do sofrimento antes que você fique esgotado.

Agora que compreende os vários tipos de sofrimento, quero que você faça sua própria Checagem do Sofrimento. É bastante simples. Escreva uma lista das principais causas de sofrimento na sua vida (no trabalho, na escola ou…) e classifique-as de acordo com o padrão STRIP. O resultado lhe dará algumas indicações do que realmente está acontecendo. Este é um ótimo ponto para começar.

Pode ser que você não esteja experimentando nenhum sofrimento importante na sua vida neste momento. Se for isso mesmo, você pode aplicar a Checagem do Sofrimento com alguém de quem goste.

CHECAGEM DO SOFRIMENTO

O propósito deste exercício é levá-lo a fazer um balanço geral do que lhe causa sofrimento e quanto, para que você possa começar a dominá-lo e, assim, usufruir suas enormes vantagens.

TRABALHO E VIDA PESSOAL
Atualmente, qual é a principal causa de sofrimento no seu trabalho (se for o caso)? Atualmente, qual é a principal causa de sofrimento na sua vida pessoal?
Aplique o gabarito STRIP para classificar cada tipo de sofrimento em uma escala de um a dez, usando cada um dos seguintes critérios:

TRABALHO   VIDA PESSOAL
Severidade – a magnitude de sua dor.
(1 = imperceptível; 10 = agonia).

Tempo – a duração da dor.
(1 = momentânea; 10 = para sempre).

Relatividade – a intensidade da dor quando você compara sua situação com a das pessoas à sua volta ou com outras dificuldades por que já passou.
(1 = imperceptível; 10 = agonizante).

Importância – o significado que tem para você o objeto do seu sofrimento.
(1 = trivial; 10 = absolutamente vital).

Preço – quanto pode lhe custar essa adversidade.
(1 = nada; 10 = tudo).

Calcule seus resultados:
5 a 15 – Você está experimentando, quando muito, um pouco de desconforto. Na pior das hipóteses, esse desconforto pode se tornar cansativo com o tempo, mas é improvável que o impulsione a tomar alguma atitude drástica.
16 a 30 – Você está sentindo um desconforto perceptível, que demanda sua atenção e engenhosidade. Como você pode reduzir, eliminar ou (de preferência) tirar proveito da sua energia para alcançar um resultado positivo?

31 a 45 – Você está sofrendo uma dor real que, se bem aproveitada, pode melhorar sua realidade.

46 a 50 – Você está passando por um extremo sofrimento que, se bem aproveitado, pode trazer grande incremento para sua vida e a das pessoas que o rodeiam.

Não importa qual seja a forma ou o grau de sofrimento que você está agora experimentando, o fato permanece. Você pode sofrer mal ou sofrer bem. Essa é a verdade básica para todas as quatro formas de sofrimento.

> *A única forma de ser feliz é gostar de sofrer.*
> Woody Allen

O PESSIMISMO POSITIVO

Meu amigo e parceiro de escaladas Chris Morris é famoso por um pequeno truque que ele usa para lidar com o sofrimento. Ele o denomina "pessimismo positivo".

Estamos sentados, esperando passar uma tempestade furiosa. Faz um mês que não tomo nem sequer uma ducha, que dirá um banho. O vento está jogando a neve diretamente no meu rosto. Estou imaginando que tipo de insanidade me levou a procurar esse pesadelo. É nesse momento que Chris ergue o rosto, mostrando um desses sorrisos fotográficos, e diz: "Puxa vida, como está frio aqui em cima!... mas, pelo menos, está ventando." Houve uma ocasião em que tínhamos caminhado pelo frio durante dez horas. Estávamos todos exauridos. Chris voltou-se para a equipe e falou: "Rapaziada, não resta dúvida de que já escalamos um longo trecho... mas, pelo menos, estamos perdidos." Na Cascata de Gelo de Khumbu, no meio de sua primeira travessia de uma gigantesca fenda montado numa escada, Chris soltou a clássica: "Esta escada pode tremer um bocado... mas, pelo menos, está balançando na brisa..."

O pessimismo positivo constitui uma forma leve e maravilhosa de mudar o foco em relação ao sofrimento que você está enfrentando. Se puder demonstrar pessimismo positivo quando está realmente sofrendo, isso ajuda a manter certo controle sobre a situação, pois permite uma perspectiva mais saudável. Reagir com humor e humildade diante de um problema grave revela muito do seu caráter e ajuda os que se encontram à sua volta a manter o otimismo. Toda vez que estou sofrendo e Chris manifesta o seu pessimismo positivo, começo a sentir que as coisas talvez não estejam tão mal assim.

No Aconcágua, tinha acabado de atingir o cume de 6.959 metros, depois de um esforço imenso, e mal conseguia me agüentar lá em cima. Chris me deu um grande abraço e falou com uma voz rouca: "'Grande E', você pode ser cego... mas, pelo menos, é bastante lento..." Eu estava exausto, mas não consegui conter a gargalhada e reagi: "Chris, você não é o melhor cara do mundo... mas, pelo menos, é estúpido!..."

Já vi pessoas empregando o pessimismo positivo em todos os aspectos da vida. Uma vez, um cara estava fazendo uma excursão a pé comigo no Colorado, lutando para acompanhar o ritmo, quando finalmente ele gritou lá atrás: "Posso ser gordo... mas, pelo menos, sou velho!..."

Quem sabe você emprega o pessimismo positivo na hora certa, quando estiver no seu escritório? "Bem, estou saindo para uma reunião que vai durar umas três horas... mas, pelo menos, não vou ter tempo de almoçar!..." Ou então: "Não conseguimos aquela grande conta... mas, pelo menos, nossas ações baixaram no mercado!..." Em casa, experimente esta: "Querida, nosso orçamento pode estar apertado... mas, pelo menos, a conta do aquecimento dobrou!..." Ou: "Podemos estar nos mudando para uma casa mais apertada... mas, pelo menos, sua mãe vai vir morar conosco!..."

Quando faltava uma semana para completar o prazo de entrega deste livro ao editor, abri a pasta no computador e descobri que tinha perdido o capítulo inteiro em que vinha trabalhando havia uma semana. Minha primeira reação foi violenta, mas então pensei no meu bom amigo Chris Morris e berrei na sala vazia: "Posso ter perdido o capítulo inteiro... mas, pelo menos, vou passar três noites em claro reescrevendo tudo!..."

NÃO SABER SOFRER

O que significa, exatamente, não saber sofrer? E como julgar se alguém sofre ou não com dignidade, quando o sofrimento é uma coisa tão pessoal? Não se trata de apontar o dedo para as pessoas e rotulá-las de "fracas" ou "indignas". De fato, só a pessoa que sofre pode dizer se sabe ou não sofrer – ou o ser supremo do universo. Dizendo de forma simples, quando a experiência nos diminui, em vez de nos enriquecer, não estamos sabendo sofrer.

Quando a dor nos torna mais mesquinhos, menores ou mais egoístas, não estamos sabendo sofrer, mesmo que essas reações sejam perfeitamente compreensíveis. Se, por causa da dor, nos machucamos ainda mais ou ferimos os outros, não estamos sabendo sofrer. Quando, por causa da dor, reduzimos o nosso Valor de Vida e o das pessoas que nos rodeiam, não estamos sofrendo com a dignidade que talvez fosse possível. Quando, como efeito líquido do sofrimento, prejudicamos a fé e a crença de outrem, sem dúvida não estamos sabendo sofrer.

Pode até parecer cruel da minha parte, mas a verdade é que o sofrimento se torna, às vezes, a desculpa perfeita para parar de se esforçar. Se você está genuinamente sofrendo uma dor mental, física, emocional ou espiritual, quem pode culpá-lo por ir embora, sentir-se mal e fazer com que todos em volta se sintam mal também? Quem pode julgá-lo por se afastar do mundo por causa do seu sofrimento? Afinal de contas, você *está sofrendo!*...

O sofrimento também pode se tornar uma norma cultural dentro de certas organizações. Jamais esquecerei um cliente com quem trabalhei há muitos anos. Eu estava ajudando a companhia a se reorganizar, depois de uma mudança importante, e logo percebi que o processo estava pesando fortemente sobre todos os funcionários. Toda vez que eu me reunia com a equipe executiva na sala de reuniões, decorada no estilo "mausoléu moderno", os membros da diretoria chegavam de cabeça baixa, a angústia refletida no rosto, os ombros caídos, como se estivessem carregando o peso do mundo. Cada vez que nos encontrávamos, eu me esforçava ainda mais para ajudá-los a ver os aspectos positivos e até mesmo dignificantes da mudança por que estavam passando. Finalmente, um vice-presidente sênior da área de *marketing* suspirou, voltou-se para mim e disse: "Caso não tenha percebido, Paul, isto não é *diversão*. Não existe nada em nossa companhia que seja *divertido*. A verdade é que, hoje em dia, só sobreviver nesta área de negócios já é tremendamente difícil. Assim, sugiro que você ponha de lado o seu otimismo e simplesmente nos ajude a atravessar as duras realidades desta transformação, em vez de continuar tentando nos convencer de que ela pode ser maravilhosa." Percebi que essa não era a primeira vez que ele fazia o seu discurso a respeito da dureza. A impressão que dava era que a companhia fabricava ataúdes ou bombas. Por incrível que pareça, eles produziam eletrodomésticos. É desnecessário dizer que os corredores estavam cheios de zumbis. O esforço da companhia para efetuar a mudança foi excruciante, e o valor de suas ações no mercado despencou, enquanto os concorrentes a superavam com o vigor, a energia, o entusiasmo e as inovações que conduzem a lucros elevados.

Você tem todo o direito de sofrer mal. Saber sofrer é uma oportunidade.

SABER SOFRER

Saber sofrer eleva o nosso espírito – exatamente o oposto do que acontece quando não sabemos sofrer. Quando sabemos sofrer, crescemos e ajudamos os outros a crescer também com as dificuldades que passamos.

Saber sofrer é como apertar o botão pessoal de reiniciar. Pode apagar tudo o que é supérfluo da nossa tela de radar. Geralmente envolve uma espécie de catarse, em que a dor que suportamos nos faz ver, com uma clareza excepcional, aquilo que realmente importa, e ser impacientes, no sentido positivo, com as coisas secundárias. Varre de nosso espírito toda a pequenez e mesquinharia, tornando-nos mais magnânimos e altruístas. Saber sofrer traz à luz esperança, pois desperta nos outros a confiança de que, seja lá o que for que tenhamos de suportar algum dia, tudo pode terminar bem. Quando observam seu exemplo, as pessoas começam a acreditar que também podem agir assim.

> *O sofrimento se torna belo para uma pessoa*
> *capaz de suportar as calamidades com alegria,*
> *não por insensibilidade, mas por grandeza de espírito.*
> A<small>RISTÓTELES</small>

Para saber sofrer, você precisa:

- ▶ Usar o sofrimento para auxiliar e desenvolver os outros.

- ▶ Usar o sofrimento para se tornar uma pessoa melhor – demonstrando as mais altas qualidades do seu caráter e suas melhores virtudes diante da dor.

- ▶ Voltar-se para dentro de si e dominar o sofrimento internamente, a fim de expandir sua capacidade de suportar as adversidades.

- ▶ Usar e transcender o sofrimento enquanto enfrenta a vida com determinação renovada.

- Ser humano – reconhecer quando o sofrimento é difícil ou quando dói –, em vez de fingir que ele não existe, roubando assim de você o que ele pode lhe ensinar.
- Pedir ajuda quando precisar.
- Transformar seu sofrimento em uma boa causa.
- Agir de maneira franca a respeito dele – deixar que os outros aprendam com o que você está passando.

O POÇO DO SOFRIMENTO

Como o sofrimento é uma coisa muito pessoal, é difícil e talvez seja inadequado fornecer um manual universal de como lidar com ele. Mas descobri uma ferramenta – o Poço do Sofrimento – que pode aplicar-se a praticamente todas as circunstâncias. Veja como funciona.

Um poço de água potável é cheio de água fresca. Você baixa o balde até o fundo e puxa a quantidade de água necessária. De maneira semelhante, o Poço do Sofrimento está cheio de questões de caráter vital que, quando respondidas, permitem que você obtenha o conhecimento de que precisa para aprender a sofrer. Você pode mergulhar seu balde mental e retirar dele qualquer uma ou todas as perguntas ali contidas, em qualquer seqüência, dependendo da natureza e da intensidade do

O Poço do Sofrimento

Quem? Como?
Por quê?
O quê? Quando?

seu sofrimento. Mas responda a essas indagações do fundo do seu coração e crie o seu próprio método para enfrentar bem o sofrimento.

Como?

Como posso me elevar, e também aos outros, começando desde já? Ficamos comovidos até as lágrimas quando vemos alguém transcender suas próprias dores para fazer com que os outros se sintam melhor. Expresse aos demais, através de palavras ou atos, sua própria apreciação, beleza, amor, gratidão, fé ou sabedoria, especialmente quando seu sofrimento for mais intenso.

Quem?

Quem será mais afetado pela maneira como lido com o sofrimento? A resposta pode não ser óbvia. Além dos que estão mais perto de você, parentes próximos, amigos e companheiros de trabalho podem ser profundamente afetados pela maneira como você encara o sofrimento. Erik nunca chegou a conhecer Terry Fox, aquele camarada que atravessou correndo o Canadá com uma prótese no lugar da perna amputada, que Erik viu na televisão com o pouco de visão que ainda lhe restava. Entretanto, a vida de Erik foi transformada para sempre pelo exemplo inspirador de Fox. Mentalize as pessoas que você mais deseja inspirar.

O quê?

Qual é o seu CRAD com relação ao sofrimento? No Terceiro Pico você conheceu o CRAD e aprendeu que ele funciona como uma lente, através da qual você contempla a vida e por ela navega. Ele se aplica em dobro ao sofrimento. Utilizando o CRAD, responda às seguintes questões:

- ▶ Controle – Que aspectos deste sofrimento posso influenciar?
- ▶ Responsabilização – O que posso fazer para melhorar, ainda que pouco, a maneira como eu e os outros estamos lidando com esse sofrimento?
- ▶ Alcance – O que posso fazer para minimizar os aspectos negativos do meu sofrimento e maximizar suas potencialidades positivas?
- ▶ Duração – O que posso fazer para atravessar esta provação o mais rápido possível? Que efeito eu desejo que ela tenha no futuro sobre a minha vida e a dos outros?

Por quê?

Por que quero saber sofrer? O mais provável é que você não queira aprender a sofrer, a não ser que tenha uma razão muito forte para isso. Sua motivação pode estar ligada a outras pessoas, à herança que você decidiu deixar ou à sua dignidade pessoal. Pense a esse respeito e tente descrever em uma única frase sua razão para encarar o sofrimento. "Prefiro saber lidar com o sofrimento porque..."

Quando?

Quando você dirá ou fará alguma coisa que demonstre seu compromisso de saber enfrentar o sofrimento? O tempo assume uma nova dimensão quando você está sofrendo. Definir um objetivo é, muitas vezes, uma forma eficaz de suportar os dias que vêm pela frente. Comprometer-se com uma data ou hora pode ser altamente motivador, ajudando seu corpo e seu espírito a se preparar para o desafio.

As pesquisas revelam que a felicidade e o grau de preocupação consigo mesmo são quase inversamente proporcionais. Ao sair dos limites de sua própria pele e prestar atenção aos outros, especialmente em tempos de sofrimento, você pode reduzir a dor e criar aspectos positivos para o que, do contrário, poderia ser uma experiência depressiva. De forma semelhante, você pode conhecer pessoas que foram capazes de suportar terríveis dificuldades ao se concentrar em um objetivo ou razão determinante. São coisas que podem, literalmente, conservar a vida de alguém. Assim, refletir sobre como, o quê, quem, por que e quando sofrer poderá ajudá-lo a atravessar mesmo os momentos mais árduos. Quando tiver de suportar provações, mergulhe mentalmente no Poço do Sofrimento e puxe para fora todas as perguntas que aparecerem; ao responder a elas, você já estará a caminho de elevar os outros à medida que resolve suas dificuldades.

Erik e eu nos sentimos profundamente humildes toda vez que encontramos pelo caminho pessoas que vivem de acordo com essa enaltecedora disposição de espírito.

⚑

Na primavera de 2004, dei uma palestra no evento inaugural da Fundação Memorial Kate Svitek, perto de Filadélfia, no estado da Pensilvânia. Frank e Ellen Svitek criaram essa fundação em homenagem à sua filha, Kate, a fim de difundir o seu desejo de ajudar as pessoas a entender melhor a natureza e as lições que ela pode nos ensinar. A fundação subsidia com apoio financeiro estudantes como Kate, que desejam explorar e descobrir a vida ao ar livre.

Pouco depois de se formar na faculdade, Kate mudou-se para Bend, no estado de Oregon, onde morreu em um acidente de *snowboarding*, em um período de folga de seu trabalho na estação de esqui de Mount Bachelor. Sua morte foi uma triste perda para todos os que a conheciam. Para seus pais, foi o fim de uma família que eles descreviam como "perfeita".

No convite que me dirigiram, os pais de Kate disseram que eu partilhava do mesmo espírito apaixonado pelos grandes espaços ao ar livre e por novas descobertas que sua filha sempre demonstrara. Se eu participasse com eles daquele dia especial, estaria ajudando a honrar a memória de Kate. Enquanto viajava para a Pensilvânia, senti uma certa hesitação, porque eu sabia bem o que eles estavam passando. Apenas dois anos antes de eu ficar cego, minha mãe morrera em um acidente de automóvel. A notícia quase me destruiu. Em comparação com a dor de perder minha mãe, perder a visão parecia quase trivial. A depressão que experimentei se converteu em sofrimento físico. A dor era tão intensa que eu às vezes imaginava que o meu coração ia parar de bater, e o sangue, parar de correr nas minhas veias. Embora a dor tenha cedido um pouco, a perda permanece comigo. Trago-a no coração a cada momento de cada dia.

Assim, eu tinha uma noção bem exata de como uma família reage à notícia da morte de uma filha. Pensei comigo mesmo: como se pode esperar que os pais continuem a levar em frente sua vida, quando uma parte de sua alma foi arrancada deles? E o que eu poderia oferecer a essa família que pudesse ao menos chegar perto de preencher o vazio que agora existe no seu coração?

A morte, segundo creio, é a adversidade final. Não é a mesma coisa que falhar na escalada de uma montanha ou perder um investimento no mercado de ações: é uma adversidade de proporções insondáveis. É inevitável, nunca conseguimos nos preparar adequadamente para ela nem esperar nos recuperar de seus efeitos. A morte de um filho é uma coisa pela qual nenhum pai ou mãe jamais deveria ter de passar. Testa a própria natureza do espírito humano e desafia a capacidade humana de suportar. Assim, como esperar que alguém saiba enfrentar a intensa dor da morte?

Ellen, mãe de Kate, contou-me que, durante semanas após a morte da filha, dirigia propositadamente o carro sem usar o cinto de segurança, pensando que, se sofresse um acidente de trânsito, suas possibilidades de se encontrar com Kate novamente seriam maiores. Até hoje Frank, pai de Kate, chora ao falar do espírito aventureiro da filha e do amor que ela sentia pela vida ao ar livre. Durante nossas conversas, ele teve de fazer pausas repetidas e reprimir as lágrimas para conseguir completar uma frase. Quando ele não conseguia, era Ellen que completava o que ele pretendia dizer. Isso me fez perceber que, ainda hoje, seu sofrimento é tão grande que, para suportá-lo, Frank e Ellen devem viver como se fossem habitados por um único espírito.

Fiquei sabendo que Kate era uma montanhista apaixonada e que, quando ainda freqüentava o ensino médio, tentara subir ao monte Rainier, no estado de Washington. Ao descrever sua primeira tentativa, ela escreveu: "Embora não tenha conseguido chegar até o cume naquela aurora, só o fato de me encontrar perto do topo do mundo já me deu uma nova perspectiva de vida. Percebi a importância de desafiar nossos próprios limites e engenhosidade, mesmo quando você não é capaz de realizar um objetivo. Aquele nascer do sol derramou dentro de mim uma sensação de maravilha que não tinha nada a ver com o fato de eu ter ou não chegado até o pico. Nem sempre é necessário alcançar uma meta final, pois a recompensa da auto-satisfação que brota de dentro já é suficiente."

As experiências de Kate no alto do monte Rainier tiveram um impacto permanente sobre seus pais. De fato, na segunda tentativa, ela levou o pai como parceiro de escalada. Mesmo que, outra vez, tivessem de desistir antes de alcançar o topo, fizeram uma importante descoberta – que, através do sofrimento físico, o corpo é capaz de fazer muito mais do que o cérebro calcula que possa.

Talvez tenha sido essa descoberta que tenha levado Kate a realizar uma terceira tentativa, na qual ela finalmente chegou até o cume. Seis meses após a morte de Kate, exatamente um ano depois que a jovem tinha se erguido sobre o topo do monte Rainier, seu pai também atingiu o cume. De pé lá no alto, uma façanha realizada em honra da filha, Frank viu um arco-íris. Segundo ele me disse, acreditou que tivesse sido enviado pelo espírito de Kate, para ajudá-lo a prosseguir com sua própria vida.

Frank e Ellen Svitek vão sofrer intensamente pelo resto da vida, porém – assim como o arco-íris que Frank viu aparecer acima do cume do monte Rainier –, desse sofrimento ergueu-se uma bela e nobre vocação. Em apenas três anos, a fundação tinha distribuído quase três dúzias de bolsas de estudo para estudantes necessitados interessados em participar de programas como o Outward Bound e o National Outdoor Leadership School, que promovem o crescimento pessoal e social dos participantes por meio de desafiadoras expedições ao ar livre. O espírito aventureiro de Kate continuará vivendo através de muitos estudantes que, de outro modo, jamais teriam tido a oportunidade de seguir suas pegadas.

Cada noite, antes de dormir, a mãe de Kate lê os testemunhos escritos pelos contemplados com as bolsas de estudo e chora. Seu sofrimento é nobre, importante e duradouro. Nathaly Filion, uma das contempladas, escreveu: "Aprendi tantas coisas sobre mim mesma, a natureza e minha paixão pelo ar livre. Agradeço a vocês do fundo do meu coração."

Ainda que a dor e o sofrimento provocados pela morte de Kate não possam ser apagados do coração de Frank e de Ellen, existe uma mensagem que podemos aprender com sua obra: ao descobrir um propósito para nossa dor, aprendemos o que significa saber sofrer.

Na vida empresarial, os melhores executivos que conheço sabem sofrer. Eles carregam nos ombros uma imensa tensão, incertezas insondáveis, responsabilidades pesadíssimas, riscos substanciais, uma pressão crônica e exigências quase impossíveis de atender – com freqüência antagônicas –, e enfrentam tudo isso com a mesma determinação otimista com que um garotinho corre atrás do seu cachorro. Mas, quando um líder não sabe sofrer, a organização inteira sofre em conseqüência da sua incapacidade.

Rick Wilson é diretor nacional de uma empresa multinacional. Ele acumula as funções de três outros diretores, com uma supervisão bastante indefinida, e precisa alcançar resultados excepcionais nas três áreas. Rick se desempenha com tanta competência que seus superiores nunca chegaram a cumprir a promessa que lhe fizeram de contratar outros executivos para se encarregarem de algumas de suas múltiplas responsabilidades. E Rick não pressiona seus empregadores a contratarem mais funcionários porque, na maior parte dos dias, ele prospera com esse desafio – que é, na verdade, o que o move – e não gostaria que as coisas mudassem.

Rick também sofre da síndrome de esclerose múltipla, que é exacerbada pela tensão. Ele tirou proveito da sua adversidade para estimular o seu entusiasmo de viver a vida da maneira mais plena que ele puder, enquanto puder. Ele percorre pistas de esqui para atletas de alto nível, faz exercícios e se interessa por vários passatempos e esportes. Quando está em um bom dia, ninguém consegue acompanhar seu ritmo. Mas, ocasionalmente, Rick também tem dias ruins. Quando isso ocorre, pode-se enxergar uma centelha muito especial em seus olhos, como se ele estivesse querendo dizer: "Agora posso *realmente* mostrar a esses caras do que sou feito!" Apesar de sua dor e provações, Rick é uma constante inspiração para os milhares de pessoas que se relacionam com ele. Por quê? Porque ele sabe sofrer.

Gente como Rick faz tudo parecer fácil. Mas algumas vezes não é. O desafio de saber sofrer se apresenta justamente quando estamos diante das fendas e brechas comuns, e inteiramente humanas, que discutimos anteriormente.

O TRANSMUTADOR DO SOFRIMENTO

Agora que você já aprendeu o que é sofrimento, que já sabe quais são as fendas e brechas mais comuns no comportamento humano, que conhece os quatro tipos e os cinco fatores de sofrimento, que estabeleceu seu nível de sofrimento atual e compreende a enorme diferença que existe entre saber e não saber sofrer – e seus efeitos sobre os negócios e a vida pessoal –, está pronto finalmente para realizar uma grande mudança dentro de si ou em alguma pessoa que conheça bem. O Transmutador do Sofrimento é um exercício simples e significativo que você deve aplicar primeiro a si mesmo. Mais uma vez, se você for essa pessoa rara que não sofre nenhum desconforto na vida, pode utilizar esse instrumento em benefício dos outros.

Meu conselho é que você dedique alguns momentos de verdadeira reflexão sobre as perguntas que apresento, para assim obter as melhores respostas e poder tirar o máximo proveito da adversidade que o seu sofrimento, ou o sofrimento alheio, representa.

O Transmutador do Sofrimento

O propósito deste exercício é ajudá-lo a transmutar seu sofrimento e adversidade em algo bom. Depois que terminar, você talvez queira discutir suas conclusões com as pessoas que estão mais envolvidas com a situação que lhe causa sofrimento. A compreensão, o apoio e a participação delas podem ser extremamente úteis.

Ponto da Dor: A área em que sofro mais atualmente é:
_____
_____

Com base em tudo o que aprendi sobre não saber lidar com o sofrimento, há uma coisa específica que eu me comprometo a parar de fazer ou fazer menos:
_____
_____
_____

Com base em tudo o que aprendi até agora sobre saber sofrer, há uma coisa específica que me comprometo a começar a fazer ou fazer mais:
_____
_____
_____

Como resultado desses compromissos, tanto eu como as pessoas ao meu redor vamos desfrutar os seguintes benefícios (listar):
_____
_____
_____

🏴

 Sempre que uma grande realização se aproxima do final, enfrentamos um momento da verdade. Você transforma esse momento no ápice da sua vida ou simplesmente prossegue em sua ascensão? O momento passou, a aspiração que era o seu foco e alimentava sua paixão se torna uma lembrança, algo que você fez "ontem", "no mês passado", "diversos anos atrás" ou até mesmo "antigamente". É muito tentador parar aqui, ou "acampar" – como Paul descreve a escolha de se instalar numa zona de conforto livre de sofrimentos –, especialmente quando você sofreu muito para chegar ao ponto que conseguiu alcançar.
 Quando o objetivo é atingido, quando você chega ofegante a seu destino e essa súbita e dramática mudança do presente para o passado ocorre, você depara com a questão: "Qual é a próxima fase?" Enfrentei essa dúvida quando me achava no cume do Kosciusko,

depois de completar minha missão de sete anos. Não queria passar o resto da vida apenas sendo o cara "que uma vez subiu os Sete Picos". Os Sete Picos eram o meu "o quê", ainda que eu fosse impulsionado pelo meu "porquê". Se eu pretendia passar o resto da vida ajudando as pessoas a repensar os limites do possível, então precisava encontrar novos desafios para expandir minha missão. Isso significava buscar voluntariamente mais sofrimento para enfrentar.

Escalar uma montanha é difícil, mas nada me fez sofrer mais que a Primal Quest, a mais árdua competição de alta exigência que existe nos Estados Unidos, quem sabe no mundo inteiro. Tinha de percorrer 736 quilômetros e realizar uma série de escaladas que perfaziam 18.000 metros no total, tudo isso em nove dias sem direito a nenhuma pausa. Inicialmente, meu parceiro Jeff, que subiu comigo ao topo do Everest, e eu achamos que a idéia de escalar, percorrer cavernas, andar de bicicleta pelas montanhas, correr e remar em botes e caiaques contra a elite mundial das equipes de corridas de alta exigência soava como um grande desafio. Entretanto, logo depois de começada a corrida, mudamos de idéia. A fadiga tomou conta do nosso corpo; as escaladas foram se tornando mais e mais formidáveis; e, à medida que mais equipes desistiam da corrida, Jeff e eu passamos a chamá-la de "Missão do Sofrimento".

De fato, o sofrimento era o componente-chave da estratégia que havíamos estabelecido para a corrida. Um pouco antes, naquele mesmo ano, nossa equipe de quatro participantes tinha tentado completar uma corrida de cinco dias através da Groenlândia, mas esta tinha apenas a metade da distância abrangida pela "Missão do Sofrimento", e o ritmo era duas vezes mais veloz. Como todos os outros times haviam largado em ritmo de corrida de fundo, nossa equipe logo ficou dias atrás. Distendi uma das panturrilhas tentando correr sem parar pelo terreno acidentado e, finalmente, desistimos. Todavia, a fim de ter uma chance de completar a enorme distância da "Missão do Sofrimento", prevíamos que as equipes adversárias teriam de reduzir a velocidade e prosseguir em um ritmo constante. Eu sabia perfeitamente que não era capaz de vencer times velozes ou de grande habilidade, mas talvez soubéssemos lidar com o sofrimento melhor do que eles.

A primeira etapa da corrida era uma descida de caiaque de 48 quilômetros, com duração prevista de nove horas, atravessando o lago Tahoe. Eu ocupava o assento da frente, determinando o ritmo da equipe, e o arranjo funcionou muito bem durante as primeiras cinco horas. Todavia, nas quatro horas seguintes, um forte vento bateu de frente, levantando ondas frias que quebravam na minha cabeça. Quando retiramos o caiaque da água, na margem oposta, estava com hipotermia. Mas, por sorte, a etapa seguinte era uma viagem de 160 quilômetros em bicicleta de dois assentos sobre Sierra Nevada, e logo me aqueci de novo.

Quando comecei a corrida, ainda me incomodava a lesão na panturrilha sofrida durante a corrida na Groenlândia. Depois de dois dias de avanço, minha perna gritava de dor a cada passo. Pensei que, se a coisa piorasse, não conseguiria continuar andando. Só que, dez horas mais tarde, a panturrilha era a menor das minhas preocupações, porque meus dois joelhos doíam como se tivessem sido acertados por um golpe de malho. Dez horas mais tarde, já não sentia a dor nos joelhos, porque uma dor muito maior vinha das bolhas gigantes que haviam rebentado nos meus artelhos.

No quarto dia, os times começaram a desistir. Alguns tinham começado a corrida depressa demais e queimado energia até a exaustão total; outros haviam emborcado nas corredeiras, e os membros da equipe haviam se machucado muito; alguns dos participantes estavam com insolação, e outros, em choque, porque haviam suado tanto que seus corpos tinham ficado praticamente sem eletrólitos. Um cara dormira pedalando e rebentara a bicicleta em um acidente.

Como só estávamos dormindo uma hora por noite, minha equipe e eu estávamos sofrendo de privação do sono – ou, como os participantes de corridas de aventura gostam de dizer, tínhamos sido "mordidos pelos monstros do sono". Em determinado ponto, enquanto descíamos aos solavancos por uma trilha de montanha à meia-noite, Jeff, guiando a equipe no assento dianteiro da bicicleta tandem, admitiu que não conseguia mais enxergar a trilha; seus olhos estavam tão fatigados que simplesmente já não funcionavam. Continuamos a pedalar por mais uma hora, enquanto eu, sentado atrás, não parava de dar palmadas nas suas costas, cantava a plenos pulmões e contava piadas imbecis. "Faça o que fizer", eu lhe gritava ao ouvido, "absolutamente não pegue no sono." Finalmente, ele recuperou suas energias, mas então quem caiu no sono fui eu. A bicicleta balançou para um lado e eu acordei com o susto.

Parecia que, toda vez que conquistávamos uma imensa série de colinas montados na bicicleta e nos convencíamos de que já estávamos a ponto de chegar ao topo, dobrávamos uma curva e deparávamos com uma montanha ainda mais alta. Não conseguíamos entender como é que os planejadores da corrida haviam conseguido marcar o trajeto com aquele monte de colinas que subiam eternamente e jamais desciam. Mas, em vez de desanimar, respondíamos ao desafio olhando uns para os outros e caindo na gargalhada. Acho que rir era melhor do que chorar. Na última noite, através de um campo de rochas com a extensão de 65 quilômetros, eu já estava realmente tendo alucinações acordado. Escutava os meus alunos de quinta série, da época em que fui professor, torcendo por mim de um *playground* imaginário. Mas então eu sacudia a cabeça e percebia exatamente onde é que estava.

Oito dias e vinte e três horas depois de ter iniciado, nossa equipe conseguiu cruzar a linha de chegada, uma das quarenta e duas equipes que completaram a corrida dentre os oitenta times de elite, provenientes de todo o mundo, que haviam largado juntos. Nenhuma pessoa cega jamais havia tentado antes completar uma corrida de aventura comparável em extensão a uma expedição. Os comentários, segundo ficamos sabendo mais tarde, era que algumas equipes achavam que não íamos conseguir permanecer na corrida mais do que um dia.

Na linha de chegada, às quatro da madrugada, escutei uma vozinha alegre gritando: "Papai!" Pensei primeiro que estava alucinando de novo, mas, quando a voz chegou correndo e me abraçou os joelhos, percebi que Emma e Ellie tinham vindo nos receber. Aquela voz fez com que todo o sofrimento que eu havia suportado durante os últimos nove dias valesse a pena.

Estou convencido de que, se conseguimos chegar até o fim da corrida, e até mesmo ter um desempenho melhor que o de muitas equipes experientes, não foi só graças à forma física, aos sistemas ou à coesão da equipe, mas também à nossa capacidade de lidar bem com o sofrimento. O sofrimento é uma experiência que todos nós conhecemos e a única coisa de que a maioria de nós alegremente abriria mão. Mas, no curso destes Picos, tanto você como eu aprendemos que o sofrimento pode ser o chumbo a ser transformado em ouro pelos alquimistas.

No momento em que você cumprir o seu Desafio Máximo ou qualquer outro objetivo que tenha estabelecido para si mesmo, terá de enfrentar a mesma incerteza com que deparei quando me achava no alto do meu sétimo pico. O que vem depois disto? Quando virar a página para começar o último pico deste livro, o Sétimo Pico, você reunirá tudo o que aprendeu até agora e poderá então aplicá-lo para elevar sua vida e a de todos os que se encontram ao seu redor, a fim de alcançar a grandeza todos os dias da sua vida.

Sexto Pico • Sabendo sofrer

Princípio norteador
Sofrer é suportar algo doloroso. O sofrimento faz parte da vida. A questão é se você está preparado para lidar com o sofrimento. Saber sofrer significa enfrentar o sofrimento com nobreza e assim elevar todos ao seu redor. É a oportunidade de grandeza diária que foi concedida a todos nós.

Saber sofrer
- Use o sofrimento para ajudar e enriquecer os outros.
- Use-o para se tornar uma pessoa melhor – demonstrando diante da dor os aspectos mais elevados do seu caráter e suas virtudes.
- Utilize e transcenda o sofrimento, encarando a vida com uma determinação renovada.
- Seja humano – reconheça quando o sofrimento é difícil ou quando dói. Não finja que seu sofrimento não existe, privando assim as pessoas do que ele pode ensinar.
- Peça ajuda quando precisar.
- Transforme seu sofrimento em uma boa causa.
- Seja franco a respeito da sua dor – deixe que os outros aprendam com o que você está passando.

Não saber sofrer
- Não saber sofrer significa rebaixar-se e, conseqüentemente, puxar os outros para baixo.
- Quando nos tornamos mesquinhos, desprezíveis ou egoístas por causa da dor, não estamos sabendo sofrer, por mais que essas reações sejam compreensíveis.
- Se, por causa do sofrimento, aumentamos a nossa dor ou causamos dor aos outros, também não estamos sabendo sofrer.

Dez fendas e brechas comuns que devemos evitar
Queixas, reclamações, culpa, identificação, anestesia, escapismo, racionalização, negação, fingimento e dissimulação.

Tipos de sofrimento
Espiritual, físico, emocional e mental.

Cinco facetas do sofrimento (STRIP):
1. **S**everidade – Até onde nos atinge?

2. **T**empo – Quanto tempo irá durar?
3. **R**elatividade – Como se compara a outros tipos de sofrimento?
4. **I**mportância – Até que ponto nos toca?
5. **P**reço – Quanto pode custar?

SÉTIMO PICO

PRODUZA GRANDEZA TODOS OS DIAS

Monte Kilimanjaro
Acampamento-base: 900 metros de altura
Cume: 5.895 metros – o pico mais elevado da África

Encorajamos os outros a fazer grandes coisas
com nosso próprio exemplo ao realizar grandes coisas.
Steve Ackerman, o primeiro paraplégico
a dar a volta ao mundo em um triciclo
movido manualmente.

No momento em que nos lançamos juntos à conquista do pico final – o Sétimo Pico –, me pergunto se você consegue apreciar totalmente a extensão do terreno que percorreu com sucesso até aqui. Ainda que a jornada de cada um ao longo deste livro seja muito pessoal, imagino que você já tenha fortalecido significativamente sua relação com a adversidade, de modo que possa utilizá-la como uma verdadeira vantagem em sua vida. Paul e eu escrevemos este livro a fim de auxiliá-lo a empregar os momentos mais duros da vida em favor de empreendimentos dignificantes. Este livro descreve seu novo papel como um alquimista da adversidade, capaz de converter as piores coisas da vida no ouro da grandeza cotidiana.

Também escrevemos este livro para mostrar a enorme diferença entre submeter-se à adversidade e usá-la para sua própria satisfação, empregando-a para elevar a si próprio e aos que se encontram ao seu redor. Este livro descreve o papel vital da adversidade em moldar o tipo de líder que você aspira ser, seja desenvolvendo sua organização, estimulando sua equipe a seguir em frente ou ajudando sua família a prosperar, mesmo nos momentos mais difíceis.

Já escalei o Kilimanjaro duas vezes, e o contraste entre as duas ascensões, tão diferentes entre si, ajudou-me a descobrir que existe muito mais na vida do que simplesmente ficar parado orgulhosamente no alto de uma montanha e declarar ao mundo: "Olhem para mim! Eu consegui!..." Aprendi que, para ser um alquimista, é necessário bem mais do que superar imensos obstáculos físicos, como o frio extremo e os ventos brutais. Significa ajudar os outros a transformar seus próprios desafios em triunfos.

Organizei minha primeira viagem ao Kilimanjaro como meu segundo pico continental, mas também – e igualmente importante – para transmitir a Ed, meu pai, e a Ellie, minha esposa, o gosto pelas grandes montanhas. Queria que eles experimentassem a mesma alegria que eu, e achei que o Kilimanjaro seria o local perfeito para isso. Entretanto, não me preparei adequadamente, como aprendi a fazer nas expedições posteriores. Em vez disso, contratei um guia que não merecia total confiança e nos fez acampar em um ponto muito baixo da encosta da montanha na noite anterior à nossa tentativa de galgar até o cume. Sua decisão acarretou um dia de ascensão infernalmente longo e brutal, 1.500 metros em vinte horas de escalada, cobrando um alto preço de nossa equipe.

Um dos companheiros do grupo ficou tão exausto que resolveu voltar e, durante a descida, começou a distribuir todo o seu equipamento de alpinismo, repetindo a cada um que passava por ele: "Nunca mais participo de uma escalada!" Chegou um ponto em que uma mulher que também fazia parte do grupo se enrolou em posição fetal, recusando-se a se mover. Os guias tiveram de carregá-la até embaixo. A pior parte da ascensão ocorreu faltando apenas uma hora para chegar ao alto da montanha, quando meu pai e Ellie decidiram retornar. Mais tarde, Ellie se referiu ao nosso longo dia de escalada como o "pesadelo sem fim".

Embora estivesse enjoado por causa da altitude e, durante a última hora, parasse a cada dez metros para vomitar, agüentei até o final e atingi o pico. Tinha superado a adversidade e alcançado minha meta. Que bom que consegui! Por que, então, senti que havia fracassado? Porque as duas pessoas que eu mais amava no mundo tinham ficado para trás, em algum ponto abaixo de mim. Elas estariam bem ou ainda sofrendo? Não havia convocado minhas forças para auxiliar nenhum dos dois nem fizera nada para encorajá-los, como outros antigamente haviam feito comigo. Parado lá no topo, eu chorei, em vez de celebrar.

Oito anos mais tarde, comecei a me corresponder com um atleta extraordinário, Douglas Sidialo. Ele morava em Nairobi, no Quênia, com sua esposa e duas filhas. Em 1998, Douglas estava passando de carro pela embaixada americana quando viu um relâmpago de luz. Essa foi a última coisa que enxergou. Acordou em uma cama de hospital três dias depois, mais uma vítima inocente do bombardeio simultâneo das embaixadas dos Estados Unidos no Quênia e na Tanzânia.

Os cegos raramente conseguem emprego na África. Quando Douglas ficou cego, ele e sua família tiveram de sobreviver com o pequeno salário de professora de sua esposa. Quando Douglas me contou que seu sonho era escalar o Kilimanjaro algum dia, fiquei três noites sem dormir. Meu cérebro fervilhava com uma idéia que poderia ajudar Douglas, sua família e, possivelmente, muitas outras também.

O plano surgiu da lembrança de duas experiências opostas, o vazio da minha primeira escalada do Kilimanjaro e a alegria que senti no alto do monte Everest, quando tantos membros da "corda" se encontravam lá no topo, celebrando a conquista lado a lado. Atribuí a nossa subida, que superlotou o pico do Everest, ao desejo que todos tínhamos de fazer parte de algo realmente grande. Esse compromisso e essa crença inabalável nos levaram até o cume. Quando a motivação é alta, as pessoas freqüentemente se superam e vão até o fim para alcançar a meta desejada. Eu suspeitava que a mesma magia pudesse ser reproduzida no Kilimanjaro.

Assim, decidi compor uma equipe integrada, formada por participantes que enxergavam e pessoas cegas, não atletas de elite, mas gente comum, como mães que raramente saem de casa e funcionários de empresas comerciais. Noventa por cento dos participantes que enxergavam já se achavam na meia-idade e tinham muito pouca experiência de montanhismo. Sua tarefa específica seria guiar os cegos até o alto. Além de Douglas, o grupo dos cegos incluía pessoas de quatro continentes. Só para tornar as coisas mais interessantes, também trouxemos conosco Carl, um morador de Denver que, além de deficiente visual, era deficiente auditivo, e ainda Bill, que tinha 69 anos de idade, era cego, não tinha parte do braço direito e alguns dedos da mão esquerda, seqüelas de uma explosão acidental no Alasca.

Para a primeira etapa, levei a equipe inteira até o Colorado para uma excursão de treinamento destinada a aguçar os sistemas de cada um e a construir forças de equipe. Como a maioria das pessoas que enxergavam era inexperiente como guias de cegos, todos se esforçavam para descobrir a melhor maneira de trabalhar uns com os outros. Em vez de realizar o percurso dentro do tempo padrão de seis horas, levamos doze horas para concluir a caminhada, e só dois cegos conseguiram chegar até o topo do monte. Todavia, mantendo-se juntos, demonstraram que tinham a força de vontade necessária para fazer alguma coisa grande. Agora, eles precisavam obter as habilidades indispensáveis, e eu esperava que esse começo, cujo sucesso fora bem menos do que estrondoso, fosse justamente a adversidade de que precisavam para seguir em frente.

Na base do Kilimanjaro, eu lhes disse que a expedição não se destinava a simplesmente levar algumas pessoas até o topo. O alvo final era que toda a equipe escalasse como uma única "corda", realmente cuidando uns dos outros durante a subida. Os pares, formados por uma pessoa cega e outra que enxergava, estavam agora preparados com os novos sistemas que haviam desenvolvido para guiar-se. Algumas duplas seguravam as pontas de um bastão de caminhada. Em outras, o cego segurava levemente uma alça fixada à mochila do seu guia. Em outras ainda, o guia tocava alto uma campainha pela qual o cego se orientava.

Nosso primeiro teste ocorreu depois de dois dias de viagem, quando um dos alpinistas cegos tentava atravessar um campo de grandes rochas aparentemente interminável, que ficava pouco antes do acampamento-base. Três companheiros de equipe ficaram para trás para ajudá-lo a passar. Os guias africanos se ofereceram para levá-lo às costas até o acampamento, mas a equipe declinou tenazmente a oferta. Eles só chegaram ao acampamento às oito da noite, depois de uma marcha de doze horas, enquanto as pessoas que haviam chegado mais cedo já tinham montado suas tendas, distribuído os sacos de dormir e preparado uma refeição quente para esperá-los. Mais adiante, enquanto galgávamos o trecho denominado Barranca Wall, um paredão de rocha íngreme com trezentos metros de altura, observei enquanto alguns participantes trabalhavam paciente e cuidadosamente para conduzir Douglas a dar um passo depois do outro, por meio de instruções vocais. Eu sabia muito bem que qualquer passo em falso poderia fazê-lo escorregar e cair por uns sessenta metros.

Na noite em que finalmente nos dirigimos ao pico, a equipe inteira serpenteou pela muralha superior em uma longa fila. Avançamos como se fôssemos uma unidade. Nenhuma pessoa tentou passar à frente para alcançar o topo em primeiro lugar. Pelas seis da manhã, quando a equipe inteira conseguiu atravessar a muralha superior e nos reunimos em um lugar mais plano, denominado Gilman's Point, faltando ainda uma hora para chegar ao pico, todos estavam exaustos. Um dos membros da "corda", apoiado em sua vara de esquiador, estava quase desmaiando. Outro estava vendo em dobro, e um terceiro havia torcido o tornozelo e mancava dolorosamente a cada passo. Reconhecendo os problemas, declarei à equipe: "Gente, vamos dar a coisa por encerrada. Acho que devemos parar aqui." Mas fui imediatamente contrariado por um coro unânime. Uma hora mais tarde, lá estávamos todos, parados no teto da África como uma equipe. Foi uma grande alegria ver como aquele grupo de não-alpinistas tinha enfrentado a situação e superado suas limitações para se tornarem todos pioneiros de possibilidades.

A vida a quase 5.900 metros de altitude pode ser hostil. Normalmente, grande parte das pessoas se cansa e não consegue chegar até o topo. Todavia, para meu imenso prazer, a minha teoria de designar para a equipe um propósito mais elevado demonstrou-se verdadeira. Vinte e três elementos de uma equipe que começara com vinte e oito conseguiram chegar até o cume, muito mais do que teria sido possível de outro modo. É como Paul diz: "As pessoas se apresentam para participar de uma tarefa, mas só se esforçam totalmente por uma causa."

Em nossa última noite na montanha, um dos participantes levantou-se durante o jantar e disse: "Passamos por uma experiência conjunta tremendamente recompensadora, que nenhum de nós jamais esquecerá. Assim, proponho que deixemos um legado permanente, em memória do tempo que passamos aqui juntos." O resultado foi a Kilimanjaro Blind Trust Foundation, financiada pelos membros da equipe com o objetivo de fornecer bolsas de estudo a crianças cegas de toda a África oriental. A administração dessa fundação foi entregue a Douglas.

Eu já havia escalado montanhas muito maiores e mais desafiadoras e havia utilizado a adversidade inúmeras vezes para me impulsionar até o pico. Mas poucos desses sucessos me deram o mesmo senso de realização e de Valor de Vida do que essa expedição, em que me uni a cinco outros cegos, de quatro continentes, e auxiliei o primeiro africano cego a subir e a erguer-se em pé no teto do seu continente. Não foi simplesmente uma questão de superar a adversidade naquele dia. Nós a utilizamos para elevar todos os que estavam envolvidos no empreendimento. Paul e eu chamamos isso de "liberação da grandeza diária". Desse modo, através do Sétimo Pico, você poderá reunir tudo o que juntou até agora e emergir preparado para liberar sua própria grandeza, todos os dias da sua vida.

Gosto da expressão *sua própria grandeza* porque a grandeza diária não é um conjunto genérico de habilidades. É uma coisa altamente individual, tal como a personalidade de cada um. Isso significa que você vai liberar a grandeza da vida diária de sua própria maneira, exclusiva e autêntica.

Mas é importante destacar que existe uma diferença fundamental entre a *grandeza épica* dos "grandes personagens da história", cujas biografias enchem as prateleiras das bibliotecas, e a *grandeza da vida diária*, o tipo de grandeza que estamos explorando juntos aqui. É como a diferença entre olhar para o céu em direção a um pico distante, amedrontador e varrido pelos ventos, e subir a montanha, da base até o topo contando com uma série de apoios ao seu alcance. O primeiro é um evento épico ocasional; o outro é bem mais acessível, um esforço constante e uma oportunidade diária.

Além disso, a realidade é que a maioria das pessoas não está fazendo o menor esforço para se tornar "um grande personagem da história", como Gandhi, Nelson Mandela ou Sojourner Truth, que se ergueram para realizar o que achavam certo em face de uma imensa adversidade, modificando o curso da história humana durante o processo. Mas todos nós nos esforçamos, de uma forma ou de outra, para que nossa vida tenha um significado, para que, quando fecharmos os olhos pela última vez, saibamos que ao menos um pedacinho do mundo se tornou melhor devido à nossa presença por aqui.

Slow Man, o último livro publicado pelo Prêmio Nobel de Literatura J. M. Coetzee, narra a história de um homem que, perto do final da vida, percebe que, embora não tenha causado nenhum grande mal a ninguém, tampouco fez nada de realmente bom. Ele não vai deixar nenhum sinal atrás de si. Simplesmente deslizou pelo mundo. Ele se imagina chegando aos portões de madrepérola do Paraíso, quando escuta esta poderosa pergunta: "Você não entendeu por que recebeu a vida, o maior de todos os dons?"

Penso que as virtudes que compõem a grandeza de todos os dias – resistência, magnanimidade, compaixão, força, boa vontade e integridade – são formas de caridade. Há pessoas que as manifestam mais pronta e generosamente quando a vida lhes é favorável do que quando os tempos ficam difíceis. É o que acontece com muitos líderes que – ao contrário de Churchill – se mostram muito melhores em fortalecer suas equipes quando se acham em maré de sorte do que quando são lançados contra os rochedos. Mas, quando se trata de caridade, o que expressa melhor o seu caráter – dar as sobras quando você tem silos cheios para dividir ou dar quando você não tem praticamente nada para repartir? De forma semelhante, o que é mais importante – elevar as pessoas à sua volta quando sua disposição de ânimo, o ambiente e as condições são os melhores possíveis ou obter o mesmo resultado no calor da batalha? Se fosse algo fácil, falaríamos em "normalidade diária", não em grandeza diária.

Portanto, *de que maneira* você libera sua grandeza no dia-a-dia? Pense nas pessoas que você mais admira. Talvez você queira anotar suas respostas para poder discutir ou repetir o seguinte exercício com outras pessoas.

TESTEMUNHAR A GRANDEZA DE TODOS OS DIAS

O exercício a seguir pode ser realizado por meio de conversas com outras pessoas ou simplesmente refletindo e escrevendo suas respostas sozinho. Se refletir sobre cada pergunta com profundidade, você obterá valiosos benefícios.

1. Que pessoa você atualmente mais admira na sua vida? Por quê? O que essa pessoa faz ou demonstra para torná-la digna da sua admiração?
2. Que pessoa no seu trabalho, na sua escola ou na sua comunidade você atualmente mais admira? Por quê? O que essa pessoa faz ou demonstra para torná-la digna da sua admiração?
3. Responda a cada uma das perguntas a seguir o melhor que puder, levando em conta essas duas pessoas.

PRIMEIRO PICO: ENFRENTE!
- ▸ Como essa pessoa Enfrenta a adversidade?
- ▸ Em que parte do Ciclo da Adversidade ela se encaixa?
- ▸ Que suposições você acha que ela tem com relação à adversidade (Suposições sobre a Adversidade)?

SEGUNDO PICO: CONVOQUE SUAS FORÇAS
- ▸ Que coisa mais difícil ou mais importante você viu essa pessoa realizar?
- ▸ Que habilidades ela possuía ou precisou desenvolver para realizar esse objetivo?
- ▸ Que forças ela convoca em face da adversidade? Quais dela você mais admira?

- Como as equipes que ela coordena ou de que participa complementam suas forças para atingir um alvo mais elevado?
- Como ela cria uma interdependência positiva, associando-se a outras pessoas?
- Que qualidades ela traz para a equipe? Classifique essa pessoa segundo o Fator A (força na adversidade), o Fator P (o porquê ou motivação) e o Fator E (ego). Marque um valor de um a dez para cada um.

TERCEIRO PICO: ACIONE O CRAD
- Você acha que essa pessoa tem um Quociente de Adversidade alto, médio ou baixo?
- Até que ponto ela tende a se concentrar naquilo que pode ser influenciado (C = Controle), se adiantar para melhorar a situação (R = Responsabilização), conter as coisas más (A = Alcance) e reconhecer ou deixar para trás as adversidades (D = Duração)?
- Em uma escala de um a dez, com que grau de eficiência ela aciona o seu CRAD?

QUARTO PICO: POSSIBILIDADES PIONEIRAS
- Que novas possibilidades, grandes ou pequenas, essa pessoa desencadeou?
- Como ela reage quando alguém lhe diz que alguma coisa importante é impossível?
- Que Sistemas Personalizados você já viu essa pessoa aplicar?

QUINTO PICO: CARGA CERTA, CARGA LEVE
- Em uma escala de um a dez, onde essa pessoa se enquadra quanto ao Valor de Vida?
- Dê exemplos de situações em que essa pessoa abriu mão de um desejo para obter alguma coisa mais importante.
- Com que eficiência ela investe estrategicamente seu tempo, energia e dinheiro nas coisas mais importantes? Até que ponto ela investe em seu próprio bem-estar?

SEXTO PICO: SABENDO SOFRER
- Quais sofrimentos, grandes ou pequenos, você já viu essa pessoa suportar?
- Como foi que ela enfrentou a situação? Que efeito sua maneira de lidar com o sofrimento teve sobre as outras pessoas?

De modo geral, como você descreveria o relacionamento dessa pessoa com a adversidade? Você a teria escolhido se ela nunca tivesse enfrentado nenhuma adversidade ou se tivesse uma pontuação muito baixa no Ciclo da Adversidade?

Esperamos que esse exercício tenha proporcionado a você uma rica discussão e percepções valiosas. O que me despertou, mais de vinte anos atrás, foi a constatação de que, apesar das diferenças individuais, existem fortes semelhanças na maneira como as pessoas que são mais admiradas pelos demais se relacionam com a adversidade. Elas tanto podem ser pessoas famosas como gente simples que vive perto de você. Não importa. Elas estabeleceram para si ambições relativamente nobres e enfrentaram significativas adversidades em seu caminho; depois, através das lutas ou sofrimentos por que passaram, conseguiram finalmente se elevar e aos outros que estavam ao seu redor, transformando a adversidade em uma vantagem significativa e realizando algum tipo de alquimia que resultou na sua grandeza diária. Foi essa descoberta que me conduziu ao trabalho da minha vida, às minhas pesquisas sobre o Quociente de Adversidade e a muito mais além.

Vamos passar a um nível mais profundo. Na introdução, expliquei que achava Erik o exemplo típico de tudo a que este livro se refere. E disse que parte da minha tarefa seria decodificar o DNA emocional dele para que você pudesse reproduzi-lo, à sua própria maneira, para enfrentar o seu Desafio Máximo e conduzir sua vida. Também chamei a atenção para o fato de que, embora fosse fácil distanciar-se do exemplo de Erik por considerá-lo o produto de uma mutação emocional super-humana, ele é na verdade um cara comum que apenas aprendeu a fazer uma coisa que você ou qualquer outra pessoa também é capaz de fazer – ou seja, colocar a adversidade para trabalhar em seu próprio benefício. Você pode reproduzir na sua vida, com suas próprias adversidades, todos os meios que Erik, como alquimista, utilizou para transformar seu chumbo em ouro. O ponto aqui não é convencê-lo de que Erik é um cara fabuloso ou, depois de completar a leitura deste livro, fazer você sair por aí cantando o nome dele (embora sua filhinha, Emma, provavelmente fosse gostar muito disso).

O objetivo é apresentar Erik como um exemplo instrutivo de quanto é possível realizar quando se aplicam os princípios e instrumentos oferecidos ao longo deste livro. Vamos ver como é que fizemos. Repita o exercício que você completou acima, aplicando as mesmas perguntas a Erik, com base naquilo que já sabe ou aprendeu a respeito dele na leitura deste livro.

LIBERE A GRANDEZA TODOS OS DIAS

Como no exercício precedente, este pode ser realizado por meio de conversas com outras pessoas ou simplesmente refletindo e escrevendo suas respostas sozinho. Baseie-se em tudo o que aprendeu a respeito de Erik para responder a cada pergunta o melhor que puder.

Com suas próprias palavras explique o que você mais admira em Erik (se é que admira alguma coisa). De que maneiras específicas ele se tornou um alquimista da adversidade, transformando o chumbo da sua vida em ouro ou convertendo a adversidade em energia para propelir sua grandeza diária? Com base no que você leu ou sabe a respeito de Erik, responda às seguintes perguntas:

PRIMEIRO PICO: ENFRENTE!
- De que formas Erik Enfrenta a adversidade?
- Em que parte do Ciclo da Adversidade você acha que ele se encaixa?
- Quais suposições você acha que ele tem com relação à adversidade (Suposições sobre a Adversidade)?

SEGUNDO PICO: CONVOQUE SUAS FORÇAS
- Qual é o Desafio Máximo de Erik?
- Que habilidades ele possui ou precisou desenvolver para realizar esse objetivo?
- Que forças Erik convoca em face da adversidade? Que forças ele teve de desenvolver? Quais delas você mais admira?
- Como as equipes que Erik organiza ou de que participa complementam suas forças para atingir um alvo mais elevado?
- Como Erik cria uma interdependência positiva, associando-se a outras pessoas?
- Que qualidades Erik traz para a equipe? Classifique Erik segundo o Fator A (força na adversidade), o Fator P (o porquê ou motivação) e o Fator E (ego). Marque um valor de um a dez para cada um.

TERCEIRO PICO: ACIONE O CRAD
- Você acha que Erik tem um Quociente de Adversidade alto, médio ou baixo?
- Até que ponto Erik tende a se concentrar naquilo que pode ser influenciado (C = Controle), se adiantar para melhorar a situa-

ção (R = Responsabilização), conter as coisas más (A = Alcance) e reconhecer ou deixar para trás as adversidades (D = Duração)? Como é que você sabe disso? Que evidências você pode apresentar em apoio de suas respostas?
- Em uma escala de um a dez, com que grau de eficiência Erik aciona o seu CRAD?

Quarto Pico: Possibilidades pioneiras
- Que novas possibilidades, grandes ou pequenas, Erik utilizou de forma inédita?
- Como você acha que Erik reage quando alguém lhe diz que alguma coisa importante é impossível?
- Que Sistemas Personalizados Erik projetou e aplicou?

Quinto Pico: Carga certa, carga leve
- Em uma escala de um a dez, onde Erik se enquadra quanto ao Valor de Vida? Por quê?
- Dê exemplos de situações em que Erik abriu mão de um desejo ou de um capricho para obter alguma coisa mais importante.
- Com que eficiência você acha que Erik investe seu tempo, energia e dinheiro nas coisas mais importantes? Até que ponto Erik investe em seu próprio bem-estar?

Sexto Pico: Sabendo sofrer
- Que sofrimentos, grandes ou pequenos, Erik teve de suportar?
- Como foi que ele enfrentou a situação? Que efeito sua maneira de lidar com o sofrimento teve sobre as outras pessoas? Que efeito teve sobre você?

De modo geral, como você descreveria o relacionamento de Erik com a adversidade? Se ele tivesse uma pontuação muito baixa no Ciclo da Adversidade, você acha que ele seria uma pessoa diferente? E suas respostas? Teriam sido diferentes?

Eu poderia pedir que você fizesse o mesmo exercício uma terceira vez com relação à pessoa que você mais admira em toda a história humana – e acredito que suas respostas seriam muito semelhantes às que você já registrou antes. É claro que existem alguns pontos-chave. As pessoas que você mais admira:

1. São aquelas que sabem tirar proveito das adversidades, que são Alquimistas da Adversidade e alcançam altos resultados no Ciclo da Adversidade.
2. Tendem a demonstrar os princípios de *As vantagens da adversidade* na vida diária, merecendo por isso o seu respeito, confiança e admiração.

Assim, se estas são práticas, princípios e instrumentos comuns a todas as pessoas que você mais admira, segue aqui a questão mais importante de todas: *De todas as características, escolhas e tendências que listou acima, quais delas* **você não pode** *recriar e pôr em uso em si mesmo e na sua vida?* Presumo que a sua resposta humilde e ao mesmo tempo inspiradora seja: "Nenhuma." Você pode utilizar tudo o que aprendeu do Primeiro ao Sexto Picos para produzir sua própria grandeza diária. A partir daqui, você só precisa de seu plano de ação.

O SEU PLANO DE AÇÃO PARA A GRANDEZA DIÁRIA

O seu Plano de Ação para a Grandeza Diária é portável e pessoal. Você pode escolher torná-lo parte do seu plano de desenvolvimento pessoal em casa ou no trabalho e acompanhar seu progresso por meio de sua própria ferramenta de planejamento semanal. Imagine se as pessoas ao seu redor estivessem também se esforçando para aplicar os princípios de *As vantagens da adversidade* a fim de liberar sua própria grandeza cotidiana. Você consegue imaginar o impacto que isso teria sobre sua família, equipe ou empresa?

Você pode também decidir compartilhar essa jornada com outros – seus entes queridos, companheiros de trabalho ou colegas – e, de comum acordo, criar a sua própria "corda", assumindo responsabilidade conjunta pelos compromissos que assumirem. Ou pode simplesmente tomar uma xícara de café semanal com seu melhor amigo para compartilhar com ele os seus progressos, descobertas e desafios. Seja pessoal ou compartilhado, o seu Plano de Ação para a Grandeza Diária ajudará você e as pessoas que o rodeiam a beneficiar-se da adversidade.

Existem dois caminhos que você pode escolher. Um deles, o Desafio Singular, envolve focalizar-se nessas ferramentas e aplicá-las diretamente à conquista do seu Desafio Máximo – aquilo que você sempre quis fazer, mas até hoje não conseguiu (ver p. 38) ou, em outras palavras, uma aspiração nobre que lhe inspire enorme força de vontade e energia. O benefício desse método é que ele nos permite concentrar em uma única meta.

Um segundo caminho é o Desafio Múltiplo, que envolve a aplicação desses princípios e ferramentas especificamente às dores e adversidades que você listou em cada Categoria da Vida no seu Inventário de Adversidades, apresentado no Primeiro Pico (ver p. 38). Se escolher essa estratégia, será melhor reservar um espaço amplo para listar suas idéias de como tirar proveito de cada uma dessas adversidades, dentro de cada Categoria de Vida. O benefício dessa abordagem é sua amplitude: ela pode cobrir a maioria dos aspectos da sua vida.

Mas como decidir qual desses métodos é o melhor para você? Sugiro que você considere o que lhe causa a maior dor e o que lhe oferece o maior potencial de realização. Se o fato de não ter realizado o seu Desafio Máximo ou alguma outra aspiração é o que lhe causa a dor mais torturante, ou se a idéia de fazê-lo acontecer é o que o ilumina interiormente, esse pode ser um sinal de que é isso o que você deve focalizar. Todavia, se certos itens de seu Inventário de Adversidades alcançam níveis mais altos nas escalas de dor e de entusiasmo, isso é uma indicação de que é neles que você deve se concentrar.

Não importa qual seja a sua escolha, vale a pena anotar as suas idéias e observações com referência às importantes questões a seguir. Em primeiro lugar, você precisa se empenhar em responder à seguinte pergunta: "O que posso fazer, ou que Instrumentos da Adversidade posso utilizar, para converter esta adversidade em alguma vantagem que beneficie não somente a mim, mas também a outros?" Assim, você irá capturar suas melhores idéias e depois aperfeiçoá-las para desenvolver suas primeiras etapas e fluxogramas, até culminar com a elaboração de seu Plano de Ação para a Grandeza Diária. Com esse objetivo ou resultado claramente definido, você obterá máximo proveito dessa atividade.

Primeiro Pico – Enfrente!

Você deve começar escolhendo entre o caminho do Desafio Singular ou do Desafio Múltiplo. Decida agora e aplique tudo o que vem a seguir à sua escolha.

Com base no que aprendeu até agora, anote suas melhores idéias a respeito de como você poderia enfrentar e tirar proveito da adversidade não somente para diminuir sua dor e atingir algum objetivo específico, mas também para conseguir elevar outras pessoas durante o processo. Como Alquimista da Adversidade, como você transmutaria essa adversidade em algo realmente bom?

Tendo em mente o seu desafio, que comportamentos inferiores você precisa eliminar (evitar, sobreviver, resistir...), e que comportamentos superiores você pode começar a praticar (encarar a tempestade, enfrentar os fatos, dominar a adversidade...)? Qual é a principal coisa que, se dominada, produzirá o impacto mais significativo sobre sua vida e a das pessoas a seu redor?

Segundo Pico – Convoque suas forças

Tendo em mente seu desafio, como convocar suas forças para liberar grandeza? Lembre-se de que Vontade + Habilidade ⇨ Forças. Em outras palavras, quando aplicar a sua força de vontade para desenvolver novas habilidades, especialmente diante da adversidade, você emergirá com forças muito mais abrangentes e ganhará bônus ou qualidades inestimáveis.

Quais forças você possui atualmente que lhe servirão melhor para enfrentar o seu desafio? Quais são as forças de que você não dispõe agora ou precisa desenvolver para alcançar sucesso ao enfrentar cada desafio?

Que razão mais o motiva a enfrentar a adversidade? Se você não tiver uma razão propulsora, provavelmente não conseguirá vencer. Que motivação mais profunda o impele a enfrentar? Por que razão isso realmente é importante para você?

Especificamente, quais qualidades você já possui para ajudá-lo a triunfar? Quais você ainda terá de desenvolver? Que habilidades você terá de empregar ou desenvolver, com força de vontade, para atingir o nível que precisa alcançar?

Além de suas Forças Normais, quais Forças na Adversidade você possui e já pode aplicar a este desafio para conseguir elevar os outros? Se tivesse de se concentrar em somente uma ou duas dessas forças, qual delas você selecionaria como mais importante?

Quem precisa participar da sua "corda" para enfrentar esse desafio? Quem *não* deve pertencer à sua equipe? Que forças os membros da sua equipe devem ter para complementar as suas? Quem traz as combinações certas de APE: Fator A (força na adversidade), Fator P (um porquê motivador) e Fator E (um ego justificado, saudável)?

Terceiro Pico – Acione o CRAD

Tendo em mente o seu desafio, de que maneira você pode acionar o CRAD para elevar os outros? Até este momento, qual função o seu Quociente de Adversidade exerceu com respeito a esse desafio? Especificamente, como ele o afetará e aos outros quando você acionar conscientemente o seu CRAD para responder ao desafio de forma mais eficiente?

Qualquer que seja o desafio, aplique as seguintes perguntas do CRAD: "O que posso influenciar nesta situação; qual desses itens é o mais importante para mim (Controle)? Onde e como posso me antecipar para produzir uma diferença positiva imediata; ou como posso melhorar esta situação, pelo que posso me responsabilizar? (Responsabilização)? O que posso fazer para conter as possíveis conseqüências negativas (Alcance)? Como posso otimizar as possíveis conseqüências positivas (Alcance)? Que efeito desejo que essa adversidade tenha sobre minha vida no futuro (Duração)? Como posso chegar lá o mais rápido possível (Duração)? Como posso responder de maneira que fortaleça e inspire as pessoas ao meu redor?"

Quarto Pico – Possibilidades prioneiras

Tendo em mente os seus desafios, qual deles seria considerado impossível pela maioria das pessoas, mas viraria o jogo em seu favor se pudesse ser realizado? O que você não consegue fazer atualmente? Se fosse capaz de fazê-lo, de que forma agiria? Você está se concentrando no desafio correto? Quais objetivos de valor acionam sua *motivação*, *força* e *entusiasmo*?

Lembre-se de que a adversidade é a força perfeita para acessar as suas reservas mais profundas de inovação e engenhosidade, quando as ferramentas ou os meios para realizar o que deve ser feito estão em falta. Os Pioneiros de Possibilidades inventam essas ferramentas ou instrumentos e, com freqüência, empregam para isso quaisquer recursos esparsos disponíveis na ocasião. Que Sistemas Personalizados você pode montar e empregar para fazer com que o improvável aconteça? Como pode Praticar até a Perfeição?

Quinto Pico – Carga certa, carga leve

Um dos maiores impedimentos para aplicar aos seus desafios a concentração, a energia e os recursos necessários é a tendência natural para se deixar distrair e sobrecarregar pela vida. É muito fácil cair no papel de mártir das obrigações e furtar de si mesmo a força vital necessária para se transformar em um Alquimista da Adversidade e liberar sua grandeza todos os dias.

Assim, de que modo você pode encher sua mochila com uma carga leve e adequada, concentrando seu tempo, dinheiro e energia nas coisas que geram a maior quantidade de Valor de Vida, ou seja, o valor que você mesmo e os demais obtêm da vida e dão a ela? Como fazer uma faxina nas suas coisas, na sua agenda e nos seus relacionamentos a fim de redirecionar seus recursos para as coisas realmente mais importantes? O que você precisa jogar fora ou reduzir? O que você precisa para assumir o controle de sua própria vida? Que coisas precisam ser adicionadas? Se você tivesse três caixas com os rótulos "Jogar Fora", "Guardar" e "Acrescentar", que obrigações e compromissos seriam colocados em cada uma e por quê?

Até que ponto você sabe usar bem o gerador da energia na sua vida, investindo o tempo necessário para captar aquela que provê boa saúde e sensação geral de bem-estar? Se você tivesse de fortalecer um aspecto em particular da sua saúde e capacidade – espiritual, mental, emocional ou física –, qual deles escolheria e por quê? Qual seria uma maneira simples de fortalecer esse lado da sua vida?

Sexto Pico – Sabendo sofrer

Trilhar o caminho que conduz à realização dos objetivos mais dignificantes acarreta um certo grau de sofrimento. Ainda que isso, na melhor das hipóteses, seja desagradável, no fundo é algo bom. Você pode lidar mal com o sofrimento ou aprender a sofrer. Em vez de utilizar o sofrimento como pretexto para parar ou recuar, use-o para impulsionar sua ascensão e aproveite a oportunidade cheia de energia que ele oferece para elevar os outros.

Usando de total honestidade com você mesmo, pense em como costuma reagir aos sofrimentos que o atingem. Como as pessoas que o conhecem bem descreveriam sua maneira de lidar com o sofrimento no passado? Que mudanças você precisa fazer no seu comportamento para garantir que saberá lidar com o sofrimento enquanto estiver enfrentando o seu desafio? Especificamente, como poderá arcar com toda a força da adversidade de modo que cresça com ela e, talvez, conquiste a genuína admiração das pessoas ao seu redor?

Elabore seu Plano de Ação

As próximas etapas são simples, porém importantes. Escreva em uma folha de papel o título **"Vantagens da Adversidade: Plano de Ação para a Grandeza Diária"**, em letras bem grandes. Você pode também utilizar o exercício a seguir como se fosse uma lista de checagem. Em seguida, você usará tudo o que aprendeu e listou até agora para inserir suas melhores idéias e pensamentos. A coisa mais importante é aplicar seus melhores esforços no seu plano de ação.

Quanto mais cuidadoso e específico você for, maior a probabilidade de obter a máxima vantagem possível de suas adversidades.

VANTAGENS DA ADVERSIDADE:
PLANO DE AÇÃO PARA A GRANDEZA DIÁRIA

A ASPIRAÇÃO OU DESAFIO MÁXIMO
De todas as aspirações ou desafios possíveis, o que escolho para enfrentar primeiro é:

SUA ADVERSIDADE
A maior adversidade que posso ter de enfrentar para executar meu plano é:

Quando tiver de enfrentar adversidades inevitáveis e imprevistas, eu:

AS VANTAGENS
Quando tiver conseguido converter com sucesso a adversidade em vantagens, eu desfrutarei os seguintes benefícios:

Estes são os benefícios que os outros vão colher:

SUA ESTRATÉGIA
De todas as maneiras possíveis que posso utilizar para transformar essa adversidade em vantagem, minha escolha específica para começar será:

Os primeiros instrumentos da adversidade de que vou necessitar ou que pretendo aplicar são:

Especificamente, a maneira como pretendo aplicá-los é:

As Forças da Adversidade que pretendo usar ou desenvolver incluem:

Eu me comprometo a começar no máximo até:

___

SUA "CORDA"
A(s) pessoa (ou pessoas) que quero ter comigo na minha "corda" para realizar este objetivo é (são):

___

As forças de equipe necessárias para complementar as minhas, a fim de enfrentar meu desafio, são:

___

O PICO
As mudanças que vejo na minha vida quando eu tiver implementado com sucesso o meu Plano de Ação são:

___

___

___

Como exercer a sua grandeza

Agora você já tem em mãos o seu Plano de Ação para a Grandeza Diária. Porém, para desencadear suas verdadeiras forças, você deve trazê-lo também no seu coração – e esse talvez seja o desafio que falta. Nossa preocupação, de Erik e minha, é se você compreendeu, se *conseguiu* compreender totalmente o que está prestes a desencadear. Acreditamos que, se tiver mesmo compreendido, você não deixará que nada o impeça de colocar o seu Plano de Ação imediatamente em prática.

Parte do desafio é que você provavelmente já leu outros livros voltados para ajudá-lo a desenvolver suas forças pessoais, bem como as da sua equipe, dos seus relacionamentos e das organizações de que você faz parte. Esta pode não ser a primeira vez que você termina um livro com uma espécie de plano de ação em vista, que talvez até tenha implementado parcialmente – o que pode ter sido até muito bom. Mas, com base em tudo o que testemunhamos ao longo da vida e de décadas de pesquisas, Erik e eu cremos firmemente que este livro e seu Plano de Ação para a Grandeza Diária são inteiramente diferentes.

Sua maneira de se relacionar com a adversidade alicerça, influencia e impulsiona cada aspecto da sua vida. Como Stephen Covey salientou em seu eloqüente Prefácio, esses ensinamentos podem constituir o combustível para uma vida mais nobre e mais rica. Seu modo de lidar com a adversidade está na base de tudo o que você aspira fazer ou vir a ser. Assim, se executado da maneira correta, o seu Plano de Ação para a Grandeza Diária poderá infundir nobreza em cada aspecto do seu mundo. De fato, a nossa advertência positiva é a seguinte: *a grandeza é extremamente contagiosa*. Uma vez desencadeada, pode rapidamente enraizar-se e florescer em solos antes estéreis e sem vida.

Para ajudar a elevar o seu pensamento quanto ao que é possível quando você puser em prática o seu Plano de Ação para a Grandeza Diária, vamos deixá-lo com esta história final, narrada por Erik, que ilustra como uma vida humilde em qualquer parte do mundo – e todas as demais vidas dentro de sua esfera de influência presente e futura – pode ser transformada para sempre quando os princípios e instrumentos de *As vantagens da adversidade* são bem aplicados.

A GRANDEZA DIÁRIA – UM LEGADO ATEMPORAL

Foi somente depois que conheci Sabriye Tenberken que fiquei a par de sua espantosa história. Ela vivia em Bonn, na Alemanha. Exatamente como eu, ficara cega aos 12 anos de idade em conseqüência de uma doença degenerativa da retina. Mas ela não permitiu que essa tragédia matasse sua visão. Exatamente como você, ela percebia que tinha condições de deixar uma marca positiva no mundo. Assim, em vez de simplesmente resistir o melhor que podia aos efeitos da sua adversidade, ela se adiantou para promover uma diferença. Primeiro, ela se ofereceu para participar de um programa subsidiado pelo governo e destinado a ajudar pessoas desfavorecidas em outras partes do mundo. Mas o governo alemão recusou inapelavelmente sua solicitação, deixando bem claro que sua deficiência visual a impediria de trabalhar nessa área. Eles lhe disseram que era impossível. Todavia, como uma verdadeira Alquimista da Adversidade, Sabriye não se deixou desanimar e permaneceu firme em sua resolução.

O que ela fez foi simplesmente deslocar o seu foco, desenvolvendo um firme interesse por um lugar do mundo particularmente perturbado, o Tibet. Como primeiro passo, ela completou um mestrado em cultura tibetana, a fim de reunir algumas habilidades que apoiassem sua força de vontade. Quando descobriu que não existia uma versão em braile para o alfabeto tibetano de quarenta e dois caracteres silábicos – uma linguagem bastante complexa –, ela criou um Sistema Personalizado e desenvolveu um alfabeto tibetano em braile em apenas duas semanas. Como ela explicou: "Era uma questão de necessidade. Eu havia escolhido o Tibete como o país do mundo onde queria desenvolver o meu trabalho. Como não existia um sistema braile nessa língua, não tive outra escolha senão criar um."

Mas a criação desse alfabeto foi somente o início. Seus maiores desafios ainda estavam por vir. Aparentemente, embora o Tibete seja considerado um paraíso nas montanhas, o índice de deficiência visual entre o seu povo corresponde ao dobro da média mundial, o que se deve, em grande parte, às elevadas altitudes e à conseqüente exposição à radiação solar. (A proporção de cegos na população tibetana é de um a cada setenta habitantes.) Além disso, acredita-se que as crianças cegas foram amaldiçoadas por demônios, e sua deficiência é considerada um castigo imposto à família por atos maus praticados por algum ancestral ou pela própria criança em uma vida anterior. Graças à bondade divina, em vez de mudar de idéia, Sabriye decidiu avançar e encarar a tempestade.

Em 1997, depois de reunir seus esparsos recursos, Sabriye chegou ao Tibete trazendo consigo somente sua bengala. Ela fez então uma coisa muito corajosa. Percorreu a cavalo o áspero interior montanhoso do país, guiada por um conselheiro tibetano da área de saúde, a fim de pesquisar a situação dos cegos. Todavia, apesar da sua generosidade e boas intenções, ela recebeu um acolhimento frio em toda parte.

"Foi deprimente", explicou ela. "Encontramos crianças que estavam amarradas à cama havia anos, para evitar que saíssem a andar por aí e se ferissem. Algumas nem sequer sabiam andar, porque os pais não haviam dado o espaço necessário para que elas se desenvolvessem." Quando ela me contou isso, senti como se uma faca me apunhalasse o coração. Tal como Sabriye, não podia evitar de sofrer em nome de cada criança cega ou deficiente no Tibete que havia sido marginalizada por ignorância e crença em mitos.

Assim, juntamente com seu parceiro holandês, Paul Kronenberg, funcionário de uma organização de ajuda ao desenvolvimento que ela conhecera em Lhasa, a capital tibetana, Sabriye convocou suas forças para enfrentar a burocracia e realizar a obra a que se sentia destinada. Ela achou em Paul o companheiro de equipe que suplementava suas forças para realizar algo que ela era incapaz de fazer sozinha.

Sabriye enfrentou inúmeros reveses, entre os quais um ataque agudo de enjôo da montanha e três vezes a perda do visto de permanência (o que a forçou a realizar com Paul a árdua viagem de três dias pelas montanhas até Katmandu, no Nepal). Contudo, ela empregou cada adversidade para fortalecer sua determinação e propósito. Finalmente, em maio de 1998, Sabriye conseguiu abrir a primeira escola para crianças com deficiência visual em Lhasa. "Tivemos de enfrentar um monte de preconceitos e burocracia", relatou. "Às vezes, era um inferno, mas adoro desafios."

Em oito anos, o centro de treinamento de Sabriye cresceu de apenas dois estudantes para mais de cinqüenta. Ela semeia o crescimento das crianças ensinando-lhes muitos dos princípios que Paul e eu apresentamos neste livro. Sempre que riem ou fazem troça de seus estudantes nas ruas, ela os ensina a enfrentar o desafio e se defender.

Certa ocasião, um nômade chamou um de seus estudantes de "burro cego". O menino voltou-se para ele e disse: "Você não pode falar assim comigo. Sou cego, mas não sou burro! Por acaso você freqüentou a escola? Aprendeu a ler e escrever? É capaz de encontrar a latrina no meio da noite sem uma lanterna?" Embora Lhasa possivelmente seja a capital mundial mais "hostil aos cegos", com as ruas cheias de buracos de até dois metros de profundidade, sem a menor proteção, e riquixás e ciclomotores passando a toda de um lado para o outro, Sabriye ensina os estudantes a convocar suas forças e descobrir maneiras de navegar através desse caos. Ela os encoraja a transportar a carga leve, mas certa, incentivando-os a ignorar as distrações e os detratores e se concentrar, em vez disso, naquilo que é mais importante: tornarem-se as crianças mais bem educadas do Tibete. Os percalços que encontram na vida diária e na sua luta pessoal por aceitação não poderiam ser melhores professores para ensiná-los a lidar com o sofrimento.

Seis anos depois de conhecê-la, recebi de Sabriye uma carta extremamente inspiradora:

Caro Erik,

Depois que você subiu ao teto do mundo, um de nossos vizinhos tibetanos entrou às pressas no centro e contou o seu triunfo às crianças. Inicialmente, alguns deles nem acreditaram, mas depois surgiu uma compreensão mútua: se você foi capaz de ascender ao topo do mundo, também nós podemos superar nossos limites e mostrar ao mundo que os cegos podem participar da sociedade em pé de igualdade e realizar grandes feitos. As crianças perceberam que não faz muita diferença se você é cego na Alemanha, nos Estados Unidos ou no Tibete; a experiência por que passa alguém que ficou cego, a vergonha inicial, a confiança que vai se construindo aos poucos, as reações dos que enxergam são provavelmente as mesmas para todo cego...

Sabriye estava me escrevendo para me convidar a visitar sua escola. Mas achei que poderia fazer mais do que simplesmente ir até lá apertar algumas mãos. Entrei em contato com minha equipe do Everest e pedi que nos reuníssemos de novo por uma razão que talvez fosse mais importante do que escalar uma montanha até o topo. Eles concordaram. Queríamos ajudar aquelas crianças a expandir sua percepção acerca do que é possível e, ao mesmo tempo, modificar as crenças enraizadas em sua cultura, levando-as conosco em uma verdadeira aventura pelas montanhas.

Sabriye selecionou seis estudantes que julgava mais bem preparados para esse desafio. Eram crianças cheias de boa vontade, mas não tinham a menor habilidade. Minha equipe e eu havíamos levado os equipamentos de escalada e uma coleção de bastões de caminhada que utilizo para me orientar quando estou ao ar livre, e ensinamos às crianças os princípios fundamentais do alpinismo. Então, nós os conduzimos por uma aventura de treinamento, que acabou sendo uma árdua escalada por um desfiladeiro de mais de 5.250 metros de altitude. O terreno era muito mais áspero do que eu imaginara; num dia, a temperatura caiu cinqüenta graus, e tivemos de nos arrastar até o acampamento no meio de uma tremenda nevasca. Mas nenhum dos meninos parecia desanimado. Sua força de vontade se mantinha firme, e suas habilidades se desenvolviam rapidamente à medida que o desafio se intensificava.

Poderíamos ter parado por ali. Mas o monte Everest tem uma importância simbólica e espiritual tão profunda na cultura daqueles estudantes que pensei em uma experiência muito mais poderosa: conduzi-los até lá. Assim, voltamos vários meses depois, com a meta de guiar as seis crianças cegas até a geleira de Rombuk, uma imensa língua de gelo que se projeta da face setentrional do Everest, logo acima do acampamento-base, localizado a 6.300 metros de altura.

No caminho, tivemos de atravessar uma pequena cascata de gelo repleta de colunas sinuosas, cumes salientes e fragmentos soltos, percorrendo um labirinto ziguezagueante. Apesar de desafiador, era um lugar incrivelmente tátil, que encheu as crianças de assombro enquanto brincavam nesse mágico palácio de gelo.

Várias sentiram enjôo e todas tiveram de se esforçar muito. Mas, depois de três semanas abrindo caminho por trilhas rochosas, no meio do vento e do frio e através de largas fissuras, todos os seis garotos, Sabriye, eu e minha equipe do Everest finalmente paramos a 6.450 metros de altitude. Aquelas crianças cegas, que passaram a vida ouvindo dizer que eram habitadas por espíritos malignos, que eram vendidas como escravos, que tinham de fugir das pedradas que lhes atiravam, ergueram-se ali no ponto mais alto já atingido por um grupo de cegos.

Estranhamente, no entanto, quando atingimos o ponto mais elevado, não houve gritos de triunfo nem punhos erguidos em comemoração. De fato, quando chegamos ao alto da geleira, muitos dos garotos tinham um aspecto sombrio, meio atordoado. Apesar do nosso grande sucesso, fiquei me perguntando se havia agido corretamente com eles. Será que eu os tinha pressionado demais ou submetido a um sofrimento desnecessário? E para quê? Mas, no dia em que estava me preparando para deixar o Tibete, os seis garotos chegaram correndo, me rodearam e me envolveram com seus braços.

– Erik – perguntou Kienzin –, queremos saber quando você vai voltar e nos levar para subir em outra montanha...

Provoquei-os de brincadeira:

– Ora, as montanhas são altas e frias demais – falei.

– Não!... – replicaram todos em uníssono.

– Vocês não podem escalar montanhas porque são cegos – insisti.

– Não – disse orgulhosamente Sonom Bonso. – Somos cegos, mas podemos fazer qualquer coisa.

Então, eles subiram em mim, cutucando minhas costelas e dando socos de brincadeira nos meus braços. Minhas dúvidas se evaporaram.

– Queremos que você nos leve até o topo do Everest – disse Kiyla. – Queremos subir ainda mais alto.

Quase chorei de emoção ao perceber que o conceito que eles tinham acerca do que era ou não possível havia se elevado para sempre.

Desde então, suas aspirações cresceram. A jovem Kiyla decidiu que deseja assumir a escola algum dia no futuro. Atualmente está em Londres, estudando. Dois outros garotos também pretendem estudar no exterior, só que nos Estados Unidos. Um outro decidiu que vai abrir uma clínica particular de massoterapia. E outro ainda decidiu ser professor. Na verdade, todos são professores agora.

Não posso descrever a experiência de humildade e a inspiração que me trouxeram essas crianças tão jovens – que, poucos anos atrás, deixaram suas aldeias como párias e depois retornaram caminhando orgulhosamente com suas bengalas, capazes de escrever em três línguas diferentes no sistema braile. Em vez de serem desprezadas como antes, dão aulas para os aldeões. Agora se tornaram heróis.

Uma garota alemã cega decide que deseja crescer e tornar o mundo diferente. E, como qualquer outra pessoa que está tentando fazer alguma coisa que valha a pena, ela tem de enfrentar uma imensa adversidade ao longo do caminho. Entretanto, como é uma Alquimista da Adversidade, ela converte todas as dificuldades que encontra no ouro da grandeza diária, instrumentando crianças jovens com os mesmos princípios que você aprendeu ao longo deste livro, para que possam perpetuar sua própria grandeza por muitas gerações. Esse é o seu legado, o seu testemunho para *As vantagens da adversidade*.

Doze anos atrás, enquanto fazíamos montanhismo no Arizona, o meu parceiro se virou para mim e disse, sem mais nem menos: "Vamos tentar uma coisa maior." Foi assim que iniciei a missão que me levou ao redor do mundo, enfrentando alguns dos maiores desafios da vida. Ao longo do caminho, aprendi que existe uma centelha de grandeza em todos os seres humanos. Mas somente quando inflamada pela chama da adversidade essa centelha se transforma em um archote cintilante, com uma força capaz de encher nossa vida de energia e transformar o mundo. Esse é o meu próprio testemunho para *As vantagens da adversidade*.

Desde o dia em que você nasceu e começou a navegar sozinho pela vida, já enfrentou um exército infindável de desafios. Como o vento dá forma às rochas, a adversidade teve efeitos sobre você. Algumas dificuldades podem ter sido erosivas e cobrado um trágico preço. Sem dúvida, houve ocasiões em que partes dentro de você se desfizeram em fragmentos. Todavia, talvez essas dificuldades tenham também libertado da ganga suas gemas ocultas, tornando-o mais forte e melhor.

A partir deste ponto, você pode mudar e mudará para sempre sua relação com as profundas forças da adversidade. Você não ficará mais passivo ou inerme diante de sua fúria. Como Sabriye e as várias outras pessoas que lhe apresentamos neste livro, você será capaz de dominar a adversidade e utilizá-la para criar vantagens que talvez nunca tenha sonhado que fossem possíveis. Você comprovará, uma e outra vez, que coisas ruins podem gerar coisas muito boas. Quando a vida o derrubar, você utilizará essa mesma força para erguer-se e elevar-se, e também aos que se encontram a seu redor. Você converterá as dificuldades da vida em um combustível puro e inesgotável para liberar a sua própria grandeza... todos os dias. Esta é a história humana, a sua própria história. Seja agora o seu inspirado autor.

Sétimo Pico • Produza grandeza todos os dias

PRINCÍPIO NORTEADOR

Existem dois tipos de grandeza, a *grandeza épica* e a *grandeza diária*. A grandeza épica descreve pessoas excepcionalmente raras, que surgem em especiais momentos e modificam positivamente o curso da história humana, de maneira definitiva. A grandeza diária surge quando você demonstra a resistência, a magnanimidade, a compaixão, a fortaleza, a boa vontade e a integridade que enobrecem não somente a si mesmo, mas todos os que se encontram ao seu redor, especialmente diante da adversidade.

Testemunhar a grandeza de todos os dias
- Quem você mais admira no seu trabalho? Na sua vida?
- O que essa pessoa faz ou demonstra que a torna grande?
- Como ela enfrenta a adversidade?
- Como ela convoca suas forças?
- Como ela aciona o CRAD?
- Que possibilidades inéditas ela lançou?
- Que escolhas difíceis ela faz para tornar sua carga certa, e assim leve?
- Ela sabe lidar com o sofrimento?

Plano de Ação para a Grandeza Diária
- Qual é o seu Desafio Máximo?
- Qual é a sua Adversidade Máxima, ou seja, o maior obstáculo que você enfrenta para realizar o seu Desafio Máximo?
- Que vantagens você espera obter com a adversidade que, do contrário, não seriam possíveis?
- Quais dos instrumentos oferecidos por *As vantagens da adversidade* você empregará para tirar proveito da adversidade?
- Qual é a sua Visão do Pico? Que mudanças ocorrerão na sua vida quando você realizar com sucesso sua alquimia, transformando a adversidade em vantagens e as dificuldades em grandeza?
- Quem se beneficiará disso?

Sua própria história sobre a vantagem da adversidade

Erik, Sabriye e outros neste livro têm suas histórias sobre *a vantagem da adversidade* e como ela mudou suas vidas. Quando você colocar esses instrumentos em ação na sua vida, qual será a sua história sobre a *vantagem da adversidade*?

AGRADECIMENTOS

Em primeiro lugar e antes de tudo, Erik e eu queremos expressar nossa mais profunda gratidão à nossa equipe editorial – Ed Weihenmayer, Tina Shultz, Jeff Thompson e Mike Saviki –, por sua imensa contribuição para a realização deste esforço. Agradecimentos especiais também para nossas extraordinárias esposas, Ellie e Ronda, que se alistaram nesta "escalada" vitalícia e sacrificaram seu descanso e sanidade em muitas leituras e revisões noturnas infindáveis. Agradecemos a nossos valiosos clientes e equipes, sem os quais muitos desses princípios não teriam sido testados; a nossos brilhantes editores, Nancy Hancock e Trish Grader, e sua equipe na Fireside, assim como à nossa experiente agente, Denise Marcil, da Marcil Agency em Nova York. Também queremos expressar particular gratidão a um dos maiores homens desta época, o Dr. Steve Covey, cujos princípios e generosidade aprimoraram consideravelmente este livro e seus autores. Sem a enorme fé, dedicação e sacrifício de todas essas pessoas excepcionais, juntamente com sua comprovada habilidade de colocar essas práticas em ação, *As vantagens da adversidade* talvez nunca tivesse chegado até aqui.

ÍNDICE REMISSIVO

"A vida secreta de Walter Mitty" (Thurber), 12
Ackerman, Steve, 239
Aconcágua, 53, 54-8, 223
Adversidade Máxima, 42
adversidade:
   a falta de misericórdia da, 9
   avaliação da, 18-20
   como Fator A, 78-80
   como força vital, 6
   como mãe das possibilidades, 128, 131, 136
   crescimento com a, 21
   definição de, 16-7
   dominar a, 32-3
   e inovação, 129, 130
   exterior, 17
   impacto da, 18
   importância da, 18
   instrumentos da, 61
   interior, 17
   linguagem da, 96-8
   luta do ser humano contra a, 1
   Máxima, 42
   no plano de ação, 255
   o benefício da, 85-8
   papel da, no Valor de Vida, 170-3
   postura diante da, 98-9
   problemões *versus* probleminhas, 23-4
   universalidade da, 17
Airborne, Inc., 128-9
alcance, 103-5, 110, 111, 112, 149, 227
Alcorão, 199
Alexander, Eric, 86-8, 125-7
Allen, Woody, 222
Alpinistas, 5-6
alquimia, 3, 204, 247
Ama Dablam, 85-8
amar, como verbo, XII-XIII
anestesia, 210-1
Anjos Azuis, 127
APE:
   Fator A, 78-82
   Fator E, 82-4
   Fator P, 82
aposentadoria, XIII
Apple Computer, 15
Aristóteles, 225
Arte da guerra, A (Sun Tzu), 214
Arthur Andersen, 78
autopercepção, 83

bagagem rolante, 132, 135
Baxter International, 32

Beatrice (jovem ruandesa), 65
Beethoven, Ludwig von, 53
Bíblia, 199
Bonso, Sonom, 261
Boulden, Al, 118
braile, alfabeto tibetano em, 257-8
Branson, Richard, 53
Brown, Rita Mae, 179
Brown, Scott, 130
Burkholder, Michele, 102-3

caçadores de tempestade, 20-3
Campistas, 5-6
Carga Leve, 153
   coisas, 159-75, 193
   escolhas difíceis, 195-7
   grandeza e, 246
   Lista de Bagagem para tirar proveito da Adversidade, 192-5
   Plano de Ação para a Grandeza Diária, 253-4
   tempo, 175-9, 194
   trabalho, 179-88, 194
   Valor de Vida e, 173-4, 195
   Verificação da Mochila, 174-5
   você mesmo, 188-92, 194
catastrofização, 103
Cervantes, Miguel de, 200
Chambers, John, 53
Chase (candidatando-se a emprego), 35
Checagem do Sofrimento, 220-2
   amargas derrotas, 203
   anestesia, 210-1
   Checagem do, 221-2
   CRAD no, 227
   culpa, 209
   definição, 205-7
   dissimulação, 215-6
   duração do, 206, 218
   e alquimia, 204
   e cultura, 213
   e fatores STRIP, 206, 218, 220
   e morte, 229-30
   emocional, 217, 218-9
   escapismo, 211-2
   escolha do, 216
   espiritual, 217, 219-20
   fendas e brechas, 207-16
   fingimento, 214
   físico, 217-8
   grandeza no, 246
   hora da verdade, 233, 236
   identificação, 209-10
   inter-relação, 220
   involuntário, 217
   mental, 217, 219
   na empresa, 203, 231-2
   não saber sofrer, 223-5
   natureza relativa do, 205
   necessidade do, 202
   negação, 213-4
   Plano de Ação para a Grandeza Diária, 254
   qualidades necessárias no, 205
   queixa, 207-8
   racionalização, 212-3
   reclamação, 208
   saber sofrer, 225-6
Churchill, Sir Winston, 11, 244
Ciclo da Adversidade, 24-34
   administrar, 31-2, 33
   dominar, 32-3
   evitar, 26-9, 33
   ponto de partida, 34
   resistir, 29-30, 33
   sobreviver, 28-9, 33
Clapper, Jay, 145-6
Coetzee, J. M., 244
coisas, 159-75
   Coisas Certas, 163-4
   e felicidade, 161
   faxina nas, 173-4
   na Lista de Bagagem para tirar proveito da Adversidade, 193
   quando mais se torna menos, 160-3
   querer *vs.* precisar, 163
   suficientes, 164-5
   Valor Líquido *vs.* Valor de Vida, 165-70
   Verificação da Mochila, 174-5

Coisas Certas, 163-4
Collins, Jim, 79
Confúcio, 199
controle, 99-101, 110, 112, 227
"cordas", 76-7, 105, 147-8, 250, 256
corrida de maratona, 31
Covey, Stephen, 66, 188
CRAD, 99-106
   alcance, 103-5, 110, 111, 112
   construção do, 108
   controle, 99-101, 110, 112
   duração, 105-6, 110, 112
   e Quociente de Adversidade, 96-8, 99
   estratégias do, 111-8
   Fantasia do Fracasso, 107
   Funil da Ação, 113
   grandeza e, 245-6
   Jogo do Pico, 106-7
   no monte Everest, 94
   no Plano de Ação para a Grandeza Diária, 255-6
   no sofrimento, 227
   origens do, 96-8
   Panorama do, 108-10
   responsabilização, 102-3, 110, 111, 112
crescer ou morrer, X
criar filhos, 142-3
Crosby, Mike, 60
culpa, 209
cultura produtiva, XIII, 224

decisão, 63
Denali (monte McKinley), 11, 13-5, 55
Desafio Máximo, 36, 39
   declaração do, 39
   definição de, 39
   e Objetivo de Valor, 134-5
Desafio Múltiplo, 251
desejo, 63
Desistentes, 5
determinação, 63
Dillard, Annie, 175
DIRECTV, 104, 130-1, 135

dissimulação, 215-6
distress, XII
dor:
   duração da, 206
   e sofrimento, *veja* sofrimento
   fatores STRIP, 206, 218
   prioridades na, 37
   relatividade da, 206
   severidade da, 206
DuBois, John, 32
duração, 105-6, 110, 111, 112-3, 227

Easterbrook, Gregg, 160
ego:
   justificado *vs.* injustificado, 83
   na equipe, 83-4
   saudável, 83-4
Eiger, escalada alpina no, 196-7
Einstein, Albert, 53
Elbro, monte, 123, 124-7, 133-4
elevar, uso do termo, 4
elevar-se:
   no Fator P, 82
   no Poço do Sofrimento, 226
Emerson, Ralph Waldo, 153
Endurance (navio de Shackleton), 118-21
Eneida (Virgílio), 199
Enfrente:
   caçadores de tempestades, 20-3
   Ciclo da Adversidade, 24-34
   encarar a tempestade, 44-6
   estratégia, 46-7
   grandeza, 245
   habilidades, 16
   Inventário de Adversidades, 36-43
   Plano de Ação para a Grandeza Diária, 251
   Suposições sobre a Adversidade, 34-6
engenhosidade, 132-3
entusiasmo, 134
escalada alpina, 196-7
escalada às cegas, 137-8
"escalada de assédio", 196
escalada no gelo, 137-8, 139

escapismo, 211-2
esclerose múltipla, 171-3, 231-2
esforço, 63
espaço entre estímulo e resposta, IX-XI
espiritualidade, XIII
esqui às cegas, 125-7
estratégia, 255-6
estratégias de resistência, 29-30
estresse:
  distress, XII
  e sistema imunológico, XI
  eustress, XII
  mecanismo de lutar ou fugir, 217
  qualidades demonstradas no, 71
eustress, XII
Evanson, Richard, 185-7
Everest, monte, 91, 92-6, 124
  fazendo história no, 77
  guiando crianças cegas no, 260-1
  importância simbólica do, 260
  mantendo o foco para a escalada, 100-1
  montar sua "corda" no, 84
  preparação em Ama Dablam, 85-8
exaustão, 25, 28-9

F-18 Hornets, 127
falta de esperança, 219
falta de fé, 219
Fantasia do Fracasso, 107
Fator A, 78-81
Fator E (ego), 82-5
Fator P (o porquê), 82, 83
feedback, receptividade a, 110
felicidade, busca da, 161, 222
Filion, Nathaly, 231
fingimento, 214
forças, 53, 61-2
  autopercepção das, 83
  avaliação das, 79-80
  brechas nas, 72-3, 74, 75
  classificação das, 71-5, 80-1
  definição, 62
  dos empregados, 59
  dos membros da equipe, 59
  grandeza na, 245-6
  na adversidade *vs.* normais, 70-5, 81
  na análise do Objetivo de Valor, 135
  objetivos, 61
  perguntas sobre, 66
  Plano de Ação para a Grandeza Diária, 251-2
  quando convocar as, 58
  superiores, 66-9
  uso excessivo das, 212
Forças na Adversidade, 70-5, 79-80, 81
Forças Superiores, 66-70
Fórmula da Força, 61-6, 77
  habilidades, talentos e forças, 61-3
  instrumentos para lidar com a adversidade, 61
  o porquê, 65-6
  vontade, 63-5
Fox, Terry, XV, 2-3, 227
Frankl, Viktor, XI-XII
Fundação Memorial Kate Svitek, 228
Funil da Ação, 113

Gabarito da Energia Humana, 180-1
Gandhi, Mahatma, 63, 220, 244
Gipe, Steve, 87
Global Resilience Project, 3, 97
Gogh, Vincent van, 53
Grandeza, 239
  como exercer a, 256-7
  contagiosa, 257
  diária, 243-4, 245-7
  e o CRAD, 246
  épica, 244
  exemplo de Erik, 248-9
  individual, 244
  legado da, 257-62
  plano de ação, 250-6
  primária, X-XI
  testemunhar a, 264
Greer, Dan, 185, 187

habilidades, 61

Herr, Hugh, 147-9
Hoffer, Eric, 159
Homero, 199
hora da verdade, 233, 236
Hospice Partners, 185

Ilíada (Homero), 199
influência, 100, 101
ING, Retail Annuity Business Group, 102-3
inovação, 129-30, 131-3
inspiração, 2
integridade, 71
interdependência, 76-7
Inventário de Adversidades, 36-43
  aspirações, 37
  categorias da vida, 36-7
  Desafio Máximo, 39
  escolha da Adversidade Máxima, 42
  escolhendo adversidades, 37
  exemplo de Erik, 41
  exemplo de Tanya, 40
  limpar a trilha, 42-3
  prioridade das dores, 37
iPod, 15
Irmãos Wright, 140
Irving Oil, 59-60, 70
Isto é incrível (TV), 2

James, William, 176
Jobs, Steve, 176
Joe (lenhador), 181-3
Jogo do Pico, 106
Jung, Carl, 199
justificativas, 42-3

Kant, Immanuel, 199
Katrina, furacão, 32
Keller, Helen, 14, 203
Kilimanjaro Blind Trust Foundation, 243
Kilimanjaro, monte, 239-43
Kiyla (menina cega), 261-2
Knight-McDowell, Victoria, 128-9
Kosciusko, monte, 199, 200-2, 233
Kronenberg, Paul, 258

Lee, Winston, 184-5
Leia e Coma, 132-3
Leo (fiscal de bagagem), 160
Lewis, C. S., 218
Lincoln, Abraham, 203-4
Lista de Bagagem para tirar proveito da Adversidade, 192-5
Livro dos Mórmons, 199
Lombardi, Vince, 25
lutar ou fugir, mecanismo de, 217

Maciço de Vinson, 153, 154-8, 176
Man's Search for Meaning (Frankl), XI-XII
Mandela, Nelson, 244
Markhan, Gideon, 129
Martin, Chase, 65-6
McIlquham, Dave, 177
McKinley, monte (Denali), 11, 13-4, 55
mente, natureza da, 94
metáfora da montanha, 8
Missão do Sofrimento, 234-6
Moab, Utah, escalada em, 146-8
Morris, Chris, 55-8, 95, 96, 154-8, 222-3
morte, a adversidade final, 229-30
motivação, 64-6, 134
Muro de Berlim, queda do, 155

Nanci, Leigh Anne, 104
Natalie (estudante), 194
National Outdoor Leadership School, 231
necessidade, a mãe das invenções, 128
negação, 26-9, 33, 80-2, 213-4
Niebuhr, Reinhold, 100
Nietzsche, Friedrich, 53, 65, 199
No Barriers, 148

Objetivo de Valor, 129, 133-6, 144
  entusiasmo, 134
  motivação, 134
  forças, 134
Odisséia (Homero), 93, 199

originalidade, 139
Outward Bound, 231

Panorama CRAD, 108-10
parapente, 141-2
Parkinson, Bob, 32
pessimismo positivo, 222-3
Peter (consultor de projeto), 194
Pico, no plano de ação, 256
pioneirismo, 124
   definição, 127-8
   e inovação, 129, 130
   grandeza no, 246
   histórias de, 144-6
   Objetivo de Valor, 129, 133-6
   Plano de Ação para a Grandeza Diária, 253
   possibilidades de, 136, 140, 253
   praticar até alcançar a perfeição, 129, 139-40, 143, 144
   PROPS, 139
   Sistemas Personalizados, 129, 136-9, 140
Plano de Ação para a Grandeza Diária, 250-6
   Acione o CRAD, 252-3
   Carga Certa, Carga Leve, 253-4
   Convoque suas Forças, 252
   Desafio Múltiplo no, 251
   Desafio Singular no, 250
   elaboração do, 254
   Enfrente!, 251-2
   Possibilidades Pioneiras, 253
   Sabendo Sofrer, 254
   Vantagem da Adversidade, 255-6
Platão, 128
Poço do Sofrimento, 226-8
pontos cegos, 81-2
portabilidade, 139
Possibilidades da Parceria, 131
possibilidades pioneiras, *veja* pioneirismo
postura, 98-9
Prece da Serenidade (Niebuhr), 100
preço da dor, 205-6, 218
Primal Quest, 161, 234

privação de sono, 235
procrastinação, 211
produtos farmacêuticos, 218
Progress Paradox, The (Easterbrook), 160
propósito, sentido de, XII
PROPS, 139-40, 144

queixa, 207-8
Quênia, monte, 48-50
querer *vs.* precisar, 163-4
querer *vs.* precisar, 163-4
Quociente de Adversidade (QA), XIII-XIV, 3
   alcance, 103
   analogia com a postura, 98
   duração, 105
   e controle, 99
   e CRAD, 96-8, 99
   e inovação, 129
   origens do, 98-9
   pesquisas sobre, 99
   responsabilização, 102

racionalização, 212-3
Rainier, monte, 230
reclamação, 208
responsabilização, 102-3, 110, 111, 112, 227
respostas, escolha das, IX-X, XI
resultados, 142
Robie Creek, corridas até, 31
rotular, 209-10
Rutledge, Ann, 204

sabedoria, 1
Sam (parceiro de escalada), 11, 13-4
Sartre, Jean-Paul, 199
Sealy (fábrica de colchões), 117-8
Sean (semeando tempestades), 21
Seligman, Martin, 99
Selye, Hasn, XI-XII
semear tempestades, 20-3
serviço:
   como mantra, XIII
   dar mais do que se espera, XIII

Sete Picos, 3-4, 15
Shackleton, Sir Ernest, 118-21
Shakeaspeare, William, 91, 200
Shari (semeando tempestades), 21-3
Shaw, George Bernard, 24, 123
Sidialo, Douglas, 240-1, 242, 243
Sindicato dos Agricultores das Montanhas Rochosas, 145
sistema imunológico, XI
Sistemas Personalizados, 129, 131-2, 136-9, 140, 144
sistemas pessoais, 139
sistemas reproduzíveis, 139
Slow Man (Coetzee), 244
sobrevivência, 28-9, 33
sofrimento, 199
    tipos de, 216-20
    voluntário, 217
sofrimento emocional, 217, 218
sofrimento espiritual, 217, 219
sofrimento físico, 217-9
sofrimento mental, 219
Souza, Alfred D., 16
Stout, Harry, 103
STRIP, 206-7, 218, 220
sucesso, fatores críticos para o, 96
Sun Tzu, 214
Suposições sobre a Adversidade, 34-6
Suranyi, John, 130-1, 135
Svitek, Frank e Ellen, 228-31
Svitek, Kate, 228-31
talentos, 61

Tanya:
    Estratégias para enfrentar, 46
    Inventário de Adversidades, 40
tempo, 175-9
    desafio do tempo, 177
    duração do sofrimento, 206, 218
    na Lista de Bagagem para tirar proveito da Adversidade, 194
    Verificação da Mochila, 178-9
"time dos sonhos", 77-8
tenacidade, 29

Tenberken, Sabriye, 257-63
Teresa, Madre, 168, 207
Thoreau, Henry David, 165
Thornton, Milton, 164-5
Thurber, James, 12
Torá, 199
trabalho, 179-88
    Checagem do Sofrimento, 220-2
    do Contracheque ao Cheque da Realidade, 185-7
    elevar o trabalho diário, 181-3
    exemplo do ancoradouro de pesca, 183-5
    Horário Nobre, 180-1
    na Lista de Bagagem para tirar proveito da Adversidade, 194
    Verificação da Mochila, 187-8
Transmutador do Sofrimento, 232-3
Truth, Sojourner, 244
turbinas eólicas, 145-6
Turtle Island, 186-7

Valor de Vida:
    definição, 166-7
    e o trabalho, 181, 185-7
    incluindo na bagagem, 173-4, 195
    o papel da adversidade no, 170-3
    quadro, 167-9
    você mesmo, 188
    vs. Valor Líquido, 165-70
Valor Líquido:
    definição, 166
    quadro, 167-9
    vs. Valor de Vida, 165-70
vantagem da equipe, 76-7
Verificação da Mochila:
    coisas, 174-5
    tempo, 178-9
    trabalho, 187-8
    você mesmo, 191-2
Vinson, maciço de, 153, 154-8, 176
visualização, 256
você mesmo, 188-92
    e Lista de Bagagem para tirar proveito da Adversidade, 194
    e Valor de Vida, 188-9

e Verificação da Mochila, 191
vontade, 63-5
vôo às cegas, 141-2

Walton, Izaak, 188

Weist, Deborah, 31
Wellman, Mark, 147-8
Wilson, Rick, 231-2
Wray, Colorado, orçamento escolar, 144-6

GRÁFICA PAYM
Tel. [11] 4392-3344
paym@graficapaym.com.br